哲思文丛

西南大学中央高校基本科研重点项目
"科学社会主义学说'科学性'的理论品格及其当代价值"（SWU1509122）
中国博士后科学基金面上资助项目
"马克思共产主义过渡思想的中国建构及时代价值研究"（2016M590344）资助出版

PHILOSOPHIA

走向自由之路

马克思"自由人的联合体"思想的当代阐释

薛俊强　著

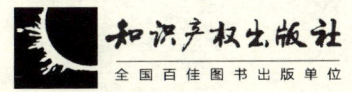

知识产权出版社

全国百佳图书出版单位

图书在版编目（CIP）数据

走向自由之路：马克思"自由人的联合体"思想的当代阐释／薛俊强著．
—北京：知识产权出版社，2016.12
ISBN 978 - 7 - 5130 - 4632 - 9

Ⅰ．①走…　Ⅱ．①薛…　Ⅲ．①马克思主义—自由—理论研究　Ⅳ．①A811.64

中国版本图书馆 CIP 数据核字（2016）第 300011 号

责任编辑：刘　江　　　　　　责任校对：王　岩
封面设计：SUN 工作室　　　　责任出版：卢运霞

走向自由之路——马克思"自由人的联合体"思想的当代阐释
Zouxiang Ziyou Zhilu—— Makesi "Ziyouren de Lianheti" Sixiang de Dangdai Chanshi
薛俊强　著

出版发行：知识产权出版社 有限责任公司　　网　　址：http://www.ipph.cn
社　　址：北京市海淀区西外太平庄 55 号　　邮　　编：100081
责编电话：010 - 82000860 转 8344　　　　　责编邮箱：liujiang@ cnipr.com
发行电话：010 - 82000860 转 8101/8102　　发行传真：010 - 82005070/82000893
印　　刷：北京中献拓方科技发展有限公司　　经　　销：各大网上书店、新华书店及相关专业书店
开　　本：720mm×960mm　1/16　　　　　印　　张：14.25
版　　次：2016 年 12 月第一版　　　　　　印　　次：2016 年 12 月第一次印刷
字　　数：210 千字　　　　　　　　　　　定　　价：48.00 元
ISBN 978 - 7 - 5130 - 4632 - 9

献给我的母亲、父亲

虽然对于"从何处来"这个问题没有什么疑问，但是对于"往何处去"这个问题却很模糊。不仅在各种改革家中普遍出现混乱，而且他们每一个人都不得不承认自己对未来应该怎样没有确切的看法。然而，新思潮的优点又恰恰在于我们不想教条地预期未来，而只是想通过批判旧世界发现新世界。以前，哲学家们把一切谜底都放在自己的书桌里，愚昧的凡俗世界只需张开嘴等着绝对科学这只烤乳鸽掉进来就得了。而现在哲学已经世俗化了，最令人信服的证明就是：哲学意识本身，不但从外部，而且从内部来说都卷入了斗争的漩涡。如果我们的任务不是构想未来并使它适合于任何时候，我们便会更明确地知道，我们现在应该做些什么，我指的就是要对现存的一切进行无情的批判，所谓无情，就是说，这种批判既不怕自己所作的结论，也不怕同现有各种势力发生冲突。

——马克思致阿尔诺德·卢格（1843 年 9 月）

（《马克思恩格斯文集》第 10 卷，人民出版社 2009 年版）

马克思主义哲学是这样一种哲学，它最终对生成和上升持最恰当态度，并且在创造性广度中认识全部过去。因为马克思主义哲学除了懂得活着的、尚未得到补偿的过去之外，根本不知道任何别的过去。马克思主义哲学是未来的哲学，也是在过去中蕴含着未来的哲学。因此，马克思主义哲学活在这种集合的前线意识中，从而它是信任历史事件的、献身于新东西的、已知趋势的理论－实践。

——恩斯特·布洛赫

（《希望的原理》第 1 卷，上海译文出版社 2012 年版）

序

马克思哲学本质上是"实践的唯物主义",这种唯物主义不在于解释世界而在于改变世界,显然具有强烈的未来情结和希望意识。不妨说,马克思哲学在对历史和现实的深刻批判中怀着美好的未来理想情结,抱持一种希望意识的本体求索精神,把人作为超越性、应然性的存在置于本体论的层面予以究问和阐发,最终采取了实践的、革命的方式来回答和解决,为无产阶级和全人类希望意识的彰显、未来理想的实现提供了科学的指南。马克思说:"姑且不谈普遍地存在于各种改革家的观念中的那种混乱状态,就是他们中间的每一个人,也都不得不承认他对未来没有明确的概念。然而,新思潮的优点就恰恰在于我们不想教条式地预料未来,而只希望在批判旧世界中发现新世界。"❶对马克思来说,历史既不能思辨地考察,也不能直观地理解,只有从现实的活动出发去实践地考察历史,才能揭示出历史的内在矛盾、内部本质和内在必然性,也才能把握人类历史的过去形态、现在状况和未来进程。马克思考察历史的方法是一种"从后思索",也就是从现实的活动出发去实践地考察已经过去了的历史,但"这种正确的考察同样会得出预示着生产关系的现代形式被扬弃之点,从而预示着未来的先兆,变易的运动"。❷由于黑格尔和费尔巴哈"不了解'革命的'、'实践批判的'活动的意义",要么思辨地考察历史,要么直观地考察历史,因而无法把握现实历史的必然进程,也无法对未来世界确立起"明确的概念"。他们只能满足于解释现存世界"从何处来",无法说明

---

❶ 《马克思恩格斯全集(第 1 卷)》,人民出版社 1956 年版,第 415～416 页。
❷ 《马克思恩格斯全集(第 46 卷上)》,人民出版社 1979 年版,第 458 页。

"往何处去"这一关乎人类未来的问题。正如马克思所说："虽然对于'从何处来'这个问题没有什么疑问，但是对于'往何处去'这个问题却很糊涂。"❶ 糊涂的原因在于："哲学家们只是用不同的方式解释世界，而问题在于改变世界。"❷ 列宁进一步说："不仅要解释过去，而且要大胆预察未来，并勇敢地从事实际活动以实现未来。"❸ 在"实践的唯物主义"者看来，"什么即将发生""未来将会怎样"这样的问题决不能给出教条式的回答，只能在人类的实践活动中给出令人信服的回答。马克思、恩格斯在创立实践的唯物主义的整个过程中，未来社会作为人类实践活动的创造物始终是他们的思想眷注和关切的理想对象，他们在"对现存的一切进行无情的批判"中，始终把面向未来、向往未来和实现未来作为自己的学说钟情和企望的理想情结。未来意识是实践的唯物主义的思维取向，希望欲求是马克思主义的社会批判理论的价值诉求，理想情结是全人类自由解放学说的超越维度。马克思、恩格斯创立的实践唯物主义对历史的未来发出了实践追问，这一追问是本体论的追问，是基于人的生存本性的形上究问，是人以实践为基础作"向未而在"的本体追问。黑格尔把历史的未来隐含在概念的预成性中，终于扼杀了未来，马克思、恩格斯则把历史的未来寄托于实践的生成性中，最终拯救了未来。因此，他们不是密纳发的猫头鹰，而是高卢的雄鸡，"一唱雄鸡天下白"，唱响了人类自由解放的理想之歌。

我国马克思主义哲学界关于马克思理想构建、未来情结和希望意识的研究相对比较薄弱，有分量的学术成果也寥寥无几。然而，可喜的是，青年学者薛俊强博士能够新人突起，潜心钻研，其学术专著《走向自由之路——马克思"自由人的联合体"思想的当代阐释》形成了有分量的也一定会有影响的学术成果。从一定的意义上说，深入研究马克思的理想构建、未来情结和希望意识，才真正把握住了马克思哲学"实践的唯物主义"的本真意义。如果对马克思的理想构建、未来情结和希望意识知之甚

---

❶ 《马克思恩格斯全集（第1卷）》，人民出版社1956年版，第415页。
❷ 《马克思恩格斯选集（第1卷）》，人民出版社1995年版，第19页。
❸ 《列宁选集（第2卷）》，人民出版社1972年版，第600页。

少、简单理解和缺乏研究，一切关于马克思哲学"实践的唯物主义"本质的讨论只能流于奢谈、空议，甚至图解。关于这部专著的学术成果的理论和实践意义，显然不言而喻。对此，我借序言特别为学界作一重点评介。

1. 关于"自由人的联合体"思想研究的基本脉络

薛俊强博士的学术专著《走向自由之路——马克思"自由人的联合体"思想的当代阐释》深入阐释了马克思关于未来社会思考（自由人的联合体）的价值关切与当代中国及其当今时代人类社会发展现实的历史契合和价值意蕴，凸显了马克思未来社会理想观的精神实质和时代价值意蕴，彰显了马克思社会理想观引领当今时代发展的历史现实感和时代价值感，切实加强了学界对马克思社会理想观的真切认同感，并尝试着为马克思主义在当今时代的中国化、时代化和大众化澄清理论前提和奠定学理基础。马克思关于未来理想社会——对"自由人的联合体"的探索和追求是研究马克思整个理论学说的理论"原点"，对"自由人的联合体"思想的研究决定着对马克思其他学说和理论的认识和阐释。"自由人的联合体"思想承载了马克思的最高社会理想和价值关怀，而这一理想的实质和本真总是被遮蔽和误解。基于此，选取马克思"自由人的联合体"思想作为研究题目，以此来探求马克思关于"未来社会"理想思考的本真精神，十分重要。专著以对马克思关于"未来社会"思考的相关文本解读为基础，以马克思关于人类解放的思想，即旨在实现每个人的自由个性和全面发展为理论关切。在此基础上，从理论对话和当下中国现实两个层面给予马克思的"自由人的联合体"思想以当代审视。具体围绕以下几个主要方面对马克思"自由人的联合体"思想展开阐释。

2. 历史境遇与时代回响

苏联解体和东欧剧变，引发了人们对社会主义的未来和马克思主义学说历史命运的关注。在对马克思学说的争论和评判过程中，西方部分学者仍然带着"玫瑰色的眼睛"展开对马克思主义的情绪化评判，马克思的社会理想观被部分西方学者政治化和妖魔化。加之新自由主义思潮的冲击，共产主义运动和理论研究面临着历史上最为严峻的历史境遇。没有任何一种思想比马克思共产主义学说引起了学者更为激烈的争论和碰撞、没有任何一种学说承担了比共产主义更为沉重的历史负担、没有任何一种学术思潮像共产主义这样遭到持不同政见者更多的意识形态偏见和误解。重新理解马克思社会理想的本真精神，迫切需要人们识破对马克思社会理想的误解，并给予批判性回应。社会主义承载了沉重的历史负担，人们患了社会主义和共产主义理想遗忘症和恐惧症，马克思关于未来社会思考的本真精神仍被严重遮蔽。

重塑马克思未来社会理想观的本真精神和价值意蕴，把以往附加在马克思身上和对其思想的错误理解剥离开来。通过深度透视当代中国和世界发展现实，深入分析马克思社会主义理想的当代境遇，以此凸显马克思社会理想的当代意义。秉持共产主义的崇高理想和价值追求，踏踏实实从事中国社会主义初级阶段的各项工作，不能把崇高理想的实现脱离具体的中国社会现实。在推进中国社会发展和改革的过程中，应极力避免对社会主义价值理想的遗忘症，避免那种运动才是一切，最终目标微不足道的思想倾向。改革开放的前30年和后30年是一个不可分割的整体。改革开放以来，邓小平推进了毛泽东的社会主义事业，把社会主义理解和发展为一种富有建设意义的话语体系和理论学说。马克思社会理想的中国化进程既体现了发展马克思主义并赋予其时代内涵的时代要求，又体现了中国人民探索社会主义实现道路的历史勇气和时代魄力。随着中国社会主义发展和改革的不断深入推进，实现伟大中国梦和社会主义核心价值观的提出，当代中国必将实现把马克思社会理想的中国化进程上升到新的理论高度，并成为复兴世界社会主义运动的希望之春。

3. 通往人间幸福之路

马克思关于未来社会的思考孕育于对空想社会主义思想家的批判性继承。通过对以黑格尔为代表的德国哲学的哲学和政治批判，围绕国家、社会和个人三者的和谐共生关系的思考构成马克思社会理想观的基本视域。通过对古典政治经济学的政治经济学批判，奠定了马克思未来社会理想观的最终理论形态——共产主义科学世界观。政治经济学批判奠定了马克思社会理想观所具有的科学性和现实性的理论品格。

马克思从来不抽象地言说未来社会，而是把对未来社会的思考与资本主义发展现实和未来趋势紧密结合起来。他积极探索取代资本主义的新社会的可能性和未来前景，重建个人、共同体与社会的和谐共生关系。实现每个人的自由个性和全面发展构成马克思关于未来社会思考的核心关切。从经济制度层面看，未来社会的所有制和经济制度将得到根本性重建。未来社会并非要消灭所有制的一般形式，而是要消灭建立在生产资料私人占有基础之上的私有制，进而重建个人所有制。在未来社会中，生产资料不是以社会的名义对个人生产资料的剥夺和占有，而是把社会生产力重新归还给个人，是一种在资本主义社会化大生产更高基础之上的重新占有和回归。个人手中所拥有的生产资料将不会成为剥夺其他人占有自己生活资料的强制手段和剥削他人的工具。从政治制度层面看，未来社会下国家职能将发生根本的改变。国家的政治属性（作为阶级斗争调和的产物、作为统治阶级的工具）将不复存在。国家政治职能的转变和消亡并不是以废除社会管理职能为代价，未来社会下国家的社会管理职能将会得到保留。未来社会下国家的职能将真正具有"社会性"的权利，国家将是全体人民幸福生活的乐园，而不再是洪水猛兽和阶级统治的工具。从社会与人的发展层面看，未来社会将实现每个人的自由个性和全人类的解放。人成为具有真正个性的人，而不是偶然的个人，不是作为阶级成员的个人。在未来社会下，将是人与人之间新型关系的真正确立。每个人的自由发展将成为一切人自由发展的条件。社会将不再作为虚假的共同体与个人相对立，自由人的联合体将成为个人与社会和谐共生的真正共同体。

"自由人的联合体"作为现实的理想之梦指引着当代中国和世界走向未来。共产主义作为真正解放人的感性之梦指引着每个人追求他们的理想人生；共产主义理想是路标、是尘世和现实理想之梦，而不是虚幻的乌托邦之梦想，它实现的可能性就扎根在人们的现实生活过程之中。作为西方政治文化和传统的马克思主义对当代中国发展有着极为切近的历史与现实意义。马克思未来社会理想观仍然是指引当代中国特色社会主义道路走向美好未来的历史路标。中国梦是中华民族追寻未来社会的理想之梦，是国家富强、民族复兴和人民幸福之梦。"中国道路"是诠释中国梦之精神实质的核心表达。中国道路的实质体现了当代中国对马克思社会主义理想观的时代探索和总结，代表着当代世界社会主义发展的正确方向，焕发出了世界社会主义的当代生命力。

4. 禀赋时代问题意识，坚持走马克思未来社会理想观研究的创新之路

首先，在研究视域和阐释路径方面，结合"社会主义""市场经济"与"中国道路"内在关联的时代性课题，阐释马克思社会理想观与当代中国和时代发展的历史契合，凸显马克思未来社会理想观的精神实质和时代价值意蕴。在写作过程中，表达了作者在思想史、文化史和心灵深处对马克思社会理想观的真切认同感，并深度追问马克思社会理想对当代中国精神家园构建的时代意义，极力彰显马克思社会理想观在当今中国社会主义现代化和市场化改革中的应有时代价值，力争真正让马克思社会理想观的精神实质和价值底蕴走进当代中国人的内心世界，使之真正成为中华民族文化的有机构成和组成部分。

其次，秉持多学科交叉研究和思想碰撞激发学术灵感的写作理念，坚持学理探讨与现实关切相结合的言说理路。对作者来说，这是一次有情怀的写作和心灵的历练。作者秉持对马克思社会理想的价值信仰和积极关注当代社会主义市场化改革的重大时代问题，力争把自身的价值信仰、情感表达与理性的学术探讨有机结合起来，力争做到以情感人和以理服人的写作境界。

薛俊强博士这部即将付梓出版的学术专著是他在中山大学就读时期的博士论文。他的勤奋好学、刻苦钻研和学而有成的学术品格至今令人印象深刻。而他的研究取向和为此作出的努力又不禁使我想起了当年自己的博士论文选题："马克思社会预见理论的哲学分析"。从研究取向上看，他的博士论文选题与我的博士论文选题有着异曲同工之处，应属于关于马克思理想构建、未来情结和希望意识方面展开的深入研究。但学术上平心而论，他的研究套路却更为独特、研究方法却更加现代、研究范式却更近科学、研究内容却更是丰富、研究成果却更具创新。一句话，他的研究是站在时代发展的新的路口，沐浴学术繁荣的新的培育而作出的关于马克思理想构建、未来情结和希望意识方面的富有创新性的学术成果。青出于蓝，而远远胜于蓝，作为他的导师，这就更令我欣慰。同时我相信：他的这部专著面世后，也一定会更令学界赏识。当然，这篇博士论文涉及的问题仍有进一步研究和探讨的空间，希望他再接再厉，在接下来的研究中逐步完善和做得更好！

旷三平

2016 年 9 月 22 日于中山大学

目　录

导　论

　　"代替那存在着阶级和阶级对立的资产阶级旧社会的，将是这样一个联合体，在那里，每个人的自由发展是一切人的自由发展的条件。"《共产党宣言》中的这句话承载了马克思终生为之奋斗的社会理想。这个社会理想就是他所追求的一个"自由人的联合体"的社会。在这个理想社会中，每个人的发展与其他一切人和谐发展，休戚与共，结束了人剥削人、人压迫人的非人的社会。可是，现实的发展与理想总是有差距，有时甚至是极大的差距。历史的使命感和重负要求我们重新认识马克思的社会理想。

一、社会理想的复兴与名正

　　马克思主义自五四运动以来传入中国，至此，无数仁人志士打着马克思主义旗帜寻求中华民族自身解放的道路。马克思主义理论作为一门"关于人的解放"的学说，在中国的大地上已扎根发芽。从革命战争年代，到现在的和平建设和改革时期，一直作为中国共产党的指导思想。然而，20世纪的历史发展，尤其是"文革"的十年浩劫，给我们留下了深刻的历史经验和现实教训。此外，20世纪作为最大的、以马克思主义为指导的社会主义国家苏联的解体，加之，东欧各国在指导思想上也相继放弃马克思主义，并投入资本主义的怀抱，柏林墙的倒塌，这些事件可以说是20世纪国际社会发展最为重要的世界性事件。基于此，西方学界产生了一股理论思潮，持这种观点的学者以福山为主要代表，在他看来，苏联的垮台意味着作为其指导思想的马克思主义的彻底失败，这无疑给马克思主义宣判为"死刑"。在这样的历史背景下，西方某些学者把马克思的社会理想与"专政""独裁"乃至法西斯主义隐约地联系在一起。可是就在福山等人发出这一声音的同时,德里达几乎同时得出了不同的声音。他深情地指出:"不能没有马克思,没有马克思,没有对马克思的记忆,没有马克思的遗产,也就没有将来;无论如何得有某个马克思,得有他的才华,至少得有他的某种精神。"❶ 对于这一问题,西方学者奥尔曼指出:"因此——并且无论苏联和中国发生什么事情——马克思主义将继续与我们有关,直到我们从已经盗窃并且至今还在利用不受处罚的权力盗取公有地的那些人手中收回我们的公有地。"❷

不管福山、德里达还是奥尔曼等人是从何种角度和动机来评判马克思,有一个事实必须承认,自从苏联解体以来,有关马克思思想的研究在西方都已经仅仅作为一个学术研究的非主流派别。更为重要的是,对于以他的思想作为指导思想的当代中国而言,反思现实与理想的差距之缘由的任务就更为迫切。以上这些活生生的现实给我们留下一个值得深思的问题:马克思的理论学说随着苏联和东欧国家的解体而过时了吗?马克思的社会理想至此"终结"了吗?马克思的社会理想究竟是什么?这一理想真的如部分西方学者所言不仅是一个乌托邦和空想,还是滋生极权主义和法西斯主义的理论温床吗?马克思的社会理想本身应该为"极权主义"和"法西斯主义"罪名背上沉重的历史包袱吗?对此,我们深表怀疑和否定。这一点成为本书言说马克思的社会理想——"自由人的联合体"最为重要的言说历史背景和历史前提。

二、理想与现实的内在紧张

随着时代的发展所凸显的一些新问题,也在考验着马克思关于未来社会理想之实现的可能性及其前景。马克思当年所设想的资本主义必然会被将来的"自由人的联合体"社会所取代这一社会理想至今仍未成为现实;马克思当年所设想的作为无产阶级代言人和革命主力军的工人阶级的地位

---

❶ [法]雅克·德里达著,何一译:《马克思的幽灵——债务国家、哀悼活动和新国际》,中国人民大学出版社1999年版,第21页。

❷ [美]伯特尔·奥尔曼著,田世锭、何霜梅译:《辩证法的舞蹈——马克思方法的步骤》,高等教育出版社2006年版,第201页。

已经发生了很大程度的改变，资本主义国家工人的地位也得到了明显改善；作为一个整体的"阶级"解放在当下的现实世界中显得多少有些不合时宜。马克思所设想的未来理想社会的实现需要生产力的极大发展，社会产品极大丰富作为前提，可是这些前提本身的实现是否受到自然环境、资源的限制呢？这些问题的提出对马克思的阶级解放思想，对马克思关于未来社会的理想——"自由人的联合体"思想理论生成逻辑提出了严峻的考验。"马克思生活于他曾指认的'历史'向'世界历史'转变的时代，这是一个以资本全球化为中心的旧全球化时代。马克思的哲学世界观是在对这一资本全球化世界的批判基础上产生的理论反思和哲学表达。……然而，无可否认的是，由于历史地平线的限制，他的许多观点和结论又带有旧全球化时代的若干缺陷，从而必须为'当代视野'所超越。……历史地平线的转换产生了问题谱系的转换，需要我们对时代本性、当代资本主义、当代社会主义等重大问题重新解答，因而需要重新理解马克思，需要重新寻找马克思的思想来作为解答问题的精神资源。"[1]但不可否认的另一个事实是，当今世界的全球化趋势的日益明显，世界各地各种非政府性组织的诞生，人们在网络世界中所能享受到以前无论如何也不能想象的自由的信息交流平台和公共性空间。所有这些现象，也都无不印证了马克思有关未来社会理想之"自由人的联合体"思想的当代现实效应，马克思的社会理想正逐步成为我们日常生活中现实的一部分。"在全球化和现代科学技术迅猛发展的 21 世纪，人类活动的诸多新的因素和新的历史进程表明，马克思早已预示的这种人类理想的共同体正在一步步向我们走来。"[2]

　　"自由人的联合体"思想集中体现了马克思关于未来社会的理论构想及其憧憬。可是在这个"后现代"思潮日益活跃的时代，谈论社会理想问题总是面临一定的指责和风险，加上一些西方学者对马克思社会理想的歪曲及"妖魔化"，比如波普尔、麦金泰尔等人把马克思的"自由人的联

　❶　任平：《当代视野中的马克思》，江苏人民出版社 2003 年版，第 4 页。
　❷　郭湛主编：《社会公共性研究》，人民出版社 2009 年版，第 40 页。

合体"思想完全视为一种所谓的"乌托邦",一种美妙的幻想。加之许多后现代思想家对宏大叙事的解构,谈论社会理想问题总是被赋予一种所谓脱离实际的"乌托邦"标签。"马克思对未来的这种想象的重构,不仅遭到了他的敌人的尖锐批评,而且遭到了他的许多后继者的尖锐批评。……难道所有对未来的讨论都必定是'乌托邦'吗?与罗莎·卢森堡及其他人一起,我们认为,相信一个质量更好的社会是可能的,或者希望它的到来,这不是乌托邦。乌托邦是指从这种愿望中建构这样的社会,换句话说,是指相信这样的社会是可能的仅仅是出于你的愿望,除此没有任何其他理由或根据。"❶ 在这个问题上,有些人把马克思的社会理想和乌托邦关系的问题对立起来,主要在于他们没有厘清马克思对"未来"的科学洞见;没有厘清马克思的"社会理想"与"乌托邦"的本质区别。基于这个问题,有学者指出:"近百年来,由于中国独特的历史,对民族未来的思考始终占据着知识探索的焦点。不过奇特的是,我们的未来想象,很少在严格意义上的乌托邦立场上进行。这可能具有多方面的原因,其中较为显著的是,无论是采取追赶型现代化道路,还是采取跨越式现代化道路,乌托邦都是被排斥的,对于前一种道路来说,它是坐着说话——不腰疼,对于后一种道路来说,它是旗杆上挂地雷——空想。特别是在马克思主义占据意识形态的主导地位后,'乌托邦'这个术语一直是在贬义上被使用的。这意味着,在我们的学术中(特别是马克思主义哲学研究中)谈论乌托邦总是要冒一定的风险。"❷ 以上所引的这段话,把当前学术理论研究,尤其是马克思主义哲学界理论研究中以"乌托邦"作为理论研究倾向的理论危险和缘由与当前中国社会现代化发展的现实和道路联系起来,这一提法本身是契合了我们这个时代的主题和理论研究的现实关怀。结合中国 20 世纪 60～70 年代出现的激进的"文化大革命"运动,这一灾难应归为炙热的理想本身抑或人们对理想本身的认识呢?答案是后者。原

---

❶ [美]伯特尔·奥尔曼著,田世锭、何霜梅译:《辩证法的舞蹈——马克思方法的步骤》,高等教育出版社 2006 年版,第 205 页。

❷ [美]大卫·哈维著,胡大平译:《希望的空间》,南京大学出版社 2006 年版,译序,第 2 页。

因很显然，我们不能把"理想"本身"原罪"化。

当下的中国是以马克思主义理论为理论指导，而以马克思主义为指导的中国自从新中国成立以来走过了一段较为曲折和艰辛的道路。中国经历了以"阶级斗争"为纲的残酷岁月，心中仍苦苦追寻着心目中未来的理想社会。直到改革开放以来，我国才摆脱了政治斗争的阴沉岁月，而迎来了改革开放的希望之春。自此，中国在经济发展、学术研究、科技教育和人民生活水平等方面都发生了翻天覆地的深刻变化。而这一切都是以"实践是检验真理的唯一标准"理论讨论为理论先导。这正体现了从思想领域的解放开始，这一来之不易的成就不得不首先归功于转向对马克思的社会理想和精髓的本真探求和理解：对"什么是社会主义，怎样建设社会主义"这一问题的理解。

基于此，从这样一些现实层面的角度来思考马克思的社会理想问题就显得更为紧迫和必要。如何理性地看待社会主义市场经济体制与马克思对关于未来社会的社会理想——"自由人的联合体"思想的内在理论联系，这是思考马克思的"自由人的联合体"思想当代境遇的一个重要的理论视域和现实背景。也就是说，如何在当下中国社会发展现实这一背景下，结合国内社会发展的现实状况谈论和思考马克思关于未来社会的理想（"自由人的联合体"之社会得以实现的问题）。对这一问题的思考也更为凸显出谈论马克思关于未来理想的社会得以实现的时代现实感和现实意义。

当前，为何还要研究马克思，研究马克思的基本理论和思想，尤其是研究马克思有关未来社会发展趋势的理论设想——"自由人的联合体"的思想一个更为重要的意义就在于：马克思关于未来社会的思考所涉及的一些问题正契合了当下中国社会发展的现实，尤其是在以马克思主义为指导并实行社会主义市场经济体制下的中国。马克思所思考的问题及其所涉及的问题域仍是当今人们思考和言说的主题。尤其是有关"社会的公共性"问题日益成为当下学术界研究的热点问题域。正如有学者所深刻指出的那样，"我们不得不承认，我们的社会正在无情地步入'马克思的问题域'。……因此，我们没有理由拒绝对于市场作出历史性分析和批判的马克思的思想研究。相反地，我们需要通过认真、具体而深入地研究马克思的思想，来确立起对于中国何以需要走向市场的理性认识，并从马克思的思想中汲取消除市场经济发展过程中的消极现象和指导我们的社会向着和谐健康方向发展的价值原则"❶。马克思有关未来社会之"自由人的联合体"的思想恰恰具有一种强烈的"公共性"韵味，体现了一种达成"个人""群体"和"社会"和谐共生这样的致思取向。从宏观层面上看，在当下中国的社会主义市场经济体制下，有关经济发展过程中出现的"效率"和"公平"问题、经济发展与人本身发展的不同步问题、重建"个人所有制"问题及国家与社会"民主"建设及其和谐社会的构建等问题，这些问题本身的呈现就体现了马克思"自由人的联合体"思想所要达成的理论目标和理想，并内在地包容在马克思当年所思考的问题域中。尤其是当代西方政治哲学的兴起及其所衍生出来的一系列问题，比如，如何达成"个人"自由与"群体"（共同体）的有机统一，如何实现一个理想的社会状态，就像罗尔斯所追求的一个正义之理性的社会。在这个社会中，每个人的发展所需要的平等、自由等权利都被最大限度地得以实现。这些问题本身并没有游离出马克思"自由人的联合体"思想理论思考的问题域。从生活细微处看，人们对其思想自由、言论自由及民众的社会参与和对公共性问题的密切追求和关注、对自身合法权益的维护及其知情权的获得都有一种强烈的公共性诉求。这些问题和现象本身也是当年马克思所极为关注的，而这些问题仍然成为当下社会，包括西方社会和当下中国民众极为关注的问题。正如英国学者沃尔夫所言："正是马克思，而且首要的是马克思，仍在为我们提供批判现存社会的最锐利的武器。"❷ 也正如萨特所言，马克思的思想所关涉的社会情势没有发生改变，所以研究马克思的思想仍是有意义的。"马克思思想的怪异之处表现在，随着时间的推移

---

❶ 钟明华、徐俊忠等：《历史·价值·人权——重读马克思》，广东高等教育出版社 2000 年版，第 1 页、第 8~9 页。

❷ ［英］乔纳森·沃尔夫著，段忠桥译：《当今为什么还要研读马克思》，高等教育出版社 2006 年版，第 2 页。

这些思想越来越具有现实意义。"❶ 在当下中国，之所以研究马克思的社会理想问题——"自由人的联合体"问题并不是一种奢望和脱离实际，而是具有当下的社会现实性依据。

厘清和深入研究马克思的社会理想，即追寻一个"自由人的联合体"这一问题是理解和研究马克思整个理论学说的理论原点和理论前提。"对真理的执着追求是所有伟大的哲学的核心。然而，所产生的著作的价值却不取决于它对这一目的的事实上的实现。直截了当地讲就是，有很多东西比真理更令人感兴趣。理解了这一思路，马克思的著作就如同任何人的著作一样是有生命力的。"❷ 以上这段引文，不正是对马克思"自由人的联合体"的思想在当代理应被研究和探讨的合理性诠释吗？同时，必须承认，现实社会是复杂和多变的，理论和理想不能解决现实的所有问题。正因如此，在阐释马克思的"自由人的联合体"这一社会理想和理论时，必须保持一种开放的理论视野和姿态，积极关注现实社会的发展态势从而不断调试理论的样式，以此做到用马克思社会理想的本真精神关照当下中国的现实社会，并用当下的社会现实来反观和思考马克思的社会理想的理论实质，因此做到"理论"与"现实"的良性互动。以至于在理解马克思的理论和社会理想之时，不出现马克思在 19 世纪 70 年代针对一些人对他思想的误读而感言道："我们只知道我们不是一个马克思主义者"这一"反讽"式谬论和悲剧。

三、本书的基本结构与内容概要

本书是关于对马克思"自由人的联合体"思想的文本解读及其当代阐释。马克思关于未来理想社会——对"自由人的联合体"的探索和追求是研究马克思理论学说的理论"原点"，对"自由人的联合体"思想的研究决定着对马克思其他学说和理论的认识和阐释。"自由人的联合体"思想承载了马克思的最高社会理想和价值关怀，而这一理想的实质和本真

---

❶　［俄］鲍·斯拉文著，孙凌齐译：《被无知侮辱的思想——马克思社会理想的当代解读》，中央编译出版社 2006 年版，第 10 页。

❷　［英］乔纳森·沃尔夫著，段忠桥译：《当今为什么还要研读马克思》，高等教育出版社 2006 年版，第 74 页。

总是被遮蔽和误解。基于此，本书选取马克思"自由人的联合体"思想作为选题，以此来探求马克思关于"未来社会"理想思考的本真精神。

本书以对马克思关于"未来社会"思考的相关文本解读为基础，以马克思关于人类解放的思想，即旨在实现每个人的自由个性和全面发展为理论关切。在此基础上，从理论对话和当下中国现实两个层面给予马克思的"自由人的联合体"思想以当代审视。本书具体围绕以下几个主要方面对马克思"自由人的联合体"思想展开阐释。

（1）关于"自由人的联合体"思想的视域开启及其生成路径。马克思"自由人的联合体"思想视域的开启，大体上是由三条内在相互交织的言说理路构成。"政治哲学视域内的理论探索"：体现在黑格尔的法哲学和国家学说、卢梭的契约论学说对马克思思想的启蒙和影响。"经济哲学视域下的理论探索"：体现在马克思对以亚当·斯密为代表的古典政治经济学之方法论及其"经济人"假说的批判。"哲学人类学视域下的理论省思"：体现在马克思对费尔巴哈和施蒂纳的人学历史观的批判式阐发。在以上三个方面内在相互交织的言说语境中，内在地蕴含着马克思对"个人""群体"和"社会"三者如何达成和谐统一的社会整合问题理论探寻和思索。在这三重视域下的理论探求过程中，追求一个理想的社会形态——"自由人的联合体"这一马克思终身为之奋斗的社会理想便逐渐展现出来。

（2）关于"自由人的联合体"思想的理论内涵、特征及其实现机制。"自由人的联合体"思想内涵主要表现为三个层面："社会所有制"和重建"个人所有制"的体制设想、超越"政治国家"之未来社会的制度构想及其实现一个"每个人"的自由个性全面发展的人类联合体。如何理解"自由人的联合体"这一关于未来社会的理论构想提出的深层次缘由？如何实现"自由人的联合体"这一马克思的社会思想？这几个方面共同构成"自由人的联合体"得以实现的机制。"商品""资本""货币"三大拜物教统治下人的异化生存境遇是"自由人的联合体"思想得以提出的现实缘由。社会生产力的发展、现代工艺的进步、消除分工及其随之而带来的休闲"时间"问题、"建立更高组织化的社会制度"问题可视为

"自由人的联合体"得以实现的客观条件；"教育"问题、"阶级意识"的培养、工人运动、政党的成立视为主观条件。

（3）关于"自由人的联合体"思想的思想实质及其理论关切。本书旨在探求马克思的社会理想——"自由人的联合体"思想的本真意蕴和理论关切。通过与西方思想家展开关于马克思社会理想之实质的理论对话和辨析，本书指出：马克思社会理想的思想实质既非通常被西方学者所指认的"乌托邦"，也非我们通常所理解的"纯粹的科学"，而是一种反乌托邦时代的"乌托邦"。如何最大限度地达成"个人""群体"与"社会"的和谐共生成为马克思"自由人的联合体"思想的深层理论关切。关于"未来社会"得以实现的可能性和趋势成为马克思关于未来理想社会思考的重心。

（4）关于"自由人的联合体"思想面临的现实挑战和时代效应。本书主要从理论和现实两个层面对马克思的"自由人的联合体"思想之当代效应给予阐发。在理论层面上，通过"公共性"这一蕴含在马克思"自由人的联合体"思想中的当代视域作为理论观照，从政治哲学的层面尝试把马克思和哈贝马斯有关社会整合思想的理论进行比较式的理论阐释，通过理论比较和对话的形式凸显马克思"自由人的联合体"思想的时代效应。在现实层面上，通过把马克思的"自由人的联合体"思想放在当下中国的现实语境下，尤其是放在当下中国的社会主义市场经济体制下给予当代审视。与此同时，对当下中国社会所实行的社会主义市场经济体制及其发展前景和趋势也给予了一定程度的理论说明。

第一章 "自由人的联合体"思想的 孕育与理论渊源

马克思"自由人的联合体"思想视域的开启并不是空穴来风，而是有着深层的理论渊源和言说视域。马克思"自由人的联合体"思想视域的开启，大体上是由三条内在相互交织的言说理路构成："政治哲学视域内的理论探索""经济哲学视域下的理论探索"和"哲学人类学视域下的理论省思"。在以上三个方面内在相互交织的言说语境中，内在地蕴含着马克思对"个人""群体"和"社会"三者如何达成和谐统一的社会整合问题的理论探寻和思索。在这三重视域下的理论探求过程中，追求一个理想的社会状态："自由人的联合体"的社会这一马克思终身为之奋斗的社会理想便逐渐展现出来。在这一理论探索过程中，预示着马克思旨在解决"个人""群体"和"社会"和谐共生之"社会整合"视域的开启。

第一节 黑格尔、卢梭和马克思[1]

青年马克思从《莱茵报》《德法年鉴》时期起就开始了自己的政治生涯，而马克思从事该工作是从对国家和法的批判为起始点。马克思于1842年年初写的第一篇政论文章《评普鲁士最近的书报检查令》就是针对普鲁士政府对书报出版自由的限制而写。"马克思在参加重要的自由派

---

[1] 本节的主要内容已经以学术论文形式发表。参见：薛俊强："马克思的'个人'、'国家'与'社会'关系视域的开启——从与黑格尔、卢梭的关系视角之审视"，载《湖北行政学院学报》2009年第5期。

报纸《莱茵报》的活动中，开始了自己的政治生涯：先是作为编辑人员，后来又担任了主编。这一工作使他了解了许多政治、经济和社会问题，而这些问题，在一定程度上来说，是其他青年黑格尔派所不了解的。"❶

一、国家与市民社会的关系之辨

现实的社会斗争促使马克思重新对国家、法和社会问题进行理论思索，而马克思对这一问题的探索起初是结合对黑格尔法哲学的批判为起点的。马克思为什么要以对黑格尔的法哲学批判为起点呢？其中，一方面从思想发展史的角度看，这是源于马克思早年曾对黑格尔哲学有所研究，并且一度成为青年黑格尔派成员。用马克思自己的话说就是："我从头到尾读了黑格尔的著作，也读了他大部分弟子的著作。由于在施特拉劳常和朋友们聚会，我们接触到一个博士俱乐部，其中有几位讲师，还有我的一位最亲密的柏林朋友鲁滕堡博士。这里在争论中暴露了很多相互对立的观点，而我同我想避开的现代世界哲学的联系越来越紧密了。"❷ 这句话说明马克思早年曾通读黑格尔的著作，并把黑格尔哲学称为"现代世界哲学"，足见黑格尔对其思想的启蒙意义。❸ 思想史问题的论述在这里存在学术分歧点，分歧点在于马克思是否是一个黑格尔的信徒。法国哲学家阿尔都塞否定黑格尔与马克思思想的内在关联，并试图把黑格尔从马克思哲学思想中清理出去。而匈牙利哲学家卢卡奇恰恰相反，他试图用黑格尔的观点来解读马克思，突出黑格尔对马克思的重大影响，并把两者的思想紧密联系在一起。这里不对这样一个哲学史问题展开深入细致的分析，这不是本章的目的。而为了论述本章的相关论题，这里只是想指出，不管马克思是不是黑格尔主义者，也不管马克思是不是黑格尔的信徒，但有一点不可否认，马克思曾经受过黑格尔思想的启发和熏染（不管是正面还是负面，这也可以从马克思自己的陈述中体现出来），这是本书的基本观点。吉登斯对这一问题的看法相对比较折中，他认为："然而，黑格尔对马克

---

❶　[法] 奥古斯特·科尔纽著，王瑾译：《马克思的思想起源》，中国人民大学出版社1987年版，第63页。

❷　《马克思恩格斯全集（第47卷）》，人民出版社2004年版，第15页。

❸　此时的马克思对黑格尔思想的接受是一个逐步的过程。

思的吸引之处，既不在于前者哲学体系的宏大和深邃，也不在于其哲学前提的特定内容，而是黑格尔在终结德国古典哲学二元论倾向方面所产生的巨大影响。"❶ 吉登斯是从德国古典哲学发展史的观念史这样一个视角来看待黑格尔对马克思的影响之所在，这只是问题的一个方面，问题更在于第二个方面：现实社会发展问题史的角度。可以说，马克思之所以把黑格尔法哲学作为批判国家和法的起点，这主要在于黑格尔的法哲学契合了当时的社会现实及马克思当时所思考和关注的问题。正如泰勒对黑格尔哲学观的准确定位："它就是关于人的主体性性质及其与世界的关系问题，就是如何把两个看似相互分离的人的形象统一起来的问题，即如何把在一定层面上既具有亲和力但又无法最终融为一体的两个形象统一起来的问题。"❷《德法年鉴》时期的马克思心中所关注的问题导源于黑格尔对国家和社会问题的关注。马克思关注的问题集中体现在：如何看待普鲁士国家所应具有的理想与其现实的表现的差异，这一差异内在地蕴含了马克思对"个人""群体"和"社会"如何内在结合和统一问题的深刻思考。马克思在回顾当年的心路历程时，讲道："我学的专业本来是法律，但我只是把它排在哲学和历史之次当作辅助学科来研究。1842～1843 年间，我作为《莱茵报》的编辑，第一遇到要对所谓物质利益发表意见的难事。……为了解决使我苦恼的疑问，我写的第一部著作是对黑格尔法哲学的批判性的分析。"❸ 笔者认为，马克思对黑格尔的法哲学批判、辩证法乃至整个哲学的批判是以批判黑格尔的社会历史观为理论核心的，而对黑格尔的社会历史观的批判主要是以批判黑格尔的法哲学（国家学说）为切入点。"对黑格尔思辨唯心主义哲学的某些部分，特别是对其法哲学和国家哲学的批判，应经酝酿着某些将来可能从总体上突破黑格尔、费尔巴

---

❶ ［英］吉登斯著，郭忠华等译：《资本主义与现代社会理论——对马克思、涂尔干和韦伯著作的分析》，上海译文出版社 2007 年版，第 4～5 页。

❷ ［加］查尔斯·泰勒著，张国清、朱进东译：《黑格尔》，译林出版社 2002 年版，第 4 页。

❸《马克思恩格斯选集（第 2 卷）》，人民出版社 1995 年版，第 31～32 页。

哈哲学体系的新的思想酵素。"● 马克思对黑格尔法哲学的批判，最终目的不仅仅在于对黑格尔哲学本身的批判，而是以黑格尔的法哲学为批判的靶子，其内在的深层理论逻辑是思考这样一个现实问题，如何使每个人在一个理性的共同体中获得发展、这个理性的共同体是什么及如何实现人与共同体和谐的发展。对于写《黑格尔法哲学批判》时期的马克思，"现实的社会问题"（现实的人与理性的国家，人与自由的问题）而非纯粹哲学思辨问题主导着马克思的理论思考，而此时黑格尔的法哲学，尤其是他的国家学说为马克思自身所关切的问题提供了解决问题的思路。这一点在马克思的《黑格尔法哲学批判》《德法年鉴》时期的《论犹太人问题》《黑格尔法哲学批判》"导言"得到明显的表现，乃至对马克思后来唯物史观的创立及其对未来理想社会的探索提供了理论借鉴和视角。正如马尔库塞所言："许多原理因此在黑格尔的国家观念中出现了，它们并不与市民社会的秩序相一致，它们勾画了人类未来社会组织结构的图景。"❷

黑格尔在《法哲学原理》第 262 节说道："现实的理念，即精神，把自己分为自己概念的两个理想性的领域，分为家庭和市民社会，即分为自己的有限性的两个领域，目的是要超出这两个领域的理想性而成为自为的无限的现实精神。"❸ 马克思在《黑格尔法哲学批判》中对这一节格外注意和重视，针对这一节，他写道："观念变成了主体，而家庭和市民社会对国家的现实的关系被理解为观念的内在想象活动。家庭和市民社会都是国家的前提，它们才是真正活动着的；而在思辨的思维中这一切却是颠倒的"，"政治国家没有家庭的自然基础和市民社会的人为基础就不可能存在"，"事实却是这样：国家是从作为家庭的成员和市民社会的成员而存在的这种群体中产生的"。❹ 可以说，对"市民社会"和"政治国家"关系的关注和探索是马克思批判黑格尔的法哲学的理论起点，并导引出了在

● 俞吾金：《问题域的转换——对马克思和黑格尔关系的当代解读》，人民出版社 2007 年版，第 32 页。

❷ ［美］赫伯特·马尔库塞著，程志民等译：《理性与革命——黑格尔和社会理论的兴起》，上海人民出版社 2007 年版，第 178 页。

❸ ［德］黑格尔著，范扬、张企泰译：《法哲学原理》，商务印书馆 1961 年版，第 263 页。

❹ 《马克思恩格斯全集（第 3 卷）》，人民出版社 2002 年版，第 10 页、第 12 页。

其《论犹太人问题》中所提出的"政治解放"和"人类解放"的关系问题，对这一问题关注主导着马克思的理论思考点。马克思最后总结说："这一节集法哲学和黑格尔整个哲学的神秘主义之大成。"❶

尽管马克思认识到"从家庭和市民社会到国家，这种逻辑发展纯粹是一种外观，因为这里没有阐明：家庭的信念、市民的信念、家庭的设置和各种社会设置本身，怎样对待政治信念和政治制度以及怎样同它们发生联系"❷，但我们也不能过高估计此时马克思对"市民社会"和"政治国家"关系问题的论述，因为此时马克思也并没有深入分析"市民社会"和"政治国家"本身，毋宁说他在这里只是提出了这一问题，而没有最终解决这一问题。解决这一问题只有通过政治经济学批判才最终完成。但提出这一问题也为马克思继续批判黑格尔的法哲学开启了空间，并主导着马克思接下来的理论探索。针对黑格尔在《法哲学原理》第303节的内容，即"以上述集团为存在形式的各种共同体进入了政治领域，即进入最高的具体的普遍性领域的时候，竟有人想把这些共同体重新分解为个人组成的群体。因而这种想法就把市民生活和政治生活彼此分割开来"❸，马克思对这一论述评论道："仔细探究黑格尔阐明问题时的这种思路是很重要的。"❹ 什么思路呢？马克思随后写道："黑格尔的出发点是作为两个固定的对立面、两个真正有区别的领域的'市民社会'和'政治国家'的分离。当然，在现代国家中这种分离实际上是存在的。……只有市民等级和政治等级的分离才表现出现代的市民社会和政治社会的真正的相互关系。"❺ 此时的马克思明确表示对黑格尔这一解决问题思路的认同。黑格尔在《法哲学原理》中，针对"普遍等级"和"私人等级"的认识的两种不同观念，展开了分析，认为应该分别看待"普遍等级"和"私人等级"各自的作用："普遍等级直接由于它自己的规定，以普遍物为其本质

---

❶ 《马克思恩格斯全集（第3卷）》，人民出版社2002年版，第12页。
❷ 同上书，第14页。
❸ ［德］黑格尔著，范扬、张企泰译：《法哲学原理》，商务印书馆1961年版，第323页。
❹ 《马克思恩格斯全集（第3卷）》，人民出版社2002年版，第90页。
❺ 同上书，第90～91页。

活动的目的；私人等级在立法权的等级要素中获得政治意义和政治效能。所以这种私人等级既不是简单的不可分解的集合体，也不是分裂为许多原子的群体。""这是和另外一种流行的观念相抵触的，按照这种观念，私人等级在立法权中被抬举起来，得以参与普遍事务……私人等级都必须通过单个人的形式表现出来。这种原子式的抽象的观点在家庭和市民社会中就已经消失了，因为在那里，单个的人只有作为某种普遍物的成员才能表现自己。"❶

马克思认为，黑格尔在表述这一问题时，把现代国家的各种权利的分离表述出来了，这种表述具有巨大历史现实感。同时，马克思也深刻体会到了黑格尔的理论旨趣和用意，即"他的愿望是市民生活和政治生活不分离"❷。这个愿望不仅是黑格尔的，也是此时马克思的愿望，即如何克服市民生活和政治生活的分离，使两者达成统一。而达成这两者统一的前提就是认识到两者的分裂的现实，并把这一现实看做一种矛盾的集中体现。而这正是黑格尔的深刻之处，在这一点上，马克思认同、效仿了黑格尔解决此问题的理论前提和思路，但马克思也有所保留。"黑格尔觉得市民社会和政治社会的分离是一种矛盾，这是他的著作中比较深刻的地方。但是，错误在于：他满足于这种解决办法的表面现象，并把这种表面现象当作事情的本质；……黑格尔知道市民社会和政治国家的分离，但他打算使国家的统一能表现在国家内部，而且要以这种形式实现：市民社会各等级本身同时构成立法社会的等级要素。"❸ 可见，马克思不同意黑格尔在国家内部实现市民社会和政治国家的统一。此时的马克思秉承黑格尔提出的问题思索这样一个问题：如果不在国家中实现市民社会和政治国家的统一，统一的基础基于何处。

笔者认为，此时马克思并没有找到这个问题的答案，这个答案一直萦绕在马克思的心中，该问题的最终解答要依赖马克思稍后的对古典政治经

---

❶ ［德］黑格尔著，范扬、张企泰译：《法哲学原理》，商务印书馆1961年版，第322～323页。

❷ 《马克思恩格斯全集（第3卷）》，人民出版社2002年版，第93页。

❸ 同上书，第93页、第94页。

济学的研读。"我们的研究得出这样一个结果：法的关系正像国家的形式一样，既不能从它们本身来理解，也不能从所谓人类精神的一般发展来理解，相反，它们根源于物质的生活关系，这种物质的生活关系的总和，黑格尔按照 18 世纪的英国人和法国人的先例，概括为'市民社会'，而对市民社会的解剖应该到政治经济学中去寻求。"❶ 马克思在紧接着的《论犹太人问题》这篇文章中，继续着他在《黑格尔法哲学批判》的理论逻辑，进一步探求如何整合"市民社会"和"政治国家"的分离，并把这个问题衍生为"政治解放"和"人类解放"关系的高度。❷ "在政治国家真正形成的地方，人不仅在思想中，在意识中，而且在现实中，在生活中，都过着双重的生活——天国的生活和尘世的生活。前一种是政治共同体中的生活，在这个共同体中，人把自己看作社会存在物；后一种是市民社会中的生活，在这个社会中，人作为私人进行活动，把他人看作工具，把自己也降为工具，并成为异己力量的玩物。……人在其最直接的现实中，在市民社会中，是尘世存在物。在这里，即在人把自己并把别人看作是现实的个人的地方，人是一种不真实的现象。相反，在国家中，即在人被看作是类存在物的地方，人是想象的主权中虚构的成员；在这里，他被剥夺了自己现实的个人生活，却充满了非现实的普遍性。"❸ 这句话深刻揭示了在政治国家和市民社会各自分裂的情形下，作为完整的人的本质分别被两重化了。市民社会中的人是现实的个人，却是非真实的；政治国家中的个人是真实的，然而是非现实的个人。如何来克服这个分裂的人的本质呢？马克思把解决这一悖论式的二元论归结为"人的解放"："只有当现实的个人把抽象的公民归于自身，并且作为个人，在自己的经验生活、自己的个体劳动、自己的个体关系中间，成为类存在物的时候，只有当人认识到自身'固有的力量'是社会力量，并把这种力量组织起来因而不再把社会力量以政治力量的形式同自身分离的时候，只有到了那个时候，

---

❶ 《马克思恩格斯选集（第 2 卷）》，人民出版社 1995 年版，第 32 页。
❷ 此时马克思是通过对犹太人解放问题的思考为中介。
❸ 《马克思恩格斯全集（第 3 卷）》，人民出版社 2002 年版，第 172～173 页。

人的解放才能完成。"❶ 该命题所蕴含的精神体现了马克思对未来理想社会的憧憬，并开启了马克思从政治哲学的视角整合"个人""群体"和"社会"三者有机统一发展的理论路径，可以说，该命题受惠于黑格尔在《法哲学原理》中的思路并深受卢梭思想的影响。这在一定意义上，也为后来马克思"自由人的联合体"思想的提出奠定了理论和思想史基础。

如何看待马克思对黑格尔政治哲学的批判及其效应？在这一问题上，必须反对两种理论倾向：（1）完全用黑格尔对法哲学批判的眼光来看马克思乃至完全遮蔽了马克思自身的理论特点；（2）完全把马克思，尤其是青年马克思早期的社会观与黑格尔的法哲学割裂开来。库诺和马尔库塞对马克思的社会观与黑格尔社会观的关系的观点对我们不无启发，但需要仔细辨别其中的理论微妙之处。库诺在解读青年马克思，尤其是《莱茵报》和《德法年鉴》时期的马克思的社会观与黑格尔社会关系时指出："在这些著作中，马克思常以黑格尔的警句和用语而自炫并以极其丰富多彩的方式活用这些术语。然而他并不是奴隶式地乞灵于黑格尔论述，而是把它当作对当时的政治形势和典型的历史回忆的一种准确的提示。从某种程度上可以说，他使黑格尔的政治哲学具有了现实性。"❷ 库诺的上述观点是中肯和深刻的，马克思对黑格尔政治哲学的解读和批判是基于当时的普鲁士国家的历史和现实社会状况而展开，马克思并没有完全沉浸在黑格尔的理论和概念中，他仅仅是把黑格尔的法哲学视为其弄清现实问题的理论参照系。库诺接着说："卡尔·马克思在社会观方面紧步黑格尔后尘。他不仅往往全盘接受黑格尔区分的概念，而且也常常接受了他的论据和例证。他对不完善的和完善的国家，通过合作的相互关系而与他人联系的自私的个体和作为一个国家共同体公众的人所进行的区分，这一切都来自黑格尔。甚至连黑格尔关于国家目的的观点也在马克思的早期著作中随处可见，尽管其行文不那么唯心主义。……马克思的社会观和国家观的基础即

---

❶ 《马克思恩格斯全集（第3卷）》，人民出版社2002年版，第189页。

❷ ［德］亨利希·库诺著，袁志英译：《马克思的历史、社会和国家学说——马克思的社会学的基本要点》，上海译文出版社2006年版，第248页。

使在后来也仍然是黑格尔主义的。"❶ 这段话基本上揭示了马克思的社会观和黑格尔的社会观的关系，但是，需要我们仔细辨别。前半句可以基本认同，但说马克思的社会观和历史观的基础即使在后来也是黑格尔主义的，让人难以苟同。库诺只是或过于强调了马克思社会观的黑格尔社会观的思想渊源，而没有充分考究卢梭的社会观和国家观、古典政治经济学家的经济学及其方法和费尔巴哈人学思想对马克思社会观和国家观的影响。这也是本章的后两节所要展开分析和说明的问题。在笔者看来，马尔库塞对黑格尔与马克思的理论继承关系之理论质点的指认抓住了问题的核心。他指出："从黑格尔到马克思的转变，从各方面来看，是趋向一个有本质区别的真理秩序的转变，依据哲学是难以解释这一转变的。我们将会看到，马克思理论的所有哲学概念都是社会的和经济的范畴，然而，黑格尔的社会和经济范畴都是哲学的概念……向马克思理论的进步绝不能通过表明旧哲学的范畴的演化而实现。在马克思的理论中，任何一个简单概念都有一个本质不同的基础。"❷ 依笔者看来，马克思对黑格尔政治哲学的批判和继承并非来自其哲学自身的固有观念，而是来自黑格尔的解决社会问题的理论思路和方法论，有关这一点，上文已经有所阐述。从这个意义上可以说，马克思对黑格尔政治哲学的批判开启了马克思以后的经济学研究乃至整个思想的视域。

二、社会契约论传统之秉持与超越

如果说黑格尔的政治哲学开启了马克思"自由人的联合体"思想的理论视域，那么卢梭的社会历史观和国家学说不仅成为马克思批判黑格尔政治哲学的理论参照系和中介，而且其思想本身也影响了马克思在对"个人""群体"和"社会"如何整合这个问题的思考，这是笔者的基本观点，即马克思接受卢梭思想的原初动因和内在理论旨趣。这也是本书在本部分要谈及卢梭与马克思关系的缘由。目前学界已对卢梭与马克思在社会

❶ ［德］亨利希·库诺著，袁志英译：《马克思的历史、社会和国家学说——马克思的社会学的基本要点》，上海译文出版社 2006 年版，第 240～241 页。

❷ ［美］赫伯特·马尔库塞著，程志民等译：《理性与革命——黑格尔和社会理论的兴起》，上海人民出版社 2007 年版，第 223 页。

历史观的内在联系❶方面进行了诸多论述，但是，往往忽视了马克思对卢梭进行批判性继承的话语背景，也就是说，如果说马克思确实曾受过卢梭思想的启发，那么，马克思接受卢梭思想的原初动因和内在理论旨趣为何？这些理应得到说明的问题并没有得到学界详细的论证。

可以说，马克思首先接触卢梭的思想是源自于他在写《黑格尔法哲学批判》时，为了批判黑格尔的国家观并认清国家和社会的关系之需要。科尔纽认为："对黑格尔法哲学的批判，首先帮助他弄清了国家和社会之间的真正关系。为了进行这种批判，马克思广泛地研究了历史——主要是现代文明国家及其国家制度和社会制度的形式的历史。……他在这两个月所研究的那些材料的范围是很惊人的。他不仅研究了法国、英国和德国的历史，而且还密切地联系着史料，把历史研究和理论研究结合起来是他的一个特点，研读了马基雅维利、孟德斯鸠和卢梭的政治理论巨著。"❷卢梭最初是马克思在批判黑格尔的法哲学的理论视域统摄之下进入其理论视野的，所以，对卢梭与马克思关系的论说首先是合理解读和理解马克思在《黑格尔法哲学批判》中的观点和理论倾向的重要理论参照。马克思在很多地方是用卢梭的思想来对抗黑格尔的，尤其体现在卢梭的"主权在民"原则上。在批判黑格尔的王权学说和君主制时，马克思是这样表述的："只有人民才是具体的东西"，"国家制度不仅自在地，不仅就其本质来说，而且就其存在、就其现实性来说，也在不断地被引回到自己的现实的基础、现实的人、现实的人民，并被设定为人民自己的作品。"❸这句话，一方面体现了卢梭《社会契约论》中的"主权在民"原则，即"唯有服从人们自己为自己所规定的法律，才是自由。……由此可见，并没有而且也不可能有任何一种法律是可以约束人民共同体的，哪怕是社会契约本身"❶。另一方面体现了卢梭《社会契约论》中的"社会契约原则"，即

---

❶ 主要体现在卢梭对马克思唯物史观形成的理论影响。

❷ ［法］奥古斯特·科尔纽著，刘丕坤等译：《马克思恩格斯传（第一部）》，生活·读书·新知三联书店1980年版，第506～507页。

❸ 《马克思恩格斯全集（第3卷）》，人民出版社2002年版，第38～40页。

❶ ［法］卢梭著，何兆武译：《社会契约论》，商务印书馆2003年版，第22～23页、第26页。

"要寻找出一种结合的形式，使它能以全部共同的力量来维护和保障每个结合者的人身和财富，并且由于这一结合而使得每一个与全体相联合的个人又只不过是在服从其本人，并且仍然像以往一样地自由。"● 这是契约精神的基本原则，青年马克思是认同的，这一点体现在他的《论犹太人问题》中的一段重要的表述，针对卢梭关于政治人这一抽象概念的正确理解，● 马克思指出："只有当现实的个人把抽象的公民复归于自身，并且作为个人，在自己的经验生活、自己的个体劳动、自己的个体关系中间，成为类存在的时候，只有当人认识到自身'固有的力量'是社会力量，并把这种力量组织起来因而不再把社会力量以政治力量的形式同自身分离的时候，只有到了那个时候，人的解放才能完成。"● 而对这种社会契约精神●黑格尔持反对态度，在这一点上，马克思反对黑格尔而与卢梭的社会整合原则保持一致。正如德拉·沃尔佩在《卢梭和马克思》一文中指出："关于《社会契约论》人们至少应当注意到，甚至当它的契约论的自然法理论被摧毁时，仍然有必要解释它对马克思本人的巨大影响。"● 马克思在《政治经济学批判》"导言"也指出："卢梭的通过契约来建立天生独立的主体之间的关系和联系的'社会契约'，也不是以这种自然主义为基础的。……其实，这是对于16世纪以来就作了准备、而在18世纪大踏步走向成熟的'市民社会'的预感。"● 在这里，马克思是站在整个资本主义历史发展趋势的视角来辩证地看待卢梭的社会契约论精神的应有价值。黑格尔针对卢梭的契约论思想反驳说："然而他所理解的意志，仅仅是特定形式的单个人意志，他所理解的普遍意志也不是意志中绝对合乎理性的东西，而只是共同的东西，即从作为自觉意志的这种单个人意志中产生出来的。这样来，这些单个人的结合成为国家就变成了一种契约，而契

● ［法］卢梭著，何兆武译：《社会契约论》，商务印书馆2003年版，第19页。
● 同上书，第50页相关部分。
● 《马克思恩格斯全集（第3卷）》，人民出版社2002年版，第189页。
● 也可以说是一种社会整合的原则，一种自然法的理论原则。
● ［意］加尔维诺·德拉－沃尔佩著，赵培杰译：《卢梭和马克思》，重庆出版社1993年版，第138页。
● 《马克思恩格斯选集（第2卷）》，人民出版社1995年版，第1页。

约乃是以单个人的任性、意见和随心表达的同意为其基础的。"❶ 针对黑格尔的驳斥,泰勒认为,黑格尔强行歪曲了卢梭本意,"对卢梭的这番评论无疑是不公正的。他的一般意志当然比意指'每个人的特殊意志的共性'包含着更多含义和其他含义。契约的使命不在于导致这些特殊意志的同意"❷。这个评论在笔者看来是公正的,马克思是以"个人""群体"和"社会"如何达成有机的统一这一问题为着眼点而关注和评判卢梭和黑格尔的社会观和国家观的。针对黑格尔的这一驳斥,可以推断出,马克思更倾向于卢梭的社会整合思路。马克思撇开了黑格尔把"伦理国家"视为整合"个人""群体"和"社会"得以和谐共生的社会整合思路。黑格尔把"国家"视为社会历史发展的终极目的,而马克思也许较为认同卢梭的"道德的自由人的共同体"的社会整合思路,该整合原则把"国家"仅仅视为人们自我保存的工具。卢梭的这个社会整合思路给马克思后来所提出的"自由人的联合体"思想原则以极大启发。学术界在强调卢梭和马克思思想之间的思想渊源时,应侧重于从"个人""群体"和"社会"如何达成有机的统一这个社会整合思路来看待两者之间在社会历史观和国家观的关系,并非一定要毫无原则性地把两者勾连在一起,与此同时,也应该结合马克思对黑格尔法哲学的批判来透视卢梭的思想。"在历史唯物主义看来,卢梭在探求人的社会联合这一概念中作出了他的贡献,他所描述的社会契约并非只是一个规范性理想,而是对资产阶级社会中个别与普遍对立这一历史问题的回应。"❸

综上所述,黑格尔的法哲学和卢梭的社会历史和国家学说从政治哲学的视角这一视域开启了青年马克思思考如何使"个人""群体""社会"达成统一这个社会整合的思路和框架,为以后马克思从经济哲学视域这个角度思索"自由人的联合体"得以实现的路径奠定了理论思考的前提。

---

❶ [德]黑格尔著,范扬、张企泰译:《法哲学原理》,商务印书馆1961年版,第254~255页。

❷ [加]查尔斯·泰勒著,张国清、朱进东译:《黑格尔》,译林出版社2002年版,第569页。

❸ 张文喜:《历史唯物主义的政治哲学向度》,江苏人民出版社2008年版,第268页。

政治哲学视域的开启离不开经济哲学视野的理论研究，政治哲学视域社会整合问题域的开启只有在经济哲学视域的理论探索中才能得以完善，两者互为联系，密不可分。

第二节　马克思与古典政治经济学

马克思对黑格尔法哲学的批判促使他对"市民社会"进行研究，而对市民社会的研究必须到"政治经济学"中寻求答案。学界通常认为，古典政治经济学是马克思思想的来源之一，并且马克思接受了古典政治经济学的劳动价值论的基本原则。以笔者之见，这句话只说出了部分真理。与其说马克思接受了古典经济学的劳动价值论，不如说他的内在思想旨趣是试图通过以对古典经济学劳动价值论的研究为中介而寻求一个解决"个人""群体"和"社会"有机统一的社会整合方案，而这种社会整合的思路是通过对古典经济学的经济哲学批判而展开的。此时马克思通过"经济哲学"批判为切入点而承接通过批判黑格尔的法哲学所开启的"政治哲学"视域下的社会整合思路和框架。所谓对古典政治经济学的经济哲学批判指的是，马克思在从事经济学的研究过程中以重塑"个人""群体"和"社会"发展有机统一为理论旨趣而展开对古典经济学研究的方法论及其所引申出来的对其研究对象的人学批判。

一、深入社会经济生活的历史深处

国内已有学者从经济学说思想史的角度来阐发古典经济学家的社会历史观对马克思唯物史观的形成作用，并对马克思的经济哲学方法进行了全方位审视。"那些真正属于他自己的哲学思想，其实是从分析以经济关系为主的社会历史关系中得出的。也就是说，成熟的马克思的哲学思想，从基本的方面来说，其实就是他研究经济问题时的哲学思想……从马克思开始研究经济学起，他就没有在任何一本手稿中原封不动地照搬资产阶级经济学家的文献，而总是在带着批判的眼光解读这些文献的基础上提出自己对资本主义经济事实的理解的。因此，在马克思的这些经济学手稿中理所当然地蕴含着他的哲学思想和哲学方法论。"❶ 这个提法总体上较为中肯，该书从整体上把古典经济学家的社会历史观与马克思的唯物史观进行勾连，并全面阐释了马克思的经济哲学思想和方法，并把马克思的哲学思想界定为经济哲学，但需要补充和说明。笔者要补充说明的是，马克思对古典经济学的批判是以经济哲学为切入，但并不能以此就把马克思的哲学界定为经济哲学。马克思对古典经济学研究并非出于建构另一种"科学"的政治经济学，也不会去专门创立一门经济哲学。相反，毋宁说马克思只是把经济哲学作为批判古典经济学的批判工具，马克思彻底解构了古典政治经济学。马克思对政治经济学的研究出于解决他在对黑格尔法哲学批判时引申出来的问题，即如何超越"政治国家"和"市民社会"分裂所导致的人发展的二元对立，也就是寻求达成"个人""群体"和"社会"的和谐统一，进而最终实现人类解放——每个人的自由和全面发展。《黑格尔法哲学批判》时期的马克思采取对古典经济学的理论和研究方法的批判，这是以人的发展为尺度展开批判的。这一批判虽然带有费尔巴哈的人本主义倾向（这个问题在下一节会继续展开说明），但是这毕竟为马克思继续探索"个人""群体"和"社会"和解的社会整合方案提供了理论视角，并开启了马克思社会整合方案的新的视域，即在经济哲学视域下的对"个人""群体"和"社会"和谐发展问题的思考。

阿尔都塞认为，对马克思的《资本论》不应进行经济学、历史学和逻辑学等维度的解读，而应从哲学的维度解读，他的看法对从经济哲学批判的角度来看待马克思与古典经济学的关系颇具启发。他指出："作为哲学家阅读《资本论》，恰恰是要对一种特殊论述的特殊对象以及这种论述同它的对象的特殊关系提出疑问。"❷ 这句绕口的话表达出这样一层含义，《资本论》严格意义上既不是经济学著作，也不是历史学和逻辑学著作，而是哲学著作，把《资本论》作为哲学著作解读，可以促使我们思考这

---

❶ 唐正东：《从斯密到马克思：经济哲学方法的历史性诠释》，南京大学出版社 2002 年版，第 3 页、第 266 页。

❷ ［法］路易·阿尔都塞、艾帝安·巴里巴尔著，李其庆、冯文光译：《读〈资本论〉》，中央编译出版社 2008 年版，第 3 页。

样一个问题——对"资本主义"这个特定社会历史阶段的经济规律和现象如何科学理解和评判，即资本主义是否是历史发展的终极目的所在；在资本主义社会中经济的发展是否与人本身的发展和谐一致。这两个问题恰恰是古典经济学家所遮蔽的问题，在他们看来，资本主义社会是天然合理的，它的发展程度和每个人的发展和谐一致。阿尔都塞认为，马克思之所以看到古典经济学家看不到的东西，即经济现象背后隐藏着经济剥削人这重关系，源自马克思对古典经济学家的"深层阅读"。"这就是对唯一的缺点从来没有被提出来的问题的正确回答。"● 这个唯一的缺点，正如马克思所言："国民经济学从私有财产的事实出发。它没有给我们说明这个事实。它把私有财产在现实中所经历的物质过程，放进一般的、抽象的公式，然后把这些公式当作规律。它不理解这个规律，就是说，它没有指明这些规律是怎样从私有财产的本质中产生出来的。"❷ 阿尔都塞在方法论上启示我们对马克思的经济学❸进行哲学维度的解读，这一点是深刻的。

马克思在本着对资产阶级社会的经济规律和现象科学地"实证研究"基础之上，在对古典经济学的经济哲学批判的过程中渗透了人学维度意义上的人文关怀，这正是马克思从事经济学研究和批判古典经济学的独特理论逻辑。马克思在《资本论》中，针对古典经济学的根本缺点，指出："古典政治经济学的根本缺点之一，就是它从来没有从商品的分析，特别是商品价值的分析中，发现那种正是使价值成为交换价值的价值形式。"❹ 在这一点上国内部分学者已有所认识。"通过将经济事实的陈述转化为强烈的人道控斥，马克思打造了一个实证研究与价值关怀相结合的经济学研究范式，为其今后进一步的经济技术分析提供了世界观前提：劳动人性确

● ［法］路易·阿尔都塞、艾帝安·巴里巴尔著，李其庆、冯文光译：《读〈资本论〉》，中央编译出版社 2008 年版，第 10 页。

❷ 《马克思恩格斯全集（第 3 卷）》，人民出版社 2002 年版，第 266 页。

❸ 主要体现在《资本论》。

❹ 《资本论（第 1 卷）》，人民出版社 2004 年版，第 98 页注释 32。

立起经济分析的人道根据；劳动外化确立起经济分析的实证依据。"❶ 马克思对政治经济学的研究，从《1844 年经济学哲学手稿》《哲学的贫困》，一直到《1857～1858 年经济学手稿》《资本论》，这一经济学的研究过程集中体现了马克思对古典经济学之经济哲学批判的理论逻辑。在《1844 年经济学哲学手稿》中，马克思揭示了国民经济学家在经济学理论研究中体现着所谓客观公正的背后所隐藏着的"非人"倾向，"由此可见，以'劳动'为原则的国民经济学表面上承认人，毋宁说，不过是彻底实现对人的否定而已"❷。马克思揭示了在以交换价值为媒介的商品交换过程中，每个人的个性被抹杀掉了。"个人从属于像命运一样存在于他们之外的社会生产；但社会生产并不从属于把这种生产当作共同财富来对待的个人。……交换者之间从交换的动因来看，也就是从经济过程之外的自然动因来看，也要以某种强制为基础，这种说法虽然是正确的，但是，这种关系，从一方面来看，本身只是表示另一个人对我的需要本身漠不关心，对我们的自然个性漠不关心。"❸ 在《资本论》中，马克思对商品拜物教本质的批判而揭示出："在生产者面前，他们的私人劳动的社会关系就表现在这个样子，就是说，不是表现为人们在自己劳动中的直接的社会关系，而是表现为人们之间的物的关系和物之间的社会关系。"❶ 正如张雄教授指出："注意解构马克思对经济现象世界人学追问的思想和原理，并通过对经济世界的物化结构的研究，揭示经济世界人的对象化劳动的生存意义、性质以及物化与异化的本质，表述马克思从人学的角度对经济现象和经济活动本身进行分析和批判的历史唯物主义态度。"❺ 这一经济哲学批判路径为马克思探求"自由人的联合体"的理想开启了另一个社会整合的视域。

❶ 李建立等：《经济分析的伦理基础：马克思对古典经济学的道德重塑》，云南大学出版社 2008 年版，第 25 页。

❷ 《马克思恩格斯全集（第 3 卷）》，人民出版社 2002 年版，第 290 页。

❸ 《马克思恩格斯全集（第 30 卷）》，人民出版社 1995 年版，第 108 页、第 200 页。

❶ 《资本论（第 1 卷）》，人民出版社 2004 年版，第 90 页。

❺ 张雄：《经济哲学——从历史哲学向经济哲学的跨越》，云南人民出版社 2002 年版，第 221 页。

二、"原子化个人"的社会历史批判

马克思对古典经济学的经济哲学批判更为集中体现在这样一个层面：马克思对古典经济学研究起点和方法的批判——"抽象理性经济人"假设的批判。这一批判过程更能深刻地体现出马克思经济哲学批判的实质和核心，也从中折射出马克思试图寻求"个人""群体"和"社会"三者发展的有机统一的社会整合思路。

马克思首先指出了作为国民经济学家研究起点的"抽象人"的假设之荒谬和虚构。"在社会中进行生产的个人，——因而，这些个人的一定社会性质的生产，当然是出发点，被斯密和李嘉图当作出发点的单个的孤立的猎人和渔夫，属于18世纪的缺乏想象力的虚构。"❶ 在《1844年经济学哲学手稿》中，马克思指出："国民经济学家把一切都归结为人，即归结为个人，从个人那里他抽去一切规定性，把个人规定为资本家和工人……国民经济学家把劳动和资本的原始的统一假定为资本家和工人的统一；这是一种天堂般的原始状态。这两个因素如何作为两个人而相互对立，这对国民经济学家来说是一种偶然的因而只应用外部原因来说明的事情。"❷ 以上所引，共同说明一个问题，即马克思反对古典经济学研究中的"方法论个人主义"研究的倾向。当然，马克思并非在一般意义上反对"方法论个人主义"的研究方法，而在于指出："方法论中的个人主义"的"个人"也已经预先涵盖了这个人所在社会的"社会"属性。马克思把个人放在一定的"社会生产关系"中来考量。"这是一些现实的个人，是他们的活动和他们的物质生活条件，包括他们已有的和由他们自己的活动创造出来的物质生活条件。……全部人类历史的第一个前提无疑是有生命的个人的存在。因此，第一个需要确认的事实就是这些个人的肉体组织以及由此产生的个人对其他自然的关系。"❸ 马克思在批判古典经济学家对"生产"这个概念所做的不合理"抽象"时指出："一切生产都是

---

❶ 《马克思恩格斯选集（第2卷）》，人民出版社1995年版，第1页。

❷ 《马克思恩格斯全集（第3卷）》，人民出版社2002年版，第346页、第353页、第358页。

❸ 《马克思恩格斯选集（第1卷）》，人民出版社1995年版，第67页。

个人在一定社会形式中并借这种社会形式而进行的对自然的占有。"❶ 个人作为国民经济学家经济学研究起点的"个人"从一开始就是具有"社会"属性的人，从"个人"即非社会的利益来推出社会的利益是行不通的。斯密认为，在经济活动中，每个人都受"一只看不见的手"的指导，个人在处于非本意的情况下，会使他在追求自己的利益的同时，更有效地促进社会的利益。

针对斯密的这一关于"个人"与"社会"利益会"自然式"趋向一致的看法，马克思反驳说："经济学家是这样来表述这一点的：每个人追求自己的私人利益，而且仅仅是自己的私人利益；这样，也就不知不觉地为一切人的私人利益服务，为普遍利益服务。关键并不在于，当每个人追求自己私人利益的时候，也就达到私人利益的总体即普遍利益。从这种抽象的说法反而可以得出结论；每个人都互相妨碍别人利益的实现，这种一切人反对一切人的战争所造成的结果，不是普遍的肯定，而是普遍的否定。关键倒是在于：私人利益本身已经是社会所决定的利益，而且只有在社会所设定的条件下并使用社会所提供的手段，才能达到；也就是说，私人利益是与这些条件和手段的再生产相联系的。"❷ 以斯密为代表的古典经济学家的"经济人"假设，主要把"人性"从经济理性的角度来理解，即每个人都追寻他们"经济效用"的最大化。这样看待"人性"只是问题的一个方面，而没有充分考察除了非经济利益的角度外的其他因素。

相反，马克思对个人的理解主要是从社会生产关系视角来看待。"我们绝不用玫瑰色描绘资本家和地主的面貌。不过这里涉及的人，只是经济范畴的人格化，是一定的阶级关系和利益的承担者。"❸ 马克思在《资本论》中，把他所研究的人的属性归结为"一定的阶级关系和利益的承担者"。当然马克思并没有简单否认斯密"经济人"假设对"人性"经济理性维度的解读，这一点，马克思与斯密的观点一致。"马克思并不排斥个人的自利性和理性假设，他所反对的是斯密忽视个人间的社会关系对其进

---

❶ 《马克思恩格斯选集（第2卷）》，人民出版社1995年版，第90页。
❷ 《马克思恩格斯全集（第30卷）》，人民出版社1995年版，第106页。
❸ 《资本论（第1卷）》，人民出版社2004年版，第10页。

行抽象的做法，即便斯密在进行经济分析的时候又重新引入了现实的社会关系，那也是一种把当时英国资本主义社会特定的社会关系看作永恒的做法。"❶ 问题关键在于，马克思这里对"个人"的理解的视域是宽泛的，马克思并没有仅仅局限在经济理性的角度理解"个人"。在"个人"的自利所导致的社会利益的和谐能否实现这一点上，马克思持否定态度。"个人"的发展离不开社会，"个人"的发展和解放只有在与个人得以产生的社会和共同体中才能实现。马克思通过对古典经济学家理论研究方法论的批判，折射出他对"个人"的理解，进而促使马克思从"个人"发展的社会关系维度上对"个人""群体"和"社会"何以能达成利益一致这个问题的思考。马克思从事经济学研究这一时期，也可以说是他整个后来的学术研究，侧重于从社会历史发生学的视角出发，把"个人""群体"和"社会"放在一定时期的社会历史条件下来审视它们之间的关系，并赋予它们以"经济属性"和"人格化"，而不是仅仅局限在政治哲学的框架"抽象"谈论超越"政治国家"和"市民社会"分裂所导致人的发展的二元对立。通过在经济哲学视域下的理论探索，马克思把"个人""群体"和"社会"三者进行社会整合问题域从政治生活的视域延伸到现实的社会经济生活中来思考。政治生活的问题只有通过被纳入社会经济生活才能完成和解决，同时社会经济生活中的问题也要以政治生活中的问题为路标。马克思试图通过揭示"资产阶级社会"发展之谜来解决"个人""群体"和"社会"三者和谐发展的问题。这个"社会历史"发展之谜就是：解决人的发展问题只有到现实的社会生活中寻求解答，即"马克思分析的重要课题之一，是突破被强化为物的经济现实的外观，深入到隐蔽在它后面的本质，即人的社会关系中去"❷。

如果说马克思通过对黑格尔的法哲学的政治哲学批判开启了有关"个人""群体"和"社会"三者发展内在统一的社会整合视域，那么，马克

---

❶ 高嵩："试析马克思对个人的认识——一种不同于'经济人'假设的个人观念"，载《经济学家》2008 年第 4 期。

❷ ［德］施密特著，欧力同、吴仲昉译：《马克思的自然概念》，商务印书馆 1988 年版，第 66 页。

思通过对古典政治经济学的经济哲学批判扩展和深化了政治哲学批判所开启的社会整合视域。不论是政治哲学视域的社会整合方案，还是经济哲学视域中的社会整合方案，这两种社会整合思路都蕴含着深刻的人学思想意蕴。马克思在探索社会整合方案的过程中渗透着人学思想，从根本上说得益于费尔巴哈的"类"哲学和"人本主义"的启发，虽然马克思在《关于费尔巴哈的提纲》和《德意志意识形态》等著作中彻底清算和批判了费尔巴哈的哲学思想，但是从马克思在思考"个人""群体"和"社会"的社会整合思路的探索进程中，无不隐约折射出费尔巴哈的"类"哲学和"人本主义"的精神理念和原则对马克思有关"个人""群体"和"社会"三者和谐发展之社会整合视域起到了很大的影响。可以说，这一精神理念和原则构成了马克思整合"个人""群体"和"社会"有机统一发展之社会整合视域的重要维度，即基于"人学"视角下的社会整合视域。有关这方面内容，本章第三节将对这一问题进行分析。

第三节　费尔巴哈、施蒂纳与马克思*

哲学的研究离不开对人的关注，对"个人""群体"与"社会"三者何以能够有机统一发展的问题的探索从一定意义上可以说就是对"人"本身的理解问题。在对这个问题的理解过程中，费尔巴哈无疑对马克思的影响是巨大的。传统的理解把费尔巴哈哲学对马克思的影响过于局限在"唯物主义"的影响这个层面，这样的理解过于狭隘。尽管马克思、恩格斯在《关于费尔巴哈的提纲》《德意志意识形态》和《路德维希·费尔巴哈和德国古典哲学的终结》等著作中对费尔巴哈的整个哲学进行了系统的批判，把费尔巴哈哲学对人的理解界定为"人的本质所固有的抽象物"；把费尔巴哈的道德哲学和伦理学界定为"唯心主义"，但是，两位经典作家从来都没有彻底否认费尔巴哈哲学的积极意义及其对他们思想的重要影响。

---

　*　本节部分内容经过修改发表在《西南大学学报》2008 年第 5 期和《哲学动态》2008 年第 12 期。

以下是两位经典作家对费尔巴哈的基本看法。费尔巴哈的哲学世界观总体上是机械的、直观的，但是"费尔巴哈想要研究跟思想客体确实不同的感性客体"❶。"费尔巴哈比'纯粹的'唯物主义者有更大的优点：他承认人也是'感性对象'。"❷ 恩格斯认为："注意：费尔巴哈的错误不在于他使眼前的东西即感性外观从属于通过对感性事实作比较精确的研究而确认的感性现实。"❸ 同时，他进一步指出："我们也感到我们还要还一笔信誉债，就是要完全承认，在我们的狂飙时期，费尔巴哈给我们的影响比黑格尔以后任何其他哲学家都大。"❹ 恩格斯在《路德维希·费尔巴哈和德国古典哲学的终结》一书中对费尔巴哈哲学的最终总结时指出："费尔巴哈不能找到从他自己所极端憎恶的抽象王国通向活生生的现实世界的道路。他紧紧地抓住自然界和人；但是，在他那里，自然界和人都只是空话。……但是，费尔巴哈没有走的一步，必定会有人走的。对抽象的人的崇拜，即费尔巴哈的新宗教的核心，必定会由关于现实的人及其历史发展的科学来代替。这个超出费尔巴哈而进一步发展费尔巴哈观点的工作，是由马克思于 1845 年在《神圣家族》中开始的。"❺ 恩格斯对费尔巴哈整个哲学思想的断言是非常准确的，他抓住费尔巴哈的哲学思想与他们哲学思想的基本关系，即"超出费尔巴哈而进一步发展费尔巴哈观点"。顺着恩格斯的这个思路，可以做一点补充性说明和阐发的是，在某种意义上说，马克思和恩格斯超于费尔巴哈而进一步发展费尔巴哈观点。当然，本小节并不是单纯为了理清费尔巴哈与马克思、恩格斯哲学思想关系这一马克思主义哲学发展史上的重要思想史问题，而是结合本章的基本主题，即通过阐述费尔巴哈哲学对马克思和恩格斯哲学思想的影响来说明费尔巴哈思想中关于"个人"和"社会"的认识及其对这两者关系的看法如何启发了马克思在"个人""群体"和"社会"三者有机统一发展这个问题上的致

---

❶ 《马克思恩格斯选集（第 1 卷）》，人民出版社 1995 年版，第 54 页。
❷ 同上书，第 77 页。
❸ 同上书，第 76 页注释 1。
❹ 《马克思恩格斯选集（第 4 卷）》，人民出版社 1995 年版，第 212 页。
❺ 同上书，第 240～241 页。

思方法和社会整合思路。这才是本节谈论费尔巴哈和马克思关系这个问题的根本落脚点。

一、感性的实践活动与社会生活原则的确立

马克思在《1844 年经济学哲学手稿》中的一段话对从整体上理解费尔巴哈对马克思的影响颇具代表性："费尔巴哈的伟大功绩在于：（1）证明了哲学不过是变成思想的并且通过思维加以阐明的宗教，不过是人的本质的异化的另一种形式和存在方式，因此哲学同样应当受到谴责；（2）创立了真正的唯物主义和实在的科学，因为费尔巴哈也使'人与人之间的'社会关系成了理论的基本原则；（3）他把基于自身并且积极地以自身为根据的肯定的东西同自称是绝对肯定的东西的那个否定的否定对立起来。"❶ 从这段话中可以看出，第一点和第三点集中指出了费尔巴哈对黑格尔思辨哲学的批判所得出的哲学上的结论，而第二点则更为集中体现了费尔巴哈对马克思的直接影响。也就是说，费尔巴哈的以"现实的人"和"现实的自然界"为最终表现形式的"感性的""对象性的"人本主义的思维方式对马克思思考如何整合"个人""群体"和"社会"三者有机统一发展具有重要的启发性。对这一点的指认，麦克莱伦的观点值得借鉴。"马克思关于人的这个概念，即认为人是这样一种存在，其本质是人同自然和社会中其他人的联系所规定的，以关于人的这个概念所提供的真实可能性为基础提出的根本变革的要求，以及马克思认为从而所能达到的那种根本的统一，所有这些都是他读了费尔巴哈著作后得到的启发。"❷ 正如费尔巴哈指出："孤立的人，个别的人，不管是作为道德实体或作为思维实体，都未具备人的本质。人的本质只是包含在团体之中，包含在人与人的统一之中，但是这个统一只是建立在'自我'和'你'的区别的实在性上面的。新哲学的认识原则和主题并不是'自我'，并不是绝对的亦即抽象的精神，简言之，并不是自为的理性，而是实在的和完整的人的实体。实在，理性的主体只是人。……换句话说：新哲学诚然也以

---

❶ 《马克思恩格斯全集（第 3 卷）》，人民出版社 2002 年版，第 314～315 页。

❷ ［英］戴维·麦克莱伦著，夏威仪等译：《青年黑格尔派与马克思》，商务印书馆 1982 年版，第 114～115 页。

理性为基础，但是这种神圣性的本质乃是人的本质；所以新哲学并不是以无本质、无色彩，无名称的理性为基础，而是以饱饮人血的理性为基础。"❶ 马克思在《1844 年经济学哲学手稿》中的许多表述都是受费尔巴哈这个观点的影响，后来的《关于费尔巴哈的提纲》和《德意志意识形态》，费尔巴哈虽然遭到马克思的全面批判，但是，建立在"人与人"个性差异基础之上的团体❷这个思想原则，马克思并没有丢弃。在《1844 年经济学哲学手稿》中，马克思指出："人是一个特殊的个体，并且正是他的特殊性使他成为一个个体，成为一个现实的、单个的社会存在物，同样，他也是总体，观念的总体，被思考和被感知的社会的自为的主体存在，正如他在现实中既作为对社会存在的直观和现实享受而存在，又作为人的生命表现的总体而存在一样。"❸ 这样的表述还很多，这里不再一一指出。

在作为《资本论》的草稿的《1857～1858 年经济学手稿》中，马克思大体框定了未来社会发展的第三阶段的特征，即"建立在个人全面发展和他们共同的、社会的生产能力成为从属于他们的社会财富这一基础上的自由个性，是第三个阶段"❹。这句话极为深刻地体现了马克思关于未来社会中"个人""群体"和"社会"三者之间辩证发展的关系的思考。作为"自由人的个性"是建立在"个人"的全面发展和所有这些"个人"的全面发展已经客观成为所有人的社会财富的基础上的。这个思想很难说不受前文指出的费尔巴哈早在《未来哲学原理》乃至《关于哲学改造的临时纲要》中提出的思想的影响。麦克莱伦这个说法是很难成立的，即"在《德意志意识形态》第一部分中，费尔巴哈的思想受到了彻底的批判，因而标志着费尔巴哈对马克思影响的结束"❺。需要强调一点的是，这里并不是一味不分原则地把马克思的思想一股脑地全都归之为费尔巴哈

---

❶ ［德］路德维希·费尔巴哈著，荣震华、李金山译：《费尔巴哈哲学著作选集（上卷）》，商务印书馆 1984 年版，第 180～181 页、第 185 页。

❷ 也可以说是共同体和联合体。

❸ 《马克思恩格斯全集（第 3 卷）》，人民出版社 2002 年版，第 302 页。

❹ 《马克思恩格斯全集（第 30 卷）》，人民出版社 1995 年版，第 107～108 页。

❺ ［英］戴维·麦克莱伦著，夏威仪等译：《青年黑格尔派与马克思》，商务印书馆 1982 年版，第 117 页。

思想影响之下，而是着重指出，尽管马克思在《德意志意识形态》中批判了费尔巴哈的人为"抽象的人"，费尔巴哈仅把人的活动视为"感性对象"而非"感性的实践活动"，但是，这一批判并没有以否定费尔巴哈所提出的解决"个体"与"社会"关系和解的思路为代价。具体说，就是批判费尔巴哈哲学的失误之处并不与承认他所提出的问题解决思路相矛盾。"因为真正紧要的东西在于这些观点的基本性质，在于由此种基本性质开展出来的哲学批判和思想探索。……这些思想财富本身及其意义绝不会随着马克思后来对费尔巴哈的尖锐批判而归于消失。"❶但是，这并不是说，马克思与费尔巴哈在思考"个人""群体"和"社会"三者有机发展统一的社会整合思路完全一致，这已经从马克思在《关于费尔巴哈的提纲》中的11条内容中对费尔巴哈的思想进行了辩证的批判说明中体现出来，并最后集中表现在"旧唯物主义的立脚点是市民社会，新唯物主义的立脚点则是人类社会或社会的人类"❷。费尔巴哈还主要仅仅从人本身的自然属性这一单纯人类学的理论视野来寻求社会整合的思路，马克思不限于这一点，而是在这一基础之上，主要从人本身的社会关系、生产力和生产关系、经济基础和上层建筑几重关系这样的唯物史观的视野出发寻求社会整合的思路。较为中肯的说法是：费尔巴哈仅仅是开启了这个社会整合思路的起点，这个起点仅仅开启了马克思后来思考"个人""群体"和"社会"三者发展何以进行有机的社会整合的理论路径和可能性的出路。"在这个意义上确实可以说，没有费尔巴哈创榛辟莽的工作，没有以感性对象性为基础的现实的人的概念定向，就不会有马克思新世界观的宏伟创制。"❸

二、个人与社会发展的和谐共生

在费尔巴哈与马克思之间，有一个特别值得提及的人，他就是麦克

---

❶ 吴晓明：《形而上学的没落——马克思与费尔巴哈关系的当代解读》，人民出版社2006年版，第328页、第451页。

❷《马克思恩格斯选集（第1卷）》，人民出版社1995年版，第57页。

❸ 吴晓明：《形而上学的没落——马克思与费尔巴哈关系的当代解读》，人民出版社2006年版，第457页。

斯·施蒂纳。依笔者看来，有两个原因需要交代：（1）从问题的表层来看，《德意志意识形态》的很大一部分章节（约全书的 3/5）是针对施蒂纳观点的阐释展开有针对性的批判和阐述。施蒂纳在《唯一者及其所有物》这本书中也对费尔巴哈的"人本学唯物主义"的观点进行了无情的批判，这需要对马克思关于施蒂纳的观点给予关注，因为毕竟《德意志意识形态》第一章就是针对费尔巴哈的哲学观点而展开的，而这一章的内容也基本上奠定了马克思唯物史观的基本观点。这迫使我们必须重视对这部分的研究，学界以往的研究没有充分解读和挖掘这部分，近几年，《德意志意识形态》第一卷第三章的文本才得到学者们的关注和详细阐发。❶ 他们试图探求施蒂纳在马克思哲学思想发展过程中的作用并从马克思对施蒂纳的批判中重新认识马克思的哲学思想。这为理解马克思与施蒂纳的关系提供了很好的理论视角，也是对以往马克思主义哲学史研究较为薄弱地方的重要补充。对马克思与施蒂纳思想关系的探求，对于哲学史考证方面的研究意义毋庸置疑。（2）从问题的实质关切点来看，笔者认为，马克思之所以花大量的篇幅来批判施蒂纳，是因为施蒂纳在《唯一者及其所有物》中对有关以"唯一者"面貌为表现的"独自性"和"自由者"的阐发契合并启发了马克思对"个人""群体"和"社会"三者关系的辩证思考，而这一思考也影响并启发着马克思关于未来理想社会——"自由人的联合体"之社会状态下的"个人"与"社会"关系的思考。

马克思对施蒂纳"独自性"和"自由者"的批判集中体现了他对施

---

❶ 吴晓明教授主要从马克思对施蒂纳的批判来反观马克思哲学在哲学史中实现的革命性变革：马克思终结了一切形而上学。张一兵教授主要从马克思哲学发展史的视角看待马克思与施蒂纳的关系，并将马克思对施蒂纳的批判视作马克思哲学新视域建构中的理论参照系。聂锦芳教授基于《德意志意识形态》中的"圣麦克斯"章节中有关历史观问题的解读，提出了马克思与施蒂纳看待历史事实的两种不同的理论视角："观念"的方式和"实证"的方式，他认为，区分两人对历史的不同看法，有利于我们重新认识马克思历史哲学的复杂内涵。刘森林教授从马克思对施蒂纳的批判中寻求理论资源以此来凸显马克思"形而上学"维度意义上的人文关怀。详细分析见吴晓明：《形而上学的没落：马克思与费尔巴哈关系的当代解读》，人民出版社 2006 年版；张一兵：《回到马克思：经济学语境中的哲学话语》，江苏人民出版社 1999 年版；聂锦芳："观念能否解释历史：施蒂纳与马克思——《德意志意识形态》中的《圣麦克斯》章解读"，载《哲学动态》2008 年第 4 期；刘森林："马克思与虚无主义——从马克思对施蒂纳批判视角看"，载《哲学研究》2007 年第 7 期。

蒂纳"自由主义"观的批判，在这一批判过程中表现出了其独特的极端"个人"原子化的观点。他认为个人要获得自由，必须抛开一切"政治自由主义"理念、"社会主义"理念和"人道主义"理念的束缚，即他把"个人"的绝对自由和发展建立在对如"国家""集体"和"类"的彻底否定之上。针对"政治自由主义"对"个性"的抹杀，他说："随着资产阶级时代开始了自由主义时代。人们意愿看见到处产生'理性的东西'、'时尚的东西'，等等。它的目标是'理性的秩序'、'道德的行为'，'有制约的自由'，而并非是无政府状态、无法纪、独自性。一旦理性占有统治，个性就甘拜下风。"❶ 针对"社会自由主义"❷ 对"人的个性"的剥夺，他看到了劳动中的"非人性化"因素，个人私有财产被共同财产所"虚无化"和共同体的"虚伪性"。"社会自由主义得出结论：如同根据政治自由主义任何人不该命令那样，任何人均不许拥有什么……这就是为了'人性'的利益对'个性'的第二次剥夺。"❸ 针对"人道自由主义"对"个性"的排斥，他说："在人道主义者所许诺的'人道的社会'中，自由主义的圆圈就自己全部完成了。在'人道的社会'中，一切特殊的东西或私人的东西均不在考虑之列。"❹

不论对施蒂纳"政治自由主义"观的批判，还是对其"社会自由主义"观和"人道自由主义"观的批判，都体现了马克思对这样一个问题的思索："个人"如何和他所生存于其中的"群体"和"社会"相处，并在这一和谐相处的过程中使"人的自由和个性"能以最大限度地发挥和得以实现。结合马克思对费尔巴哈的批判思考和马克思对施蒂纳的批判，可以看出，马克思都是围绕"个人"与"社会"发展的关系这一中心议题来批判费尔巴哈和施蒂纳的。马克思在关于"个人"与"社会"的关系问题上同时展开了对费尔巴哈和施蒂纳的批判。也就是说，马克思是围

---

❶　[德] 麦克斯·施蒂纳著，金海民译：《唯一者及其所有物》，商务印书馆 1997 年版，第 113 页。

❷　在他看来就是共产主义或社会主义。

❸　[德] 麦克斯·施蒂纳著，金海民译：《唯一者及其所有物》，商务印书馆 1997 年版，第 125～126 页。

❹　同上书，第 138 页。

绕有关"每个人的自由个性"得以实现的根基之处——"人"本身这个问题的思考。在对"人"本身的思考这个问题上，马克思既不同于费尔巴哈对"人"的问题之纯粹的宗教意义和伦理学意义上的关切，也不同于施蒂纳在"人"的问题上所体现出来的解构和批判一切的"虚无主义"姿态。"因此，对于马克思来说，吸取费尔巴哈的教训同时就意味着必须吸取施蒂纳的教训，与费尔巴哈的批判的脱离同时就意味着对于施蒂纳的最彻底的清算。"❶

因此，马克思对费尔巴哈和施蒂纳在"人"的问题上的批判，启发了马克思对如何达成"个人""群体"和"社会"三者有机统一这个问题的深入思考。正如马克思在《共产党宣言》中提出的一个核心命题，代替阶级和阶级对立的资产阶级旧社会的，将是这样一个联合体，在这个联合体中，每个人的自由发展是一切人的自由发展的条件，每个人与其他一切人相互和谐地发展。这体现了马克思旨在达成"个人""群体"和"社会"三者有机统一和辩证发展的思维取向。在马克思看来，要实现"个人""群体"和"社会"三者有机统一的辩证发展和最终实现"每个人的自由个性和全面发展"，要达到人类解放必须经过政治解放这一环节，在此基础上实现社会解放，并最终实现人类的解放。马克思对这三者之间的辩证关系充满了历史的辩证思考。在这一点上，他与施蒂纳的观点截然相反，"对于热衷于个人的施蒂纳来说，马克思的观点是太世界主义了。施蒂纳认为，改善世界、国家、法律、社会是无济于事的。进步是从下面、从个人而来的。虽然他和马克思对普鲁士国家作了同样的批判，但是他们的批判所依据的原则却是不同的：马克思是从伊壁鸠鲁以来的任何一种原子论国家观的激烈批判者；相反地，施蒂纳则要把国家消解为原子。"❷从费尔巴哈、施蒂纳到马克思这一对"人"的问题之思想史线索的考察，集中体现了马克思在人学视域下对"个人""群体"和"社会"三者如何

---

❶ 吴晓明：《形而上学的没落——马克思与费尔巴哈关系的当代解读》，人民出版社 2006 年版，第 502 页。

❷ ［英］戴维·麦克莱伦著，夏威仪等译：《青年黑格尔派与马克思》，商务印书馆 1982 年版，第 133 页。

达成有机统一发展问题的深入思考和社会整合思路的探索，这也为马克思日后思考关于未来社会之"自由人的联合体"下的"个人的自由个性和发展"提供了哲学人类学意义上的理论基础。

小 结

本章的论述方式采用了这样一个言说理路：以"问题史"来带动"思想史"的阐述，并以"思想史"的阐述来表述"问题史"。本章紧紧围绕马克思的社会理想及其对"个人""群体"和"社会"三者之间如何达成有机统一发展这个中心问题域而展开有针对性的阐述，在这一理论论述的过程中，马克思"自由人的联合体"思想视域开启的思想语境也随之呈现。马克思"自由人的联合体"思想视域的开启可被归结为："政治哲学视域"，对黑格尔法哲学和卢梭政治学说的批判式论说；"经济哲学视域"，对以亚当·斯密为代表的古典政治经济学方法论及其"经济人"假说的批判式言说；"哲学人类学视域"，对费尔巴哈和施蒂纳的人学思想的批判式阐发。其以这三大思想视域而展开。"政治哲学"的理论探索开启了马克思以"个人""群体"和"社会"三者发展的辩证关系为主旨的"自由人的联合体"思想的社会整合视域，这一整合视域旨在超越"政治国家"和"市民社会"分裂所导致人自身生活的二元分裂状态，最终实现"人类的解放"。"经济哲学"视域的理论探索，进一步推进了"政治哲学视域"开启的社会整合视域的理论空间。这一理论路径从社会生产关系、交往和经济利益的维度来寻求"个人""群体"和"社会"三者发展有机统一的社会整合思路。"哲学人类学"视域的理论探索："人"与"人"之间本真的人类学关系及其人本主义思维趋向内在地蕴含于"政治哲学"视域和"经济哲学"视域的理论探索过程之中。从严格意义上来说，"政治哲学"视域、"经济哲学"视域和"哲学人类学"视域这三大理论思考路径并不是各自截然独立的，而是内在地相互交织、相互影响，共同构成马克思"自由人的联合体"思想视域开启的原初思想语境和理论渊源。

第二章 虚假共同体的破灭与真正人类共同体的实现

马克思通过其早年的政治哲学视域的探索——基于对黑格尔和卢梭社会政治思想的阐释；经济哲学视域的探索——基于对以亚当·斯密为代表的古典政治经济学方法论及其"经济人"假说的批判；哲学人类学视域的探索——基于对费尔巴哈和施蒂纳的人学思想的批判式阐发之后，其"自由人的联合体"思想也逐渐呈现出来。在此基础上，本章首先紧紧围绕马克思、恩格斯的经典文本对其"自由人的联合体"思想的理论提出过程及其运思轨迹给予详细的文本梳理和考察。马克思的"自由人的联合体"思想是其整个思想体系中的理论硬核。该思想集马克思的"经济学""哲学"和"科学社会主义"理论于一身，它是贯穿马克思思想发展过程的一个中心线索。接着，通过对马克思、恩格斯经典文本的解读阐释"自由人的联合体"思想内涵及其得以实现的内在机制。本章内容的言说理路紧扣马克思、恩格斯的经典文本，最大限度地展现马克思"自由人的联合体"思想的原貌。

第一节 "自由人的联合体"思想的运思

1894 年，恩格斯在致卡内帕的一封信中指出："我打算从马克思的著作中给您寻找一行您所要求的题词。马克思是当代唯一能够和伟大的佛罗伦萨人相提并论的社会主义者。但是，除了从《共产党宣言》中摘出下列一段话外，我们再也找不出合适的了：'代替那存在着阶级和阶级对立的资产阶级旧社会的，将是这样一个联合体，在那里，每个人的自由发展是一切人的自由发展的条件'。"❶ 恩格斯的这段话在很大程度上揭示了马克思整个思想理论体系的核心问题域及其理论关怀：追求一个"自由人的联合体"的社会。

从马克思思想的大致发展过程中，可以归纳、总结出"自由人的联合体"思想是一条贯穿马克思思想发展过程的中心线索和红线。笔者在此简单勾勒出马克思对"自由人的联合体"思想在不同思想发展阶段的大致论述和说明。

一、以整体为乐事的真正的共同体之形成

马克思在其青年求学过程中乃至博士论文写作的过程中，其思想倾向于探求人的"个性自由"并凸显个人的"自我意识"。在这一理论倾向的熏染下，他在其题为"青年在选择职业时的考虑"中学考试德语作文中提出了为整个人类的幸福而奋斗的志向："人的本性是这样的：人只有为同时代人的完美、为他们的幸福而工作，自己才能达到完美。……历史把那些为共同目标工作而自己变得高尚的人称为最伟大的人物；……如果我们选择了最能为人类而工作的职业，那么，重担就不能把我们压倒，因为这是为大家作出的牺牲；那时我们所享受的就不是可怜的、有限的、自私的乐趣，我们的幸福将属于千百万人，我们的事业将悄然无声地存在下去，但是它会永远发挥作用。"❷ 这句话体现了马克思在其青年时代已经在思考每个人与人类（共同体）之间的和谐共生关系，而这一思考体现在他的职业理想之选择中：奠基在自我幸福与人类的幸福的内在统一之中。在其博士论文《德谟克利特的自然哲学和伊壁鸠鲁的自然哲学的差别》中，马克思针对伊壁鸠鲁的原子偏斜说写道："只有在原子的互相碰撞是决定论的和强制的时候，才开始有自由这个对立面。"❸ 通过这句较

---

❶ 《马克思恩格斯全集（第39卷）》，人民出版社1974年版，第189页。从这句话中还可以看出，恩格斯不仅揭示了未来社会主义新纪元的基本特征，而且揭示出马克思关于"自由人的联合体"的思想是其整个理论的核心关切和理论宗旨所在。

❷ 《马克思恩格斯全集（第1卷）》，人民出版社1995年版，第459页。

❸ 同上书，第32页。

为思辨的话语，马克思揭示了对有关自由问题的探讨必须与决定论的，即必然的观点相联系方可。这从哲学的观念论的角度从潜意识方面启发了马克思在思考个人、群体与人类之间的关系。

在《莱茵报》时期，马克思接触了大量的现实社会问题，他在《科隆日报》179 号社论中，针对海尔梅斯诋毁《莱茵报》攻击普鲁士国家和基督教的政治倾向，马克思提出了他此时的心中理想的有关国家教育的观念，即"国家本身教育自己成员的办法是：使他们成为国家的成员；把个人的目的变成普遍的目的，把粗野的本能变成合乎道德的意向，把天然的独立性变成精神的自由；使个人以整体的生活为乐事，整体则以个人的信念为乐事。与此相反，社论不是把国家看作是相互教育的自由人的联合体"❶。可见，马克思在此时的理论运思中，揭示出他在国家的理论框架下思考如何正确处理个人和整体之间的关系的理论原则，即"整体"以"个人"的信念为乐事，而"个人"以"整体"的生活为乐事，并第一次较为明晰地从国家教育的视角提出了有关自由人的联合体的思想。在这个"自由人的联合体"中，"个人"和"整体"的关系的和谐共生是马克思所关注的理论重心。

在《德法年鉴》时期的《黑格尔法哲学批判》中，马克思针对黑格尔保守的国家观，提出了他心目中的理想国家制度的雏形和实施理念："国家制度不仅自在地、不仅就其本质来说，而且就其存在、就其现实性来说，也在不断地被引回到自己的现实的基础、现实的人、现实的人民，并被设定为人民自己的作品。国家制度在这里表现出它的本来面目，即人的自由产物。"❷ 马克思此时的理论运思仍集中在如何构建一个理性的国家这样的问题框架内，而这一问题的思考也是通过个人、人民和国家三者的关系，也就是说从"个人""群体"（人民）和国家三者的关系来展开论述。在《论犹太人问题》中，马克思针对政治解放的限度及市民社会下的人权之不完善状态指出："自由这一人权不是建立在人与人相结合的

---

❶ 《马克思恩格斯全集（第 1 卷）》，人民出版社 1995 年版，第 217 页。
❷ 《马克思恩格斯全集（第 3 卷）》，人民出版社 2002 年版，第 39～40 页。

基础上，而是相反，建立在人与人相分隔的基础上。……任何一种所谓的人权都没有超出利己的人，没有超出作为市民社会成员的人，即没有超出作为退居于自身，退居于自己的私人利益和自己的私人任意，与共同体分隔开来的个体的人。在这些权利中，人绝对不是类存在物，相反，类生活本身，即社会，显现为诸个体的外部框架，显现为他们原有的独立性的限制。"❶ 马克思显然不满意市民社会下人权的"私有性质"，真正的人权是超越于市民社会和政治国家各自相对的独立性，是"共同体"与个体的人彼此之间的休戚与共。在《黑格尔法哲学批判》"导言"中，马克思指出："人不是抽象的蛰居于世界之外的存在物。人就是人的世界，就是国家，社会。"❷ 青年马克思从《莱茵报》到《德法年鉴》这段时期，主要围绕"人""市民社会"和"政治国家"这样的问题线索展开了关于自由人的联合体的思想阐述。"提出'自由人的联合体'这一概念，并不是心血来潮的偶然之作，而是马克思根据他对旧国家的批判，根据'自由理性构想国家'的结果。当然，在当时，这一概念还没有科学社会主义的内涵，这种内涵是马克思的探索走向成熟时赋予它的，但提出这一概念本身已清楚地表明了青年马克思所追求的社会理想。马克思刚开始投身实际斗争，就已经确定了斗争目标和理论探索的方向。这是青年马克思思想发展过程中的一次跳跃。"❸

从《1844 年经济学哲学手稿》到后来的《资本论》这个时期，马克思主要从哲学和经济学的双重视角，围绕"个人""共同体""必然"与"自由"这样的问题线索展开阐释，并较为明显地体现出他关于"自由人的联合体"思想的致思取向。在《1844 年经济学哲学手稿》中，马克思提出了"共产主义"这一具有深刻的"自由人的联合体"思想意蕴的思想，该思想深刻地蕴含着"个人""群体"和"社会"三者关系发展的和谐共生的理想状态。"它（共产主义——笔者注）是人和自然界之间、人

---

❶ 《马克思恩格斯全集（第 3 卷）》，人民出版社 2002 年版，第 183～185 页。
❷ 同上书，第 199 页。
❸ 叶汝贤："每个人的自由发展是一切人的自由发展的条件——《共产党宣言》关于未来社会的核心命题"，载《中国社会科学》2006 年第 3 期。

和人之间的矛盾的真正解决，是存在和本质、对象化和自我确证、自由和必然、个体和类之间的斗争的真正解决。"❶ 在《德意志意识形态》中，马克思提出了真正的共同体思想，即摆脱阶级束缚的各个人的自由联合的思想。"只有在共同体中，个人才能获得全面发展其才能的手段，也就是说，只有在共同体中才可能有个人自由。在过去的种种冒充的共同体中，如在国家等等中，个人自由只是对那些在统治阶级范围内发展的个人来说是存在的，他们之所以有个人自由，只是因为他们是这一阶级的个人。从前各个人联合而成的虚假的共同体，总是相对于各个人而独立的；由于这种共同体是一个阶级反对另一个阶级的联合，因此对于被统治的阶级来说，它不仅仅是完全虚幻的共同体，而且是新的桎梏。在真正的共同体的条件下，各个人在自己的联合中并通过这种联合获得自己的自由。"❷ 在《哲学的贫困》第二章"政治经济学的形而上学"第五节"罢工与工人联盟"中，马克思提出了消除阶级存在和对立联合体，即"劳动阶级在发展进程中将创造一个消除阶级和阶级对立的联合体来代替旧的市民社会"❸。这一思想在《共产党宣言》中被明确地表述为，"代替那存在着阶级和阶级对立的资产阶级旧社会的，将是这样一个联合体，在那里，每个人的自由发展是一切人的自由发展的条件"❹。在《1857～1858年经济学手稿》中，马克思在针对交换价值与个人活动之间背后隐藏着"人的个性被异化"这样一种状况指出："他们的生产不是直接的社会的生产，不是本身实行分工的联合体的产物。个人从属于像命运一样存在于他们之外的社会生产；但社会生产并不从属于把这种生产当作共同财富来对待的个人。"❺ 马克思此时的思想运思是侧重于从政治经济学的视角来论证"个人活动"和"社会生产"之间的关系，并指出真正的社会生产应该是出于自愿条件下的分工的联合体的产物，并且在这样的联合体中，个人的活

❶ 《马克思恩格斯全集（第3卷）》，人民出版社2002年版，第297页。
❷ 《马克思恩格斯选集（第1卷）》，人民出版社1995年版，第119页。
❸ 同上书，第194页。
❹ 同上书，第294页。
❺ 《马克思恩格斯全集（第30卷）》，人民出版社1995年版，第108页。

动就是他自身个性活动的表现。马克思此时还把交换价值的形态发展与各种社会制度内部所体现的共同体力量的发展联系起来。"'交换手段'拥有的社会力量越小，交换手段同直接的劳动产品的性质之间以及同交换者的直接需要之间的联系越是密切，把个人相互联结起来的共同体的力量就必定越大——家长制的关系，古代共同体，封建制度和行会制度。……家长制的，古代的（以及封建的）状态随着商业、奢侈、货币、交换价值的发展而没落下去，现代社会则随着这些东西同步发展起来。"❶

针对交换价值（货币）的起源，马克思从个人的发展与共同体（社会制度——笔者注）的关系的视角，提出了人类社会发展阶段的三形态说，尤其是社会发展的第三阶段，他指出："建立在个人全面发展和他们共同的、社会的生产能力成为从属于他们的社会财富这一基础上的自由个性，是第三个阶段。"❷ 这句话表达了这样一层含义，即真正的自由个性是建立在个人的全面发展和整个社会的发展和谐共生的基础之上，具体说来就是每个人的全面发展就是整个社会发展的表征，而整个社会都把每个人的发展视为其发展的目标和动力。在《资本论》第一卷第一章"商品"的第 4 小节"商品拜物教的性质和秘密"中，马克思从经济学的视角明确地提出了"自由人的联合体"的思想："让我们换一个方面，设想有一个自由人联合体，他们用公共的生产资料进行劳动，并且自觉地把他们许多个人劳动当作一个社会劳动力来使用。"❸ 由这个"自由人的联合体"所生产出来的产品是社会的产品，马克思通过把这个"自由人的联合体"与"商品生产的社会""古老的社会生产有机体"进行了横向比较，概括地说明了这三种社会机体各自的生产关系特征："在商品生产者的社会里，一般的社会生产关系是这样的：生产者把他们的产品当作商品……这些古老的社会生产有机体比资产阶级的社会生产有机体简单明了得多，但它们或者以个人尚未成熟，尚未摆脱掉同其他人的自然血缘联系的纽带为

❶ 《马克思恩格斯全集（第 30 卷）》，人民出版社 1995 年版，第 107～108 页。
❷ 同上书，第 108 页。
❸ 《资本论（第 1 卷）》，人民出版社 2004 年版，第 96 页。

基础，或者以直接的统治和服从的关系为基础。"❶ 以此来具体论证这个"自由人的联合体"下的社会关系的特征，即"在人们面前表现为人与人之间和人与自然之间极明白而合理的关系"❷。这个思想深刻地道出了马克思的"自由人的联合体"思想视域下的"个人""自然""群体"和"社会共同体"和谐共生的价值取向，是对他在《共产党宣言》《哲学的贫困》中提出的"自由人的联合体"思想的具体阐发和说明。

晚年马克思在其《人类学笔记》和《历史学笔记》中，也围绕"史前社会""资产阶级社会"和"未来社会"这样一个问题线索来展开并追寻未来理想社会的组织形式，尤其是其晚年对俄国农村公社前途命运的关注。关于晚年马克思思想的研究转向和理论研究重心问题，前些年学界曾有所争论。❸ 尽管马克思晚年一度搁置了《资本论》的写作工作，而集中精力地研究原始社会历史和人类学，但马克思对原始社会及人类学研究的内在理论动机如何理解呢？"马克思写这些笔记和札记是为写而写呢？还是与他应当完成的那些著作有关呢？显然是后者，可是哪些著作使得他应当去完成呢？一个是《资本论》、再一个是《德意志意识形态》，再有的话，还应当包括有影响的《〈政治经济学批判〉序言》。"❹

以上所述仅仅从马克思思想发展的大致轮廓勾勒了其有关对"自由人的联合体"思想的阐发，并紧密结合文本阐释了"自由人的联合体"的思想是贯穿于马克思思想发展过程的一条红线和中心线索，具体地说就是追寻和达成这样一个联合体：在这个联合体中，人与自然、人与人、个人与社会、个人和类之间的矛盾得以和解、"异化"的现象得以消除，达到"个人""群体"和"社会"三者之间关系的最大限度的和谐共生。恩格斯晚年关于"论未来的联合体"❺ 总结说："迄今存在过的联合体，不论是自然地形成的，或者是人为地造成的，实质上都是为经济目的服务的，

❶❷ 《资本论（第 1 卷）》，人民出版社 2004 年版，第 97 页。

❸ 冯景源：《人类境遇与历史时空——马克思〈人类学笔记〉、〈历史学笔记〉研究》第三章相关论述部分，中国人民大学出版社 2004 年版。

❹ 同上书，第 242 页。

❺ 《马克思恩格斯全集（第 21 卷）》，人民出版社 1965 年版，第 694 页第 441 条注释部分。

但是这些目的被意识形态的附带物掩饰和遮盖了。古代的巴力斯、中世纪的城市或行会、封建的土地贵族联盟——这一切都有意识形态的附带目的，这些附带目的，它们是奉为神圣的，而在城市望族的血族团体和行会中，则来源于氏族社会的回忆、传统和象征，同古代的巴力斯的情况差不多。只有资本主义商业社会才是完全清醒的和务实的，然而是庸俗的。未来的联合体将把后者的清醒同古代联合体对共同的社会福利的关心结合起来，并且这样来达到自己的目的。"❶ 这句话很好地概括出马克思的"自由人的联合体"思想在其思想体系中的运思理路及理论旨趣。

二、基于"自由人的联合体"思考的理论学说体系

从传统学科划分的角度，可以把马克思的思想划分为哲学、政治经济学和科学社会主义等理论分支学科。但是，在马克思本人的思想体系中，这三部分学科不是彼此割裂开来的，而是内在地融为一体。在马克思的整个思想体系中，有一个基本的理论硬核。无论马克思的哲学思想，还是马克思的经济学、科学社会主义学说都围绕这个基本核心问题而展开，在一定意义上可以说，这个理论内核就是马克思的"自由人的联合体"思想。如何理解这个理论内核呢？可以借鉴阿尔都塞在解读马克思的《资本论》时提出的"总问题"和"问题式"这两个概念来理解这个"理论硬核"概念："总问题的概念在思想的内部揭示了由该思想的各个论题组成的一个客观的内在联系体系，也就是决定该思想对问题作何答复的问题体系。因此，为了从一种思想的内部去理解它的答复的含义，必须首先向思想提出包括各种问题的总问题。"❷ 不妨把这个总问题理解为马克思的"自由人的联合体"思想，"自由人的联合体"思想是理解和把握马克思思想中各个组成部分的理论中枢。该思想内在地与马克思的经济学、哲学和科学社会主义理论相关联，而对马克思的"自由人的联合体"思想的探讨，同时就是对他的经济学、哲学和科学社会主义学说的理解。因为该思想是马克思在对他的经济学、哲学和科学社会主义学说阐释过程中孕育出来

---

❶ 《马克思恩格斯全集（第21卷）》，人民出版社1965年版，第447页。

❷ ［法］阿尔都塞著，顾良译：《保卫马克思》，商务印书馆2006年版，第54页注释1。

的。"自由人的联合体"思想是马克思思想的最高理论旨趣，它承载着马克思本人的最高社会理想和人文价值关怀。因此，对这个问题的深入理解和把握，有利于从整体上理解和把握马克思思想的理论实质。"'自由人的联合体'意味着历史的完成和哲学的终结。因此，它是人的存在和本质之分裂的历史生成和历史消解的结果，从而隐藏着马克思哲学的全部丰富蕴含。"❶ 马克思的哲学观和思想的核心主题就是追求"每个人的自由和全面发展"，马克思关于"每个人的自由和全面发展"和"人类解放"的学说就体现在马克思对"自由人的联合体"思想的阐述之中。因此，在某种程度上说，对马克思的"自由人的联合体"思想的把握和论述决定了对马克思关于"人类解放学说"的理解。从严格意义上来说，"自由人的联合体"思想，不能简单地单独被归结为马克思的"哲学"思想范畴，或者经济学和科学社会主义理论范畴，而必须从"哲学""经济学"和"科学社会主义"三者综合的角度来阐释该思想。"自由人的联合体"思想得以被阐释的理论空间非常巨大，理论所蕴含的丰富思想需要不断地被挖掘和探求。"马克思学说的内容十分丰富，马克思一生关注的焦点问题也不断变化。然而，无论是其关于经济和政治的分析，还是关于哲学的思考；无论是其关于暴力革命、政党策略、欧洲革命、东方社会特征的分析，还是关于现实经济运行机制的揭示；无论是其关于唯物史观原理的阐释，还是关于从抽象到具体等方法论的探讨，在深层次上都服从于一个最根本的理论关切：推翻和扬弃'使人成为受侮辱、被奴役、被遗弃和被蔑视的东西的一切关系'，实现人的自由、全面发展和'自由人的联合体'。"❷

有关马克思的"自由人的联合体"思想研究并非全新的话题，关于此问题的研究，20世纪学术界已有所涉及，这方面的研究一般被归结为科学社会主义方面的内容。马克思的"自由人的联合体"思想一般是被

---

❶ 何中华：《理解马克思——一种哲学观的当代诠释》，山东人民出版社2009年版，第425页。

❷ 衣俊卿：《现代性焦虑与文化批判》，黑龙江大学出版社2007年版，"总序"第3页。

分属各自的学科部门而割裂开来研究，没有从整体上和多维度来阐释该思想。❶ 然而，有关"自由人的联合体"思想的较为系统的研究，近年来才逐步得到学者们的关注。改革开放之前，由于思想上的"左倾"与禁闭，人们主要把马克思的学说归结为阶级斗争学说，无产阶级专政，而相对忽略了马克思关于人的问题的研究。而自改革开放以来，由于思想上的"拨乱反正"，学者们逐渐把理论视线转入马克思的人学思想，"自由人的联合体"思想同时也得到了关注，并对马克思的人的思想展开讨论。其集中体现在：如何理解人的本质？对"每个人的自由发展是一切人的自由发展的条件"这个命题展开讨论，并将重点集中在"每个人"与"一切人"自由发展的关系，这可以说是对马克思思想认识的逐步深化的过程。马克思社会理想——共产主义社会——自由人的联合体，成为学者们论述问题的主要理论逻辑。其中，有关"自由人的联合体"思想成为学界主要关注点。关注主要集中在"自由人的联合体"的基本内容、实现的条件等方面，其中，《1844年经济学哲学手稿》《德意志意识形态》《共产党宣言》《1857～1858年经济学手稿》《资本论》等理论著作成为学者们研究和讨论的主要文本依据。

第二节 构建未来理想社会秩序的三重维度

结合以上对马克思"自由人的联合体"思想发展过程的简要梳理和理论文本，可以从以下三个层面来提炼并界定"自由人的联合体"的理论内涵及其特征。

一、"社会所有制"和重建"个人所有制"的体制设想

马克思的"自由人的联合体"思想从其经济学层面上看是一个重新

---

❶ 从笔者目前所收集到的资料来看，较早对有关自由人的联合体思想研究的文章是：李延明："群体与自由人的联合体"，载《中国社会科学》1988年第6期。该文重点围绕原始社会和自由人的联合体的比较展开论述。20世纪80年代中期，有关马克思的自由观问题，逐渐进入学者的视野。90年代初人的问题研究也成为学界讨论的热点，直到现在也经久不衰。以上出自中国社会科学院哲学研究所编：《中国哲学年鉴》，1985年、1987年、1988年，中国大百科全书出版社1988年版。

建立新的所有制的经济学范畴。那么，什么是所有制呢？马克思对其的理解是，"所有制是对他人劳动力的支配"❶。马克思这里是从他人对其他人劳动力占有的角度来界定所有制，这个界定是较为宽泛的。"马克思没有写过关于所有制的专著。《资本论》并没有完整地讲所有制问题，特别是关于未来所有制的问题，虽然马克思有过些许言论，但没有专门论述。"❷但是，可以这个基本界定为依据，从中推出从人与人之间在生产资料的占有方面、生产资料的所有方面来界定所有制。

马克思在《资本论》中对资本主义的原始积累从历史发展过程给予了分析，并得出资本主义社会条件下的所有制特征，即他所说的资本主义私有制。"靠自己劳动挣得的私有制，即以各个独立劳动者与其劳动条件相结合为基础的私有制，被资本主义私有制，即以剥削他人的但形式上是自由的劳动为基础的私有制所排挤。"❸马克思"自由人的联合体"思想的提出和构想就是直接针对以商品交换为特征的资本主义私有制而提出，故其理论内涵就是针对资本主义私有制的基本内涵而言的，即针对以剥削他人但形式上是自由的劳动为基础的私有制。"私有制作为社会的、集体的所有制的对立物，只是在劳动资料和劳动的外部条件属于私人的地方才存在。"❹资本主义私有制是对以往以个人独自劳动为基础的个人私有制的一个否定，而马克思是用他所说的社会所有制来代替资本主义私有制。因此，"社会所有制"的内涵就相当于"自由人的联合体"的内涵。"社会所有制"就是"自由人的联合体"思想在经济学和所有制层面上的代名词。"社会所有制"的提法是马克思在《资本论》中首先提出的。"以个人自己劳动为基础的分散的私有制转化为资本主义私有制，同事实上已经以社会的生产经营为基础的资本主义所有制转化为社会所有制比较起来，自然是一个长久得多、艰苦得多、困难得多的过程。前者是少数掠夺

---

❶ 《马克思恩格斯选集（第 1 卷）》，人民出版社 1995 年版，第 84 页。

❷ 姚颖："马克思所有制理论的文本解读——第十届'马克思学论坛'综述"，载《马克思主义与现实》2009 年第 2 期。

❸ 《资本论（第 1 卷）》，人民出版社 2004 年版，第 873 页。

❹ 同上书，第 872 页。

者剥夺人民群众、后者是人民群众剥夺少数掠夺者。"❶ 关于这个"社会所有制"，马克思在给《祖国纪事》杂志编辑部的信中也重复提到，把"社会所有制"看成是由"以一种集体生产方式为基础的资本主义所有制只能转变为社会所有制"❷ 而来。马克思并没有对其进行展开和详细论述，但从其文本的相关论述中，可以将其具体归结为，在这个"社会所有制"条件下，在生产资料和劳动力的占有方式及其运用方面，"他们用公共的生产资料进行劳动，并且自觉地把他们许多个人劳动力当作一个社会劳动力来使用。"❸ 马克思接着指出："以现代生产资料的本性为基础的产品占有方式：一方面由社会直接占有，作为维持和扩大生产的资料，另一方面由个人直接占有，作为生活资料和享受资料。"❹ 在生产工具的占有方面，"许多生产工具必须归属于每一个个人，而财产则归属于全体个人。现代的普遍交往，除了归全体个人支配，不可能归各个人支配"❺。在生产资料的分配方面，"这个联合体的总产品是一个社会产品。这个产品的一部分重新用作生产资料。这一部分依旧是社会的。而另一部分则作为生活资料由联合体成员消费"❻。总之，这时社会便达到这样一个状态："这时社会的每一成员不仅有可能参加社会财富的生产，而且有可能参加社会财富的分配与管理，并通过有计划地组织全部生产，使社会生产力及其成果不断增长，足以保证每个人的一切合理的需要在越来越大的程度上得到满足。"❼ 在这种新的社会所有制下，资本主义的经济运行机制将得到调整，市场上产品所采取的商品交换原则将取消。"随着对生产实行共产主义的调节以及这种调节所带来的人们对于自己产品的异己关系的消灭，供求关系的威力也将消失，人们将使交换、生产及他们发生相互关系

---

❶ 《资本论（第 1 卷）》，人民出版社 2004 年版，第 875 页。
❷ 《马克思恩格斯选集（第 3 卷）》，人民出版社 1995 年版，第 341 页。
❸ 《资本论（第 1 卷）》，人民出版社 2004 年版，第 96 页。
❹ 《马克思恩格斯选集（第 3 卷）》，人民出版社 1995 年版，第 630 页。
❺ 《马克思恩格斯选集（第 1 卷）》，人民出版社 1995 年版，第 129 页。
❻ 《资本论（第 1 卷）》，人民出版社 2004 年版，第 96 页。
❼ 《马克思恩格斯选集（第 3 卷）》，人民出版社 1995 年版，第 336 页。

的方式重新受自己的支配。"❶ 马克思描述了在新社会所有制下人的劳动特点:"在一个集体的、以生产资料公有为基础的社会中,生产者不交换自己的产品;用在产品上的劳动,在这里也不表现为这些产品的价值,不表现为这些产品所具有的某种物的属性,因为这时,同资本主义社会相反,个人的劳动不再经过迂回曲折的道路,而是直接作为总劳动的组成部分存在着。"❷

这里需要说明的是,马克思所提出的"重建个人所有制"概念。这里所谓的重新建立起来的"个人所有制"是对"资本主义私有制的否定",是对"以个人自己劳动为基础的私有制"的否定的否定,即"这种否定不是重新建立私有制,而是在资本主义时代的成就的基础上,也就是说,在协作和对土地及靠劳动本身生产的生产资料的共同占有的基础上,重新建立个人所有制"❸。马克思的重建"个人所有制"思想,近些年学术界围绕这一问题展开争论,争论大多是从经济学角度来展开说明,其中围绕"个人所有制""公有制"和"私有制"的关系展开讨论。❹马克思并没有对"重建个人所有制"下的具体运行机制和策略给予详细说明,故给后人的解释以巨大的理论空间。但是,有一点必须明确,就是要结合马克思的"社会所有制",即"自由人的联合体"思想来解释"个人所有制"。马克思的所谓"重建个人所有制"并不仅仅是对"个人重新占有生产资料"的重申,更重要的是"其核心应该是指共产主义社会中劳动时间和劳动过程将重新归个人所有"。❺对马克思"重建个人所有制"思想的解读不应仅仅限于单纯的经济学视域,还要从其哲学的视角加以阐释,即从人的全面自由发展和解放这个层次来理解。可见,"社会所有制"是充分考虑"个人"发展的所有制,即马克思所说的"重建个人所有制"。但是,不论是"社会所有制",还是将来重新建立起来的"个人所有制",

---

❶ 《马克思恩格斯选集(第1卷)》,人民出版社1995年版,第87页。
❷ 《马克思恩格斯选集(第3卷)》,人民出版社1995年版,第303页。
❸ 《资本论(第1卷)》,人民出版社2004年版,第874页。
❹ 关于这一问题的详细阐述,笔者将在第四章第三节给予说明。
❺ 谢维俭:"重建'个人所有'之我见",载《毛泽东邓小平理论研究》2008年第12期。

都是从"所有制"、生产资料的占有与分配等方面，即物质资料的经济生产关系方面来说明和界定"自由人的联合体"的思想。

二、超越"政治国家"之未来社会的制度构想

对马克思"自由人的联合体"思想内涵的阐释除了从经济学的层面，即"所有制"的角度来阐释之外，还需从另外一个重要方面给予阐释，即从政治学层面的超越"政治国家"这样一个政治构想来阐释和理解。这符合马克思的致思取向和原意。从政治学的层面，具体来说从"国家观"的角度来寻求和阐释"自由人的联合体"这一思维路径一直影响着马克思，不论是早期、中期还是晚年的马克思。"马克思更多的是谈论国家的'超越'和'废除'。"❶ 在马克思看来，追寻一个"自由人的联合体"的问题，本身就是一个政治问题，这一过程本身就具有政治性质，并且只有通过政治革命才能达到这一目标。"但是，社会主义不通过革命是不可能实现的。社会主义需要这种政治行动，因为它需要破坏和废除旧的东西。但是，只要它的有组织的活动在哪里开始，它的自我目的，即它的灵魂在哪里显露出来，它，社会主义，也就在哪里抛弃政治的外壳。"❷ 他进一步指出，"未来战斗的一切必要的因素在聚集和发展着。一旦达到这一点，联盟就具有政治性质"❸。

马克思从其早年的《莱茵报》和《德法年鉴》时期，就针对黑格尔的虚幻的国家观和德国政治的现实，提出了以整体为乐事的"自由人的联合体"思想。在《评一个普鲁士人的〈普鲁士王国和社会改革〉》一文中，他认为要根除"私人生活"和"社会生活"及其"普遍利益"和"私人利益"之间的矛盾，必须消除国家。"国家不消灭自身，就不能消灭存在于行政管理机构的任务及其善良愿望为一方与行政管理的手段和能力为另一方之间的矛盾，因为国家本身是建筑在这个矛盾上的。国家是建筑在社会生活和私人生活之间的矛盾上，建筑在普遍利益和私人利益之间

---

❶　[英] 戴维·麦克莱伦著，郑一明、陈喜贵译：《马克思思想导论》，中国人民大学出版社 2008 年版，第 236 页。

❷　《马克思恩格斯全集（第 3 卷）》，人民出版社 2002 年版，第 395 页。

❸　《马克思恩格斯选集（第 1 卷）》，人民出版社 1995 年版，第 193 页。

的矛盾上的。"❶ 在《德意志意识形态》中，马克思也通过指认消除虚假的共同体（国家）来实现一个真正共同体（"自由人的联合体"），并通过消除国家以求个人的个性解放和发展。"因此，他们（无产者阶级——笔者注）也就同社会的各个人迄今借以表现为一个整体的那种形式即同国家处于直接的对立中，他们应当推翻国家，使自己的个人得以实现。"❷ 顺着这一思路，马克思在《哲学的贫困》中进一步指出："劳动阶级在发展进程中将创造一个消除阶级和阶级对立的联合体来代替旧的市民社会；从此再不会有原来意义的政权了。因为政权正是市民社会内部阶级对立的正式表现。"❸ 在《法兰西内战》中，马克思通过对巴黎公社的活动、内部运行措施及其性质给予了明确的论述，以此来展望未来的一个未来超越"政治国家"的联合体的运行方式。关于"公社"的内部运行措施，其中包括："为了防止国家和国家机关由社会公仆变为社会主人——这种现象在至今所有的国家中都是不可避免的——公社采取了两个可靠的办法。第一，它把行政、司法和国民教育方面的一切职位交给由普选选出的人担任，而且规定选举者可以随时撤换被选举者。第二，它对所有公务员，不论职位高低，都只付给跟其他工人同样的工资。"❹

"公社"活动和本身的性质体现了未来的超越"政治国家"的一个联合体的精神。针对这一问题，马克思给出了解释。"公社——这是社会把国家政权重新收回，把它从统治社会、压制社会的力量变成社会本身的生命力；这是人民群众把国家政权重新收回，他们组成自己的力量去代替压迫他们的有组织的力量；这是人民群众获得社会解放的政治形式，这种政治形式代替了被人民群众的敌人用来压迫他们的假托的社会力量（被人民群众的压迫者所篡夺的力量）（原为人民群众自己的力量，但被组织起来反对和打击他们）。"❺ 但是，马克思也清醒地认识到，"公社"本身还没

❶ 《马克思恩格斯全集（第3卷）》，人民出版社2002年版，第386页。
❷ 《马克思恩格斯选集（第1卷）》，人民出版社1995年版，第121页。
❸ 同上书，第194页。
❹ 《马克思恩格斯选集（第3卷）》，人民出版社1995年版，第12～13页。
❺ 同上书，第95页。

有完全脱离"政治"，并不是一个完全超越"政治国家"的联合体，它仅仅是"社会解放的政治形式，把劳动从垄断着劳动者自己所创造的或是自然所赐予的劳动资料的那批人僭取的权力（奴役）下解放出来的政治形式"❶。"公社"尽管体现了未来的超越"政治国家"的一个联合体的精神，但是它本身毕竟还不是这个未来的超越"政治国家"的一个联合体的生命本身。"正如国家机器与议会制只是统治阶级进行统治的有组织的总机构，只是旧秩序在政治上的保障、形式和表现，而不是统治阶级的真正生命，公社也不是工人阶级的社会运动，从而也不是全人类复兴的运动，而只是有组织的行动手段。"❷尽管"公社"没有脱离其自身的政治性质，但"公社提供合理的环境，使阶级斗争能够以最合理、最人道的方式经历它的几个不同阶段。公社可能引起激烈的反动和同样激烈的革命"❸。

　　总之，对马克思而言，"公社"是其探索由政治国家走向未来超越"政治国家"的联合体——国家作为一个政治实体及其本身的消亡——的实践尝试和政治手段、环节，"公社"本身具有过渡的性质。问题的实质在于，要真正达成一个超越"政治国家"的联合体，只有首先摆脱"国家"的政治性质，最后从根本上废除国家本身。"国家再好也不过是在争取阶级统治的斗争中获胜的无产阶级所继承下来的一个祸害；胜利了的无产阶级也将同公社一样，不得不立即尽量除去这个祸害的最坏方面，直到在新的自由的社会条件下成长起来的一代有能力把这全部国家废物抛掉。"❶这句话体现了国家的废除和消亡不是一时就能完成的，国家的消亡依赖于生产发展到一定的条件，即"现在我们正在以迅速的步伐走向这样的生产发展阶段，在这个阶段上，这些阶级的存在不仅不再必要，而且成了生产的真正障碍。阶级不可避免地要消失，正如它们从前不可避免地产生一样。随着阶级的消失，国家也不可避免地要消失。在生产者自由平等的联合体的基础上按新方式来组织生产的社会，将把全部国家机器放到

---

❶　《马克思恩格斯选集（第3卷）》，人民出版社1995年版，第97～98页。

❷❸　同上书，第98页。

❶　同上书，第13页。

它应该去的地方，即放到古物陈列馆去，同纺车和青铜斧陈列在一起"❶。可见，这段话揭示了这个超越"政治国家"的联合体，就是"生产者自由平等的联合体"。这显然是从政治学的层面上，即从"国家观"的维度对"自由人的联合体"思想内涵界定的集中体现。

马克思和恩格斯对未来的理想社会❷关于国家的特征和职能描述为："在共产主义社会中国家制度会发生怎样的变化呢？换句话说，那时有哪些同现在的国家职能相类似的社会职能保留下来呢？这个问题只能科学地回答。"❸马克思并没有明确回答这一个问题，只是指出了回答这一问题的思路和方向，而恩格斯则明确指出："那时，对人的统治将由对物的管理和对生产过程的领导所代替。"❹可见，恩格斯把在未来的超越"政治国家"的联合体中国家制度的职能给予清楚的界定。这里需要强调的是，在未来的超越"政治国家"的联合体中，国家本身已经不复存在，但这并不意味着未来的超越"政治国家"的联合体是一个无政府的社会状态。关于这个问题，恩格斯在其《论权威》谈道："这样，我们看到，一方面是一定的权威，不管它是怎样形成的，另一方面是一定的服从，这两者都是我们所必需的，而不管社会组织以及生产和产品流通赖以进行的物质条件是怎样的。"❺马克思关于"自由人的联合体"的思想从政治学，即"国家观"给予理解和阐释，其结果就是一个超越"政治国家"层面的非政治的联合体。这个联合体体现了马克思关于未来社会的制度构想，即在

---

❶ 《马克思恩格斯选集（第4卷）》，人民出版社1995年版，第174页。

❷ 这里需要界定"自由人的联合体"和"共产主义社会"两者的联系和区别。从广义上可以把共产主义社会等同于"自由人的联合体"，这是学术界基本赞同的观点。但从严格意义说，不能把"自由人的联合体"和共产主义社会简单等同起来。在马克思的理论文本中，他并没有直接把"自由人的联合体"与共产主义社会等同起来。共产主义社会本身并不是人类历史发展的终极状态，只是未来社会发展的一个社会形式。有关这方面的论述，可参见李延明《马克思恩格斯的未来世界：科学共产主义原理》（安徽人民出版社2006年版）第78~80页相关阐述。本书把"自由人的联合体"理解为马克思关于未来理想社会的一种理论诉求。如果一定要把"自由人的联合体"与"共产主义社会"联系起来考虑，那不妨将"自由人的联合体"界定为"共产主义社会的高级阶段"（但并不就是共产主义社会本身）。

❸ 《马克思恩格斯选集（第3卷）》，人民出版社1995年版，第314页。

❹ 同上书，第631页。

❺ 同上书，第226页。

这样一个联合体中，国家完全失去了其政治效能，其本身已彻底消亡。这个超越"政治国家"的未来社会的联合体的特征可以用康德的一句话来说明："这就使人可以希望，在经过许多次改造性的革命以后，大自然以之为最高目标的东西，——那就是作为一个基地而使人类物种的全部原始禀赋都将在它那里得到发展的一种普遍的世界公民状态——终将有朝一日会成为现实。"❶

三、每个人的自由个性和全面发展的人类联合体

无论是从经济学的所有制层面来理解马克思"自由人的联合体"思想内涵，还是从政治学的"国家观"层面即超越"政治国家"的未来社会联合体来界定"自由人的联合体"思想内涵，都只是"自由人的联合体"思想得以实现的社会形式和手段，而非最终目的。"废除货币以及按需分配社会产品问题一样，最终都依赖于他的那种在未来社会主义社会占优势的人性的类概念。"❷"自由人的联合体"思想内涵的深层意蕴在于实现这样一个联合体，在这个联合体中，未来社会将是"一个更高级的、以每个人的全面而自由的发展为基本原则的社会形式"❸。与此同时，"每个人"的自由和个性得到全面的发展，人与自然、人与人、人与社会的关系将得到全面的协调和改善。在这样一个联合体中，"它是人与自然之间、人与人之间的矛盾的真正解决，是存在和本质、对象化和自我确证、自由和必然、个体和类之间的斗争的真正解决。它是历史之谜的解答，而且知道自己就是这种解答。"❶在这样一个联合体中，"个体生存斗争停止了。于是，人在一定意义上才最终地脱离了动物界，从动物的生存条件进入真正人的生存条件。人们周围的、至今统治着人们的生活条件，现在受人们的支配和控制，人们第一次成为自然界的自觉的和真正的主人，因为他们已经成为自身的社会结合的主人了。人们自己的社会行动的规律，这些一

---

❶　［德］康德著，何兆武译：《历史理性批判文集》，商务印书馆 1990 年版，第 19 页。

❷　［英］戴维·麦克莱伦著，郑一明、陈喜贵译：《马克思思想导论》，中国人民大学出版社 2008 年版，第 238 页。

❸　《马克思恩格斯全集（第 23 卷）》，人民出版社 1972 年版，第 649 页。

❹　《马克思恩格斯全集（第 3 卷）》，人民出版社 2002 年版，第 297 页。

直作为异己的、支配着人们的自然规律而同人们相对立的规律，那时就将被人们熟练地运用，因而将听从人们的支配。人们自身的社会结合一直是作为自然界和历史强加于他们的东西而同他们相对立的，现在则变成他们自己的自由行动了。至今一直统治着历史的客观的异己的力量，现在处于人们自己的控制之下了。……这是人类从必然王国进入自由王国的飞跃"❶。恩格斯把这个"联合体"的最终实现归结为从"自然王国"到"自由王国"的飞跃和完成。马克思把"联合体"的真正实现期望于必然王国的彼岸。"事实上，自由王国只是在必要性和外在目的的规定要做的劳动终止的地方才开始；因而按照事物的本性来说，它存在于真正物质生产领域的彼岸。"❷ 在这个"联合体"下，"它是各个人的这样一种联合，这种联合把个人的自由发展和运动条件置于他们的控制之下"❸。也就是说，在未来社会的联合体下，个人的自由发展和个性与整个社会的发展融为一体，个人的自由和个性发展本身就意味着社会的进步和富强，而社会的富强和进步又成为个人的自由和个性发展的天然条件。这个思想其实马克思早在《共产党宣言》中就有所提及，只不过没有展开和说明，他指出："代替那存在着阶级和阶级对立的资产阶级旧社会的，将是这样一个联合体，在那里，每个人的自由发展是一切人的自由发展的条件。"❹ 这个表述最鲜明、最明确地指出了在未来社会的自由人的联合体中，"每个人的发展"与"一切人发展"的关系，即"每个人的自由发展"是"一切人自由发展的条件"，"每个人的自由发展"是马克思思想的最后落脚点和理论宗旨。在未来的"共同体"社会中，每个人的发展将不以其他个人的牺牲为代价，每个人的发展与其他人的发展互为条件。《共产党宣言》中的这个命题就是对马克思关于"未来理想社会"——"自由人的联合体"下的"每个人"与"一切人"自由发展辩证关系的集中表述。

无论是经济层面上的"社会所有制"的奠基，还是政治层面上的国

---

❶ 《马克思恩格斯选集（第3卷）》，人民出版社1995年版，第633~634页。
❷ 《资本论（第3卷）》，人民出版社2004年版，第928页。
❸ 《马克思恩格斯选集（第1卷）》，人民出版社1995年版，第121页。
❹ 同上书，第294页。

家的消亡，马克思最终的理论旨趣在于实现一个"每个人的自由个性及其全面发展"这样的理想社会状态。前两个方面只是实现这一理想社会的途径和手段。关于未来的"自由人的联合体"中的"每个人"的自由发展和"一切人"的自由发展关系的内在机制这个问题，具体来说就是：马克思关于"自由人的联合体"思想内涵的三个方面得以提出的现实性根源及其得以实现的条件这两个方面的内容。这便是下一节所要阐释的内容。

第三节　"自由人的联合体"思想实现的内在机制

马克思为什么要提出"自由人的联合体"？如何实现"自由人的联合体"这一马克思的社会思想？这一思想得以实现的条件为何？本节将紧密结合马克思、恩格斯的文本对以上三个问题展开文本解读和阐释。

一、拜物教意识与人的生活异化

第一章主要是从思想史的层面，阐发了马克思"自由人的联合体"得以提出的理论前提。本小节主要从"自由人的联合体"之所以提出的现实和理论关怀的角度，探究马克思为什么要提出这一思想、提出这一思想的微观视角和深层次动机以及这一思想提出的历史背景和历史条件等内容。理清这几个问题，是理解马克思"自由人的联合体"思想的基本前提。

"在我们这个时代，每一种事物好像都包含有自己的反面，我们看到，机器具有减少人类劳动和使劳动更有成效的神奇力量，然而却引起了饥饿和过度的疲劳。财富的新源泉，由于某种奇怪的、不可思议的魔力而变成贫苦的源泉。技术的胜利，似乎是以道德的败坏为代价换来的。随着人类愈益控制自然，个人却似乎愈益成为别人的奴隶或自身的卑劣行为的奴隶。甚至科学的纯洁光辉仿佛也只能在愚昧无知的黑暗背景上闪耀。我们的一切发现和进步，似乎结果是使物质力量成为有智慧的生命，而人的生命则化为愚钝的物质力量。"❶ "人"在资本主义社会下的"异化"状态、"人"自身发展的"片面性"是马克思"自由人的联合体"思想提出的最直接的现实和始源性动因。在资本主义社会下,"资本的逻辑"统治和压制了"人的个性和发展"。从整体来看,"自由人的联合体"思想的提出是与马克思所追求的"人的解放"和"发展"的理论旨趣密切相连的。所以,对"自由人的联合体"的思想之所以提出这样一个问题的思考,必须结合马克思对资本主义社会经济体制的运行方式和内在机理的深入分析以及对在这一经济体制下和经济运行方式下所必然导致的"人"的发展的"异化""被剥削"和"片面"的状态所采取的理论分析和批判态度这样的理论视角来思考,并把这一理论思考紧紧和人的"解放"和"发展"这一理论主题联系起来。如果离开了对这一问题的思考,"自由人的联合体"思想得以提出的动因就根本无从理解。"可能会存在这样一个不仅仅是自我组织的,而且是可以自我意识的社会吗?一个社会能够完全自我意识到它自己的工作,能够指导人们,使个体不是从他们的工作中异化出去,或者从他们自身异化出去,而是能够完全参加他们的自我解放,实现他们作为物种的全部潜力吗?换句话说,存在超越资本主义的社会主义吗?马克思从以回答这些问题为己任开始,转向研究资本主义。"❷

资本主义社会经济运行的内在机制之特征直接体现在劳动产品以"商品"的形式所体现的交换形式以及在这一商品交换过程中所最终形成的"货币"和"资本"的内在本质。这就是通常被我们界定的"商品拜物教""货币拜物教"和"资本拜物教"的资本主义社会三大拜物教形式。正是这三大拜物教最集中体现了资本主义社会下的"人的个性"被压迫和"异化"的状态。马克思揭示了在资本社会条件下,劳动产品转换成商品的奥秘。"商品形式的奥秘不过在于:商品形式在人们面前把人们本身劳动的社会性质反映成劳动产品本身的物的性质,反映成这些物的天然的社会属性,从而把生产者同总劳动的社会关系反映成存在于生产者之外

---

❶ 《马克思恩格斯选集(第1卷)》,人民出版社1995年版,第775页。

❷ [英]梅格纳德·德赛著,汪澄清译,郑一明校:《马克思的复仇——资本主义的复苏和苏联集权社会主义的灭亡》,中国人民大学出版社2008年版,第312~313页。

的物与物之间的社会关系。由于这种转换，劳动产品成了商品，成了可感觉而又超感觉的物或社会的物。"❶马克思进而揭示出在商品交换下，人们之间的社会关系被歪曲为物本身的关系，并把这一现象称为"拜物教"。"这只是人们自己的一定的社会关系，但它在人们面前采取了物与物的关系的虚幻形式。……人脑的产物表现为赋有生命的、彼此发生关系并同人发生关系的独立存在的东西。在商品世界里，人手的产物也是这样。我们把这叫作拜物教。劳动产品一旦作为商品来生产，就带上拜物教性质，因此拜物教是同商品生产分不开的。"❷

　　此外，在商品交换过程中，人的"个性"也被抹杀掉了，人与人之间的关系完全为"商品"关系所取代，人与人的关系体现为冷漠和漠不关心。"这种社会联系表现在交换价值上，因为对于每个个人来说，只有通过交换价值，他自己的活动或产品才成为他的活动和产品；……不管活动采取怎样的个人表现形式，也不管活动的产品具有怎样的特性，活动和活动的产品都是交换价值，即一切个性，一切特性都已被否定和消灭的一种一般的东西。……各个人看起来似乎独立地（这种独立一般只不过是错觉，确切些说，可叫作——在彼此关系冷漠的意义上——彼此漠不关心）。"❸马克思的这一揭示是现实和深刻的。马克思结合人的发展的状态，阐发了他的社会历史发展的三形态说："人的依赖关系""物的依赖关系"和"人的个性自由发展"各自为主导的社会历史发展形态。而以"物的依赖性"为主要特性的社会形态的集中表现就是马克思所要批判的当下资本主义社会。"物的依赖关系无非是与外表上独立的个人相对立的独立的社会关系，也就是与这些个人本身相对立而独立化的、他们互相间的生产关系；个人现在受抽象统治。"❹商品交换发展到一定程度和范围，就采取一种扩大的形式，这个扩大的形式决定了一种商品可以与其他一切

---

❶《资本论（第1卷）》，人民出版社2004年版，第89页。
❷ 同上书，第89～90页。
❸《马克思恩格斯全集（第30卷）》，人民出版社1995年版，第106～107页、第113页。
❹ 同上书，第114页。

商品相交换,"货币是从交换中和在交换中自然产生的,是交换的产物"。❶ 其实,在马克思看来,货币从根本上来说,也是人与人之间社会关系的一种表现形式,但是一种歪曲的表现形式,在货币这个物之中,人的个性完全被它所吞噬。"由于货币在某些职能上可以用它本身的单纯的符号来代替,又产生了另一种误解,以为货币是一种单纯符号。"❷ 关于货币对人的个性的压抑和剥夺,马克思深刻而富有诗意地指出:"货币是一种外在的、并非从作为人的人和作为社会的人类社会产生的、能够把观念变成现实而把现实变成纯观念的普遍手段和能力,它把人的和自然界的现实的本质和力量变成纯抽象的观念,并因而变成不完善性和充满痛苦的幻象;另一方面,同样地把现实的不完善性和幻象,个人的实际上无力的、只在个人想象中存在的本质力量,变成现实的本质力量和能力。因此,仅仅按照这个规定,货币就已是个性的普遍颠倒:它把个性变成它们的对立物,赋予个性以与它们的特性相矛盾的特性。"❸ 这就是马克思所称之为的"货币拜物教"。"货币拜物教"发端于"商品拜物教",只不过前者把后者的秘密揭示得更加公开。"人们在自己的社会生产过程中的单纯原子般的关系,从而,人们自己的生产关系的不受他们控制和不以他们有意识的个人活动为转移的物的形式,首先就是通过他们的劳动产品普遍采取商品形式这一点而表现出来。因此,货币拜物教的谜就是商品拜物教的谜,只不过变得明显了,耀眼了。"❹ 货币是资本的最初表现形式,从商品到货币,再从货币到资本,是资本主义经济运行所必须采取的生产活动的表现形式,从货币到资本的转化需要系列的过程,这一过程的最主要的就是作为货币的占有者在市场上找到充当商品的劳动力商品。

"资本"继承了商品和货币的一切剥夺人的个性的特征,其对人的个性的剥夺更为明显和残酷。"享受服从于资本,享受的个人服从于资本化

---

❶ 《马克思恩格斯全集(第30卷)》,人民出版社1995年版,第115页。
❷ 《资本论(第1卷)》,人民出版社2004年版,第110页。
❸ 《马克思恩格斯全集(第3卷)》,人民出版社2002年版,第363~364页。
❹ 《资本论(第1卷)》,人民出版社2004年版,第113页。

的个人。"❶马克思接着指出："资本只有一种生活本能，这就是增值自身，创造剩余价值，用自己的不变部分即生产资料吮吸尽可能多的剩余劳动。资本是死劳动，它像吸血鬼一样，只有吮吸活劳动才有生命，吮吸的活劳动越多，它的生命就越旺盛。"❷"资本"对人的"个性"的剥夺集中体现在"资本"对"工人"的剥夺。"在生产过程中，资本发展成为对劳动，即对发挥作用的劳动力或工人本身的指挥权。……资本发展成一种强制关系，迫使工人阶级超出自身生活需要的狭隘范围而从事更多的劳动。作为他人辛勤劳动的制造者，作为剩余劳动的榨取者和劳动力的剥削者，资本在精力、贪婪和效率方面，远远超出了以往一切以直接强制劳动为基础的生产制度。"❸工人的劳动力在资本主义社会条件下运用和发挥只不过是"资本的一种特殊存在方式。因此，工人作为社会工人所发挥的生产力，是资本的生产力"。❹工人在与资本发生联系的时候，而工人们之间本身的关系却被资本所截断并化为单纯的效用和资本关系。"工人作为独立的人是单个的人，他们和同一资本发生关系，但是彼此不发生关系。"❺马克思在《1844年经济学哲学手稿》中提出了工人在资本主义社会下的四重异化状态：人与其所创造的劳动产品的异化；人与其类本质的异化；人与其劳动本质的异化；人与其劳动占有者之间的异化。"劳动的这种现实化表现为工人的非现实化，对象化表现为对象的丧失和被对象奴役，占有表现为异化、外化。"❻"异化"的思想贯穿于马克思从早期到后期的一系列文本中，只不过在其后期的文本中给予"异化"的思想以更多的历史感和现实感。所以，总体来看，资本主义社会条件下，只要存在"商品交换"的原则，即同时存在"货币拜物教"和"资本拜物教"，人的发展的"异化"和"个性"的被剥夺现状就是不可避免的，这一情境促使马克思思考一个不同于资本主义社会的，不存在人的被剥削和压迫状

---

❶《马克思恩格斯全集（第3卷）》，人民出版社2002年版，第351页。

❷《资本论（第1卷）》，人民出版社2004年版，第269页。

❸同上书，第359页。

❹同上书，第387页。

❺同上书，第386页。

❻《马克思恩格斯全集（第3卷）》，人民出版社2002年版，第268页。

态，人的"个性"得到充分彰显，人的"异化"状态不再存在的这样一个"自由人的联合体"的社会。"因此，要获得个人的全面发展，就必须'炸毁'这个以交换价值为基础的社会，使人们的社会关系作为他们自己的共同的关系，并服从于他们自己的共同的控制，也即建立起自由人的联合体。"❶

二、社会生产力的充分释放

在"自由人的联合体"思想之所以被提出的始源动因被马克思明确认定之后，接下来的重要任务就是阐释如何使"自由人的联合体"这一马克思的理论构想，即如何使之从以思想样态存在的潜在可能性向以现实样态存在的现实可能性转换。马克思在《资本论》第一章"商品"中，结合对资本主义社会所形成的商品世界的特征的分析，直接明确提出了"自由人的联合体"思想的理论设想，并且试图提出探求这一理论设想所能实现的社会物质基础和历史条件。"只有当社会生活过程即物质生产过程的形态，作为自由联合的人的产物，处于人的有意识有计划的控制之下的时候，它才会把自己的神秘的纱幕揭掉。但是，这需要有一定的社会物质基础或一系列物质生存条件，而这些条件本身又是长期的、痛苦的发展史的自然产物。"❷ 这里所说的一系列物质基础和条件，就是"自由人的联合体"这一理论构想得以实现的现实基础。

上一节已经提到，"自由人的联合体"思想的提出及其实现都必须结合人的"发展"和"解放"这个问题来谈，也就是说，"自由人的联合体"思想所致力于实现和解决的问题就是有关人的"发展"和"解放"问题。因此，探求"自由人的联合体"得以实现的社会历史条件最终就是关涉如何摆脱使人受压抑的不合理的社会关系和社会制度，从而实现人的个性自由和人的全面发展。马克思关于人的发展和解放的理论逻辑就是"通过实践，实际的打破和摆脱自然关系、社会关系以及文化观念对人的束缚，是马克思解放理论一以贯之的内在逻辑"。❸ 马克思在答复《芝加

---

❶ 郁建兴：《马克思国家理论与现时代》，东方出版中心 2007 年版，第 113 页。
❷ 《资本论（第 1 卷）》，人民出版社 2004 年版，第 97 页。
❸ 杨楹等：《马克思生活哲学引论》，人民出版社 2008 年版，第 65～66 页。

哥论坛报》通讯员提问的关于社会主义者一般都把变劳动资料为社会的集体财产看做运动的最高目标这一问题的时候，他已经大体指出了实现这一目标所需要的手段和实践路径。"当然，我们说，运动的结果将是这样的，但这是时间问题，教育问题和建立更高度组织化的社会制度的问题。"● 俄罗斯学者斯拉文对马克思的未来共产主义社会得以实现的条件是这样界定的："马克思将产生和建立这个社会的客观的和主观的前提条件准确地区别开来。客观的前提条件是同社会生产力的发展、现代工艺和工业的形成、克服过去社会的劳动分工、资本主义经济的自我否定联系在一起的，而主观的前提条件是同阶级斗争、工人运动、政党、对资产阶级社会的革命改造联系在一起。"❷ 综合以上这两段引文，可以把社会生产力的发展、现代工艺的进步、消除分工及其随之而带来的"时间"问题、"建立更高组织化的社会制度问题"视为"自由人的联合体"得以实现的客观条件，而把"教育"问题、"阶级意识"的培养、工人运动、政党的成立视为主观条件。

　　马克思曾指出，"只有在真正共同体"中，个人的自由才有可能。这个"真正的共同体"即"自由人的联合体"，而实现这一目标需要一系列具体的条件和中介。这些条件可以归结为以下几点：消除分工，消灭阶级，废除私有制，消灭国家等。这几个任务的完成是"真正的共同体"即"自由人的联合体"得以实现的基本环节和条件，而要实现以上这些目标一方面要依赖于社会生产力的发展和工业的进步，另一方面要依赖于人自身及其能力的发展。可以把消除分工、消灭阶级、废除私有制、消灭国家这些条件都归结到社会生产力的极大发展、"时间问题"和"建立更高组织化的社会制度问题"称为客观条件范畴，而把有关"人的才能和发展"相关的问题归结为主观条件范畴。主观条件和客观条件这两方面共同构成马克思人的发展和解放理论的社会历史条件，同时也构成马克思"自由人的联合体"得以实现和可能实现的社会历史条件。

　　●　《马克思恩格斯全集（第45卷）》，人民出版社1985年版，第711页。
　　❷　［俄］鲍·斯拉文著，孙凌齐译：《被无知侮辱的思想——马克思社会理想的当代解读》，中央编译出版社2006年版，第51页。

马克思对"分工"的关注和研究是紧紧围绕他的关于人的发展和解放这个主题而展开的。在马克思看来,"分工"本身一方面是历史发展到一定阶段的产物,"由于生产效率的提高,需要的增长以及作为二者基础的人口的增多,这种绵羊意识或部落意识获得了进一步的发展和提高。与此同时分工也发展起来"。❶ 另一方面"分工"本身包含对立和矛盾,并且是造成特殊利益和共同利益相对立的根源。"只要人们还处在自然形成的社会中,就是说,只要特殊利益和共同利益之间还有分裂,也就是说,只要分工还不是出于自愿,而是自然形成的,那么人本身的活动对人来说就成为一种异己的、同他对立的力量,这种力量压迫着人,而不是人驾驭着这种力量。"❷ "分工"内部蕴藏着"私有制""阶级"和"国家"得以产生的内在基因。"分工包含着所有这些矛盾,而且又是以家庭中自然形成的分工和以社会分裂为单个的、互相对立的家庭这一点为基础的……家庭中这种诚然还非常原始和隐蔽的奴隶制,是最初的所有制。但就是这种所有制也完全符合现代经济学家所下的定义,即所有制是对他人劳动力的支配。其实分工和私有制是相等的表达方式,对同一件事情,一个是就活动而言,另一个是就活动的产品而言。"❸ 在关于"阶级"的论述中,他指出:"由分工决定的阶级的基础。"❹ 至于"分工"在如何使国家得以产生的内在动因方面,他指出:"随着分工的发展也产生了单个人的利益或单个家庭的利益与所有互相交往的个人的共同利益之间的矛盾;而且这种共同利益不是仅仅作为一种'普遍的东西'存在于观念中,而首先是作为彼此有了分工的个人之间的相互依存关系存在于现实之中……正是由于特殊利益和共同利益之间的这种矛盾,共同利益才采取国家这种与实际的单个利益和全体利益相脱离的独立形式,同时采取虚幻的共同体的形式。"❺ "私有制""阶级""国家"的产生最终造成个人发展的片面和畸形。关于私有制,他认为:"随着私有制的消灭,随着对生产实行共产主

---

❶ 《马克思恩格斯选集(第1卷)》,人民出版社1995年版,第82页。

❷ 同上书,第85页。

❸ 同上书,第83~84页。

❹❺ 同上书,第84页。

义的调节以及这种调节所带来的人们对于自己产品的异己关系的消灭。"❶
关于阶级，他认为："只要阶级的统治完全不再是社会制度的形式，也就
是说，只要不再有必要把特殊利益说成是普遍利益，或者把'普遍的东
西'说成是占统治地位的东西，那么，一定阶级的统治似乎只是某种思想
的统治这整个假象当然就会自行消失。"❷ 关于国家，他认为："如在国家
等等中，个人自由只是对那些在统治阶级范围内发展的个人来说是存在
的。"❸ 因此，"消除阶级""消灭阶级"和"废除国家"便构成了马克思
关注和研究"分工"的内在理论逻辑和旨趣。所以，消除"分工"成为
"自由人的联合体"得以形成的重要环节和条件。"分工"的消除依赖于
未来社会生产力的高度发展。"在共产主义社会高级阶段，在迫使个人奴
隶般地服从分工的情形已经消失，从而脑力劳动和体力劳动的对立也随之
消失之后；在劳动已经不仅仅是谋生的手段，而且本身成了生活的第一需
要之后；在随着个人的全面发展，他们的生产力也增长起来，而集体财富
的一切源泉都充分涌流之后，——只有在那个时候，才能完全超出资产阶
级权利的狭隘眼界，社会才能在自己的旗帜上写上：各尽所能，按需
分配！"❹

关于社会生产力的发展，马克思充分考虑到了利用资本主义社会发展
的高度生产力作为未来社会发展的物质基础，这具体体现在马克思对资本
和交换价值对社会发展正面作用的辩证分析中。在《资本论》中，他指
出："资本一方面会导致这样一个阶段，在这个阶段上，社会上的一部分
人靠牺牲另一部分人来强制和垄断社会发展的现象将会消失；另一方面，
这个阶段又会为这样一些关系创造出物质手段和萌芽，这些关系在一个更
高级的社会形式中，使这种剩余劳动能够同物质劳动一般所占用的时间的
更大的节制结合在一起。"❺ 在辩证地看待资本生产的双重作用方面，恩

❶ 《马克思恩格斯选集（第 1 卷）》，人民出版社 1995 年版，第 87 页。
❷ 同上书，第 101 页。
❸ 同上书，第 119 页。
❹ 《马克思恩格斯选集（第 3 卷）》，人民出版社 1995 年版，第 305～306 页。
❺ 《资本论（第 3 卷）》，人民出版社 2004 年版，第 928 页。

格斯和马克思观点是一致的，他说："正像马克思尖锐地着重指出资本主义生产的各个坏的方面一样，同时他也明白地证明这一社会形式是使社会生产力发展到这样高度的水平所必需的：在这个水平上，社会全体成员的平等的、合乎人的尊严的发展，才有可能。"● 针对资本主义社会条件下雇佣劳动和资本矛盾的消除，他指出："人类活动所采取的最后一种奴隶形式，即一方面存在雇佣劳动，另一方面存在资本的这种形式就要被脱掉，而这种脱皮本身是同资本相适应的生产方式的结果；雇佣劳动和资本本身已经是以往的各种不自由的社会生产形式的否定，而否定雇佣劳动和资本的那些物质条件和精神条件本身是资本的生产过程的结果。"❷

针对资本主义建立在交换价值基础上的生产模式，他指出："全面发展的个人——他们的社会关系作为他们自己的共同的关系，也是服从于他们自己的共同的控制的——不是自然的产物，而是历史的产物。要使这种个性成为可能，能力的发展就要达到一定的程度和全面性，这正是以建立在交换价值基础上的生产为前提的，这种生产才在产生出个人同自己和同别人相异化的普遍性的同时，也产生出个人关系和个人能力的普遍性和全面性。"❸ 可见，资本主义以交换价值为基础的生产模式不仅是使人们产生异化的根源，也是人们消除异化并得到全面发展的物质基础。这同马克思早年所提出的异化的产生和消除遵循的是同一条道路的思想是吻合的，马克思针对这一问题进一步指出："事实上，如果抛掉狭隘的资产阶级形式，那么，财富不就是在普遍交换中产生的个人的需要、才能、享用、生产力等等的普遍性吗？财富不就是人对自然力——既是通常所谓的'自然'力，又是人本身的自然力——的统治的充分发展吗？财富不就是人的创造天赋的绝对发挥吗？这种发挥，除了先前的历史发展之外没有任何其他前提。"❹ 马克思对资本主义的批判，尤其是对其运行机制和内在机理，即"资本"和"交换价值"的批判是具有原则高度的批判，是一种历史

● 《马克思恩格斯选集（第2卷）》，人民出版社1995年版，第596页。
❷ 《马克思恩格斯全集（第31卷）》，人民出版社1998年版，第149页。
❸ 《马克思恩格斯全集（第30卷）》，人民出版社1995年版，第112页。
❹ 同上书，第479~480页。

辩证的批判，这使他与其他空想社会主义和资产阶级经济学家区别开来。关于提高社会生产力的具体实施路径方面，马克思也提出了一些在今天看来仍颇有启发意义的看法。"一般社会知识，已经在多么大的程度上变成了直接的生产力，从而社会生活过程的条件本身在多么大的程度上受到一般智力的控制并按照这种智力得到改造。它表明，社会生产力已经在多么大的程度上，不仅以知识的形式，而且作为社会实践的直接器官，作为实际生活过程的直接器官被生产出来。"❶ 从这段话中可以看出，马克思认为"知识"也是一种生产力，并且发挥着对社会生活和生产的巨大作用。另外，马克思也看到了现代社会生产力发展的特征就是体现在对劳动时间的节约，而劳动时间的节约便构成了人自由发展的条件。"真正的经济——节约——是劳动时间的节约。而这种节约就等于发展生产力。……节约劳动时间等于增加自由时间，即增加使个人得到充分发展的时间。……自由时间——不论是闲暇时间还是从事较高级活动的时间——自然要把占有它的人变为另一主体，于是他作为这一主体又加入直接生产过程。对于正在成长的人来说，这个直接生产过程同时就是训练，而对于头脑里具有积累起来的社会知识的成年人来说，这个过程就是知识的运用，实验科学，有物质创造力的和对象化中的科学。对于这两种人来说，只要劳动像在农业中那样要求实际动手和自由活动，这个过程同时就是身体锻炼。"❷ 马克思认为，劳动时间的节约本身是资本主义机器大生产和改进技术的结果，这个结果为人的自由发展带来了契机和条件。在这个自由时间段里，各种人群——正如他所指出的包括正在成长和已经掌握知识的人——的劳动和活动都是一种自由的活动，一种无任何压力的活动，甚至就是一种人的身体锻炼的活动而已。总体来说，"自由人的联合体"思想得以实现的客观条件，可以总结为：在社会生产能力和生产水平高度发展的前提下，随之而来的是劳动分工的消除、私有制、阶级和国家的消亡，进而导致人的自由活动和自由时间的增长，从而为人的自由和发展创造前

---

❶ 《马克思恩格斯全集（第31卷）》，人民出版社1998年版，第102页。

❷ 同上书，第107～108页。

提。用马克思的话来说就是：“如果我们从整体上来考察资产阶级社会，那么社会本身，即处于社会关系中的人本身，总是表现为社会生产过程的最终结果。”❶

三、个体主体性的解放与阶级意识的觉醒

对于马克思而言，“自由人的联合体”思想的实现不仅依靠社会生产力和生产水平的极大提高、“分工”的消除等一系列客观条件，还需要保证“自由人的联合体”得以实现的外在动力和因素。这些因素可归结为：人本身的能力的提高；教育在培养人中的作用；政党的建立和组织；阶级意识的培养等方面。在针对资本主义社会生产力外在于劳动者本人的情况时，马克思谈到了未来社会个人对社会生产力的占有，并试图以这种占有方式取代资本主义社会的占有方式。其中，马克思指出未来社会个人对社会生产力的占有受到一系列条件的制约和影响，在具体指出这种占有受到生产力制约的同时，还指出：“占有就必须带有同生产力和交往相适应的普遍性质。对这些力量的占有本身不外是同物质生产工具相适应的个人才能的发挥。仅仅因为这个缘故，对生产工具一定总和的占有，也就是个人本身的才能的一定总和的发挥。”❷ 针对全面的个人发展所需条件这个问题，马克思说：“要使这种个性成为可能，能力的发展就要达到一定的程度和全面性。”❸ 关于人的能力的发展和培养问题，他还指出：“由整个社会共同经营生产和由此而引起的生产的新发展，也需要完全不同的人，并将创造出这种人来，共同经营生产不能由现在这种人来进行……由整个社会共同地和有计划地来经营的工业，更加需要才能得到全面发展，能够通晓整个生产系统的人。”❹ 可见，马克思非常重视对人的能力的培养和发展，并把这个条件看做未来社会人的全面发展、人们共同占有社会生产力，即自由人的联合体得以形成的重要条件。问题在于，人的才能的发展如何培养和提高呢？马克思把这归结为教育。他指出：“教育将使年轻人

---

❶ 《马克思恩格斯全集（第31卷）》，人民出版社1998年版，第108页。
❷ 《马克思恩格斯选集（第1卷）》，人民出版社1995年版，第129页。
❸ 《马克思恩格斯全集（第30卷）》，人民出版社1995年版，第112页。
❹ 《马克思恩格斯选集（第1卷）》，人民出版社1995年版，第242～243页。

能够很快熟悉整个生产系统，将使他们能够根据社会需要或者他们自己的爱好，轮流从一个生产部门转到另一个生产部门。因此，教育将使他们摆脱现在这种分工给每个人造成的片面性。这样一来，根据共产主义原则组织起来的社会，将使自己的成员能够全面发挥他们的得到全面发展的才能。"❶ 另外，教育"不仅是提高社会生产的一种方法，而且是造就全面发展的人的唯一方法"。❷ 在此基础上，"要改变一般的人的本性，使它获得一定劳动部门的技能和技巧，成为发达的和专门的劳动力，就要有一定的教育或训练"。❸ 从中可见，发展人的才能必须借助发展教育，发展教育可以消除由分工而造成的个人的畸形发展。

除了对人的能力的培养和教育的发展方面，马克思还从阶级意识的铸造、政党的形成以及国际工人协会等组织和联盟的形成等方面来探求未来社会的发展手段、途径和道路，并最终达到未来社会的"自由人的联合体"。这些方面在马克思的文本著作中都有所论述和说明。关于阶级意识的铸造方面，他指出："商业的扩大和交通道路的开辟，使一些城市了解到有另一些捍卫同样利益、反对同样敌人的城市。……随着各城市间的联系的产生，这些共同的条件发展为阶级条件。同样的条件、同样的对立、同样的利益，一般说来，也应当在一切地方产生同样的风俗习惯。"❹ 另外，他还指出："大工业把大批互不相识的人们聚集在一个地方。竞争使他们的利益分裂。但是维护工资这一对付老板的共同利益，使他们在一个共同的思想下联合起来。"❺ 在对具有革命性并具有共同利益的阶级这一问题的认识上，马克思明确地说："在一切生产工具中，最强大的一种生产力是革命阶级本身。革命因素之组成为阶级，是以旧社会的怀抱中所能产生的全部生产力的存在为前提的。"❻ 在针对何谓阶级意识，及其对马克思阶级意识理论的阐发方面，卢卡奇的阐述可谓一语道破了马克思阶级

---

❶ 《马克思恩格斯选集（第1卷）》，人民出版社1995年版，第243页。

❷ 《马克思恩格斯全集（第23卷）》，人民出版社1972年版，第530页。

❸ 同上书，第195页。

❹ 《马克思恩格斯选集（第1卷）》，人民出版社1995年版，第117页。

❺ 同上书，第193页。

❻ 同上书，第194页。

意识理论的实质，他在《历史与阶级意识》一书中指出："阶级意识就是理性的适当的反应，而这种反应则要归因于生产过程中特殊的典型的地位。阶级意识因此既不是组成阶级的单个个人所思想、所感觉的东西的总和，也不是它们的平均值。作为总体的阶级在历史上的重要行动归根到底就是由这一意识，而不是由个别人的思想所决定的，而且只有把握这种意识才能加以辨认。"❶ 这一点正如马克思所说："工人们所具备的一个成功因素就是人数众多；但是只有当群众组织起来并为知识所指导时，人数众多才能起决定胜负的作用。"❷ 在对人的解放和阶级意识塑造的关系方面，卢卡奇认为："'自由王国'，'人类史前史'的结束恰恰意味着，人与人的具体关系，即物化开始把它的力量交还给人。这一过程越是接近它的目标，无产阶级关于自己的历史使命的意识，即它的阶级意识的作用也就越重要；阶级意识也就必然越强烈地、越直接地决定着它的每一次行动。"❸ 卢卡奇这一论断是符合马克思关于阶级意识的本真精神和态度的。

此外，把这些具有共同利益的人联系起来需要把他们有机地组织起来，还需要成立同盟、政党，并最终形成为阶级这样一个群体。在组织同盟和联合的问题上，马克思指出，"工人阶级的经济解放是一项伟大的目标，一切政治运动都应该作为手段服从于这一目标；为达到这个伟大目标所做的一切努力之所以至今没有收到效果，是由于每个国家里各个不同劳动部门的工人彼此间不够团结，由于各国工人阶级彼此间缺乏亲密的联合"。❹ 更进一步说："他们斗争的真正成果并不是直接取得的成功，而是工人的越来越扩大的联合。"❺ 更为重要的是，在阐述占有还受实现占有所必须采取的方式的制约这个条件时，他还指出："占有只有通过联合才能实现，由于无产阶级本身固有的本性，这种联合又只能是普遍性的，而且占有也只有通过革命才能得到实现，在革命中，一方面迄今为止的生产

---

❶ ［匈］卢卡奇著，杜章智等译：《历史与阶级意识》，商务印书馆1999年版，第107页。
❷ 《马克思恩格斯选集（第2卷）》，人民出版社1995年版，第606～607页。
❸ ［匈］卢卡奇著，杜章智等译：《历史与阶级意识》，商务印书馆1999年版，第131页。
❹ 《马克思恩格斯选集（第2卷）》，人民出版社1995年版，第609页。
❺ 《马克思恩格斯选集（第1卷）》，人民出版社1995年版，第281页。

方式和交往方式的权力以及社会结构的权力被打倒，另一方面无产阶级的普遍性质以及无产阶级为实现占有所必需的能力得到发展。"❶ 在组织政党和形成阶级问题上，他指出："无产阶级在反对有产阶级联合力量的斗争中，只有把自身组织成为与有产阶级建立的一切旧政党不同的、相对立的政党，才能作为一个阶级来行动。为保证社会革命获得胜利和实现革命的最高目标——消灭阶级，无产阶级这样组织成为政党是必要的。"❷ 关于这一点，他谈道："为了要达到自己的最终胜利，首先还必须靠他们自己努力：他们应该认清自己的阶级利益，尽快采取自己独立政党的立场"，❸ 马克思充分认识到了组织政党和阶级的过程会发生的困难，但他的态度始终是鲜明和自信的："无产者组织成为阶级，从而组织成为政党这件事，不断地由于工人的自相竞争而受到破坏。但是，这种组织总是重新产生，并且一次比一次更强大，更坚固，更有力。"❶

小　结

本章主要从马克思、恩格斯的文本上较为详尽地阐释，并最大限度地呈现马克思"自由人的联合体"思想的形成、内涵及其得以实现的条件。这些内容都是理解马克思"自由人的联合体"思想的重要方面。如果说本章的内容是从文本解读的视角，即"立"的角度阐释的话，那么下一章将通过把马克思的"自由人的联合体"思想与西方思想家对其思想的评判进行比较式阐释和理论对话，从"破"的角度给予理论阐释。通过这一比较式的对话式阐发，"自由人的联合体"得以实现的可能性、正当性及其理论思想实质等内容则更为深入地被呈现在读者面前。

---

❶ 《马克思恩格斯选集（第1卷）》，人民出版社1995年版，第129页。
❷ 《马克思恩格斯选集（第2卷）》，人民出版社1995年版，第611页。
❸ 《马克思恩格斯选集（第1卷）》，人民出版社1995年版，第375页。
❶ 同上书，第281页。

第三章 "乌托邦"的反叛与升华

　　"理想"与"现实"总是有差距的，马克思的旨在实现一个"自由人的联合体"的社会理想至今仍没有实现。人们习惯于以"乌托邦"命名那些尚未实现的美好愿望和社会理想。针对"自由人的联合体"这一马克思的社会理想，西方思想家尤其是波普尔和哈耶克等人进行了釜底抽薪式的批判，并把马克思的"自由人的联合体"思想视为一种美妙的乌托邦构想，一个永远无法实现的理论空想。笔者认为，针对西方学者的这一理论驳斥，需要给予正反两个方面的思考。从其正面上看，这一批判抓住了一些问题，值得从思想理论层面认真反省我们已有的社会理想得以可能实现的可能性。从其反面看，这一批判误解了马克思的社会理想的理论实质和本真意蕴。一方面，在于他们误解了马克思本人理论学说的真意。另一方面，其根源在于波普尔等人对"乌托邦"本身理解和阐释的片面性。基于以上两个方面，笔者把马克思的旨在实现一个"自由人的联合体"的社会理想从其理论思想实质上归结为：反乌托邦时代的"乌托邦"。这一界定既区别于以往西方学者对马克思社会理想实质的误解，也不同于国内部分学者以"纯科学"的态度审视马克思社会理想的理论实质。基于这一理论界定，本章进一步揭示出马克思"自由人的联合体"的本真意蕴和理论关切在于实现"个人""群体"和"社会"三者最大限度地和谐共生。虽然这一理论关切的思维路径在今天看来需要给予重新反思和思考，但是，马克思的这一理论思考仍凸显出其自身的理论特色和意义。

第一节 "乌托邦"的幻象：现当代思想家的思想反叛

纵观整个西方思想发展史，对"自由"这一思想理念的追求成为一条重要的发展线索，而对"自由"的追求又必然是和"人"本身的发展紧密相关，离开"人"谈论"自由"是一种抽象的自由，"自由"与"人"本身的生存状态不可分割。● 实现"人的自由"必须奠定于一定的社会发展阶段和社会形态之上。柏拉图的理想国所构思的古希腊的城邦共同体中，每个人各司其职，实现其每个人应有的自由状态。近代以来许多被誉为"空想社会主义"及其政治思想家又构想出各种国家类型和形态，以期实现他们心目中的理想社会，在这一理想社会中，每个人获得了他本人生而具有的"自由"状态。马克思本人也不例外，他一生为之奋斗的最终目标，就是建立一个"自由人的联合体"的社会，在这一理想社会中，"每个人的自由个性"得到全面的发展。但是理想归理想，现实归现实，以上思想家的社会理想并没有最终变为现实。但是，能否就以此用空想和乌托邦来冠名这些思想家的思想和言论呢？如果柏拉图、空想社会主义者和一些政治理论家的社会理想仅仅是空想和乌托邦，我们至今为什么要视他们的著作为理论经典而传承一代又一代呢？在对待马克思的社会理想问题上，很多学者对他的这一理论意向和追求给予了质疑和批评。质疑和批评本身并不可怕，因为任何理论学说都有其一定的理论时代背景和色彩，难免有这样那样的理论缺陷。任何理论学说的进步和传承都是在思想碰撞中所激发出来的，马克思社会理想，即"自由人的联合体"思想也不例外。但是，问题关键在于，质疑和批评的态度本身是否合理和具有理论说服力，是否能让人从内心深处诚然接受，给予我们以理论启示。在对

● 从哲学思想发展史上，对"自由"在整个西方思想发展史的理论梳理和研究，可参见谢文郁著，张秀华等译：《自由与生存——西方思想史上的自由观追踪》，上海人民出版社 2007 年版。他把对"自由"的分析紧紧和人本身的生存分析结合起来，并总结出：求善和拯救这两个原则构成了"自由"理念在西方思想史上的两条重要思想线索。此外，伯林也把自由阐释为"积极"和"消极"两个层面。这里不试图从思想观念和发展史上对"自由"进行专门的论述，而仅仅作为本书关注问题的一个理论背景。

马克思社会理想的众多批评者中，最为有代表性的，在笔者看来，波普尔和哈耶克算是最有代表性。之所以说他们最具有代表性，与其说他们两人都是西方学术界上最为知名的理论思想家，不如说他们的理论学说本身的深邃性和敏锐的理论视角。他们的学说体现了一种对知识论和方法论本身的反思态度，更进一步说，就是他们都从理论思维本身的特性及其与历史人文科学的内在关联上思考以往人们的理想抱负得以实现的可能性这一问题。

一、整体的社会构建何以可能

波普尔在《开放社会及其敌人》一书中首先对马克思社会学方法论进行了"直言"的批判，并认为马克思的社会理论必然导致"历史主义"❶。他认为，马克思"历史主义"的社会学方法，势必决定他要对未来社会的发展有所预测。"为何还要攻击马克思呢？虽然他有许多功绩，但是我们认为，他是一位错误的预言家，他的预言并没有实现；……更重要的是，他误导大批有理智的人相信，历史预言是探讨社会问题的科学方式。在那里试图推进开放社会的事业的人的队伍中，马克思要对历史主义的思想方法的破坏性负责。"❷ 在对马克思的社会理论研究方法批判的基础上，波普尔还试图把马克思主义与极权主义及其法西斯主义进行比较和勾连，并试图找出他们之间"共同之处"。波普尔在"马克思的预言"一章，从"社会主义的来临""社会革命""资本主义及其命运"三个方面批判了马克思的预言，并认为马克思这三个预言都必将失效。尤其是在"社会主义的来临"一节中，他认为，马克思在《共产党宣言》中有关无阶级社会的来临及其"自由人的联合体"思想完全是幻想。在针对马克思关于未来无阶级社会实现的问题上，他提出质疑并指出："这真是一个美妙的信仰，然而是一种美学的和乌托邦的信仰；用马克思的话来说，这

---

❶ "历史主义"是一种试图预测社会发展趋势并坚持历史发展过程具有规律性的一门社会哲学。具体相关论述参见 [英] 波普尔著，郑一明等译：《开放社会及其敌人（第1卷）》，中国社会科学出版社1999年版，第17～18页。

❷ [英] 波普尔著，郑一明等译：《开放社会及其敌人（第2卷）》，中国社会科学出版社1999年版，第142页。

是一种充满幻想的'乌托邦主义',但却不是'科学社会主义'。"❶ 波普尔在《历史主义贫困论》中坚持其在《开放社会及其敌人》一书中对马克思社会理想的批判并将马克思的社会理想归结为他所要批判的"总体论"和"空想的社会工程观念"的联盟。"他的乌托邦蓝图就是一种发展着的或'动态的'而非一种被遏制的社会的蓝图。他预告了,而且力图积极在推进一个以不知道有政治的或者经济的强制为其极致的理想的乌托邦的发展:国家自行消亡了,每个人都各尽所能,自由地在合作,而他的一切需要都会得到满足。"❷ 当然,波普尔批判马克思的社会理想,即对从整体上实现每个人的解放——"每个人自由发展的联合体"思想的批判从根本上可归结为他对"总体论"这一思维方式及其历史规律本身的批判。关于"总体论"的批判,波普尔并不信任在社会历史领域内的总体解决方案。"总体论者不仅计划着用一种不可能的方法来研究整个社会,他们还计划着'作为一个整体'来控制和重建我们的社会。……哪怕仅仅是因为随着对社会关系的每一种新控制,我们就创造出了一大批有待控制的新社会关系。总之,这种不可能性乃是一种逻辑上的不可能性。"❸ 在这一点上,哈耶克和波普尔的观点有共同之处。哈耶克本人对社会主义的计划性有一种天生的反感,他虽然没有点名直接批判马克思,但是其理论的倾向是与马克思截然不同的。他从根本上否认至少是质疑了在整体或利用已有的计划来规划和实现每个人自由的可能性。"将整个社会都纳入根据一项统一计划构建起来的并受这种计划指导的一个单一组织系统之中,无疑会扼杀那些型构个人心智的种种力量,甚至还会扼杀那些计划出这种组织的个人心智。"❶ 从总体上看,波普尔和哈耶克是从知识论的立场上来驳斥"总体论"思维的不可能性,进而否认社会历史领域

❶ [英]波普尔著,郑一明等译:《开放社会及其敌人(第2卷)》,中国社会科学出版社1999年版,第219页注释1。
❷ [英]波普尔著,何林、赵平等译:《历史主义贫困论》,中国社会科学出版社1998年版,第66页。
❸ 同上书,第71页。
❶ [英]哈耶克著,邓正来译:《自由秩序原理(上册)》,生活·读书·新知三联书店1997年版,第39页。

的规律性和计划性之荒谬性。他们两人都看到了人的知性思维本身的不及之处，即人关于自然和社会历史领域的知识必然不是完满的。"知识只会作为个人的知识而存在。所谓整个社会的知识，只是一种比喻而已。所有个人的知识的总和，绝不是作为一种整合过的整体知识而存在的。这种所有个人的知识的确存在，但却是以分散的、不完全的、有时甚至是彼此冲突的信念的形式散存于个人之间的，因此如何能够做到人人都从此种知识中获益，便成了一个我们必须正视的大问题。"❶ 正是这不完满的关于社会和自然的知识决定了我们试图从整体上认识社会并预测社会的发展趋势是不可能的。

波普尔责备马克思的"自由人的联合体"思想是一个"乌托邦工程"。他是这样来界定乌托邦工程的方法的："任何一种理性行动必定具有特定目的。它有意识地且一以贯之地追求其目的，并且根据其目的决定所采取的手段，这同样是理性的。因此，假如我们想要理性地行动，那么选择这个目的就是我们必须做的第一件事情；而且我们小心谨慎地决定我们真正的或最终的目的，我们必须把它们同那些实际上仅仅作为达到最终目的的手段或中间步骤的中间的或局部的目的明确区分开来。……只有当这个终极目的确定之后，至少是要有粗略的大纲，只有当我们拥有了像是我们目标所系的社会蓝图一样的某种东西，只有那时，我们才能开始考虑实现它的最佳途径和手段，并制定实际行动的计划。"❷ 正是基于这个缘由，波普尔把马克思的"自由人的联合体"乃至整个思想界定为他所谓的自柏拉图以来的"乌托邦工程"。波普尔是一个彻底的经验现实主义者，尤其在社会科学领域，他不信奉任何现实的理论构思、预测和整体规划。与"乌托邦"工程相对应，他提出了所谓的"零星社会工程"的思考方法，即"零星工程将采取找寻社会上最重大最紧迫的恶行并与之奋斗

---

❶ ［英］哈耶克著，邓正来译：《自由秩序原理（上册）》，生活·读书·新知三联书店1997年版，第22页。

❷ ［英］波普尔著，郑一明等译：《开放社会及其敌人（第1卷）》，中国社会科学出版社1999年版，第291~292页。

的方法，而不是追求其最大的终极的善，并为之奋斗的方法"。❶ 笔者认为，通过以上波普尔对乌托邦工程方法的描述，波普尔把马克思的"自由人的联合体"界定为乌托邦工程是不符合马克思思想本意的。马克思并不是像波普尔所说的那样先设计一套工程蓝图，然后依据这个蓝图来着手行动。这一点正是马克思要批判的。"马克思十分谨慎，无意用艳丽的色彩来预先描绘任何一种未来社会。他完全有理由脱离其乌托邦先驱者的操作过程，而这些人往往据此把纯粹的愿望确立为未来。"❷ 这体现在马克思对以往的空想社会主义乌托邦思想家的批判上。他指出："社会的活动要由他们个人的发明活动来代替，解放的历史条件要由幻想的条件来代替，无产阶级的逐步组织成为阶级要由一种特意设计出来的社会组织来代替。在他们看来，今后的世界历史不过是宣传和实施他们的社会计划。"❸ 马克思确实是从整体❹上重建社会，即推翻资本主义制度，建立一个更加人性化的社会，在这一点上，波普尔的指认是合理的。

二、"自由人联合体"实现机制的现实挑战

马克思的"自由人的联合体"思想的最终理论关切就是使"个人""群体"和"社会"三者达到和谐共生的状态，在这个"自由人的联合体"里面，个人得到最大限度的自由和发展，个人所在的群体与此同时也得到了发展，并最终使整个社会达到进步与和谐。这个理想在资本主义社会条件下，在马克思看来，是根本实现不了的，只有到了未来理想的社会，即一个"自由人的联合体"的社会，才能实现。马克思关于"个人""群体""社会"三者如何达成和谐共生的状态这个问题的理解是整体性的，他对社会的重建也是整体性的，即从经济、政治各方面来取代资本主义社会。波普尔对马克思"自由人的联合体"思想从整体性上重建社会的思路的责备并不是完全没有道理。从马克思"自由人的联合体"思想

---

❶ ［英］波普尔著，郑一明等译：《开放社会及其敌人（第1卷）》，中国社会科学出版社1999年版，第293页。

❷ ［德］E. 布洛赫著，梦海译："马克思、直路，具体的乌托邦"，载《现代哲学》2008年第1期。

❸ 《马克思恩格斯选集（第1卷）》，人民出版社1995年版，第303页。

❹ 从社会经济、政治、文化和人的发展等方面。

的本意来看，取代资本主义的未来社会是这样一个社会，国家消亡、阶级消亡、私有制消亡，从而形成一个自由人的联合体，在这个联合体中人与自然、人与人及其人与社会之间达成一个和谐的状态，每个人的自由发展是一切人自由发展的条件。不可否认，马克思对社会的整体改造的微观机制考虑相对不足，而波普尔和哈耶克正是从知识论的基础上反思对社会进行整体式改造的可能性和复杂性。在这一点上，他们的思想是深邃的。例如，在未来社会中，国家消亡，私有制消亡后，社会发展的动力机制如何得以维系的问题并没有得到详细的反思和考量。"社会所有制是其生产关系的基础，公权失去政治性质，每个人的自由发展是一切人自由发展的条件。但是，消灭商品货币关系如何解决供需分配及由此产生的经济动力问题？如何防止公权滥用？是其留下的制度设计难题。"❶ 在马克思所设想的未来社会中，到那时每个人的个性获得自由和全面发展，并且成为一切人自由发展的条件，这个目标在社会生产力高度发展后，就能自动实现吗？马克思对人性的心理学机制及其文化机制分析相对不足，也就是说，马克思对未来社会下的人与人之间和谐关系的相互维系的条件方面并没有具体说明。在这一点上，哈耶克认为："那种认为人已然拥有了一种构设文明的心智能力、从而应当按其设计创造文明的整个观念，基本上是一种谬误。人并不是简单地赋予世界以一种由其心智所创设出来的模式。人的心智本身也是这样一种系统，它在努力使自己适应外部的过程中不断发生着变化。"❷

总体来说，波普尔和哈耶克等人的批判是尖锐的，他们的批判值得我们重视，但是完全把马克思的"自由人的联合体"思想视为美学和乌托邦的信仰，则有绝对化之嫌疑，这也是笔者试图反驳的。波普尔正确指出了"自由人的联合体"的乌托邦成分和因素，这是正确的，他洞察到了界定马克思"自由人的联合体"思想实质的理论突破口，在这一点上，

---

❶ 于喜繁："马克思恩格斯'自由人联合体'理论研究"，载《玉林师范学院学报（哲学社会科学版）》2006 年第 6 期。

❷ ［英］哈耶克著，邓正来译：《自由秩序原理（上册）》，生活·读书·新知三联书店1997 年版，第 21 页。

笔者赞同他的观点并受他的思路的启发。但是，他夸大了这一成分，并把"自由人的联合体"思想完全视为美学的浪漫空想和乌托邦的信仰，这不符合马克思的本意，是对他这一理论思想观点的过度诠释和误解，在这一点上，笔者不赞同波普尔对马克思"自由人的联合体"思想的批判。波普尔和哈耶克认识到：现实社会的复杂性，任何一种所谓的以"总体性"命名的理论都不能解决社会的所有问题。这一思想是深邃的。在他看来，解决问题要从小处着手，一点一滴地积累和做起。波普尔和哈耶克从知性思维的视角看到了整体筹划的复杂性和不可能性，他们的这一理论反映在他们社会理论中便是"总体性"思维方式的贫乏、乌托邦的空想性及其"计划"的非人性的观点。从纯粹学理上而抛开政治意识形态的立场上看，他们的这一观点对于扭转对人的理性夸大的片面认识，实实在在立足当下，一点一滴地解决问题，强调偶然因素对社会事态发展的影响，这些都具有学理上的理论意义。但是，他们在这样做的同时，也就是把理想性、希望、未来性和乌托邦因素彻底从人们的理论视野中剔除出去，并且否认了这些因素在社会历史领域中的效用和价值。"具体科学获得知识是靠试错法的，他把这种方法引用到对客观存在的整体考察，企图以此代替所谓总体论或历史主义或乌托邦。……他以为任何乌托邦都不能逃避两个缺点，一是其本身内在的矛盾，二是它必然导致暴力。"❶ 这一点尤其体现在他们对马克思的社会理想——"自由人的联合体"思想理论实质的误解，而这一误解更集中体现在他们对"乌托邦"的认识上。"乌托邦"本身果真如他们所说是完全的谬误和幻想吗？如何全面看待波普尔把马克思的社会理想冠之以"乌托邦"的称谓这一做法？要理清这些问题，首先就要理清"乌托邦"的真意并在此基础上合理全面地界定马克思的社会理想——"自由人的联合体"思想的理论实质。

---

❶ ［英］波普尔著，何林、赵平等译：《历史主义贫困论》，中国社会科学出版社1998年版，第164页、第150页。

第二节　建构性和调节性理想的内在张力*

　　针对波普尔等人对马克思的批判，本书把马克思"自由人的联合体"的思想实质界定为：反乌托邦时代的"乌托邦"。如何把马克思"自由人的联合体"思想的这一本真含义和思想实质从波普尔的过度诠释和论证中辩证批判性地解救出来？如何理解马克思的"自由人的联合体"思想是一个反乌托邦时代的"乌托邦"？马克思的学说和"乌托邦"到底是什么关系？对以上这些问题的解答首先需要重新来界定"乌托邦"的内涵。波普尔、哈耶克对马克思"自由人的联合体"思想的驳斥很大程度上与他们对"乌托邦"内涵的认识有关，所以理清"乌托邦"的内涵至关重要，并成为论证问题的核心所在。

一、"乌托邦"的本真精神

　　要理清这些问题，前提是对"乌托邦"的内涵给予澄清和说明。"乌托邦"最初含义是指一种"乌有之乡"，就是一种理论的空想，并不存在的一种理想状态。"'乌托邦'（Utopia）这个词本身就是据古希腊语虚造出来的，六个字母中有四个元音，读起来很响，指的却是'无何有之乡'，不存在于客观世界。"❶ 发展到近代，学者们对"乌托邦"含义的界定更加宽泛。曼海姆把"乌托邦"和"意识形态"视为两种具有超越性情境的观念类型："有两种主要的超越情境的观念类型，与各种与情境相一致的适当的观念形成了对照，它们就是意识形态和乌托邦。"❷ "超越性"是"乌托邦"的重要理论特质，具体说来，这种"超越"意指试图超越当下情境的一种意向。在"超越性"这一点上，曼海姆认为"乌托邦"和"意识形态"的理论特质是相同的。他通过把乌托邦和意识形态进行比较，来凸显并界定乌托邦的特性。他认为，乌托邦的形成依托于意识形态。"社会生活的各种具体的实际形式，却是以这些与现实不一致的

---

　　* 本小节内容发表于《南京师大学报》2012年第2期。
　　❶ ［英］托马斯·莫尔著，戴镏龄译：《乌托邦》，商务印书馆1982年版，第3页。
　　❷ ［德］曼海姆著，艾彦译：《意识形态与乌托邦》，华夏出版社2001年版，第231页。

'意识形态'的心灵状态为基础建立起来的。只有这样一种不一致的取向此外还倾向于破坏现存秩序所具有的各种纽带的时候，它才会变成乌托邦的心灵状态。……我们就可以把每一种现存的和不断发展的社会秩序称为'topia'，这样，这些充满希望和发挥某种革命作用的意象就会变成乌托邦。"❶ 可见，在曼海姆看来，"乌托邦"是一种心态，一种具有"超越性"的心态，而这种"超越性"具体是指一种试图超越当下的社会情境的状态。在此基础上，具有这样一种超越性的取向并且还倾向于破坏现存秩序所具有的各种纽带的时候，这种思想才能称为"乌托邦"。"意识形态"则相反，曼海姆列举了意识形态的三个表现形式，即"理论无意识""阶级局限性"和"自欺"三个状态。具体来说就是"在把现存的历史现实转化成与它们自己的观念更加一致的现实的过程中，通过进行对抗性活动在某种程度上取得了成功的意识形态"。❷ 依照曼海姆思想的逻辑，任何一门理论或学说如果处于一种对当下现实情景的"超越"状态，即一种尚未实现或有待实现的社会理想或理论诉求，那么，从一般的意义上而言，我们就把这个社会理想或理论诉求称为："乌托邦"或者"意识形态"。曼海姆对乌托邦的这种界定颇具独创性和启发性，他对乌托邦的界定是宽泛的，并以一种中立的立场来看待乌托邦，这使他不同于以往人们对乌托邦的传统界定。波普尔并不像曼海姆那样宽容地看待"乌托邦"，他把"乌托邦"本身视为一种危险的方法，这种方法极易导致独裁和专政，基于此，他认为："乌托邦主义者试图实现一种理想的国家，他使用作为一个整体的社会蓝图，这就要求一种少数人的强有力的集权统治，因而可能导致独裁。"❸ 雅各比试图捍卫我们时代的乌托邦精神，在"乌托邦"被许多西方学者视为极权主义、专政的代名词的形势下，提出了他对乌托邦的理解。他把乌托邦思想的传统特征分为两种类型，即"蓝图派"

❶ ［德］曼海姆著，艾彦译：《意识形态与乌托邦》，华夏出版社 2001 年版，第 229 ~ 230 页。
❷ 同上书，第 232 页。
❸ ［英］波普尔著，郑一明等译：《开放社会及其敌人（第 1 卷）》，中国社会科学出版社 1999 年版，第 295 页。

乌托邦传统和"反偶像崇拜"的乌托邦传统。针对前者，他指出："一种相反的权力主义的倾向，即精确地规划人们应该怎样生活的倾向也是乌托邦思想的特征。我们称之为乌托邦思想的'蓝图'（blueprint）传统。这一类乌托邦主义者往往规定：乌托邦的居民应该什么时候醒来，他们该穿什么，午饭应该吃多长时间。当自由的各种精确维度受到限定时，自由本身也将衰落。我们认为，这种'蓝图'传统已经寿终正寝了。要详尽无遗地描绘出一个乌托邦社会将会是什么样子，这是再也不可能，或者说再也无法预期的事情了。"❶ 接着针对后者，雅各比指出："我们称之为'反偶像崇拜的'乌托邦主义者，从字面意义来看，反偶像崇拜者指的是这样一些宗教信徒，他们摧毁神的偶像或形象。从其更为流行的意义来看，反偶像崇拜者指的是这样一些人，他们逆潮流而动，挑战种种盛行的真理。……不仅仅是因为他们在理智上不墨守成规，而且还因为他们拒绝将未来具像化。……虽然未来拒斥表述，然而它并没有蔑视希望。反偶像崇拜思想家都是反潮流的乌托邦主义者。他们并不屈服于日常的紧急情况。他们也不用光彩夺目的颜色描绘未来。他们让自己的耳朵敞开着，谛听从远处传来的和平与欢乐的声音。"❷ 在他看来，"乌托邦"内含了人们的一种精神寄托和理想，这种精神寄托和理想是人的信仰和感情维系之所在，是不可剥夺的。曼海姆也表达了他对未来社会乌托邦的精神可能会缺失而被现实主义所取代这个社会现象的忧虑。"乌托邦成分在人类思想和人类行动之中的完全消失意味着，人类的本性和发展将会呈现出某种全新的特征。乌托邦的消失会导致某种静态的事态——就这种事态而言，人本身将会变得与事物没有什么不同。……人类由于放弃了各种乌托邦而可能失去其塑造历史的意志并且因此而失去理解其历史的能力。"❸

综上各思想家对"乌托邦"内涵的论述，波普尔对"乌托邦"所具有的危险性的担忧并不无道理，他的分析是冷静的，他看到了乌托邦的消

---

❶ ［美］拉塞尔·雅各比著，姚建彬译：《不完美的图像——反乌托邦时代的乌托邦思想》，新星出版社 2007 年版，第 4 页。

❷ 同上书，第 5 页、第 12 页。

❸ ［德］曼海姆著，艾彦译：《意识形态与乌托邦》，华夏出版社 2001 年版，第 302 页。

极方面，这也符合事实。然而，他过于强调乌托邦的负面效应，把乌托邦完全等同于极权主义和专制，这个观点难免绝对化。曼海姆对"乌托邦"秉承一种中立和宽容的精神，通过对乌托邦和意识形态的比较式阐发，他开辟了一条从观念学和社会形态学对乌托邦的独特阐释的思维路径，这是值得借鉴的。雅各比对乌托邦的辩证分析和理性分类是深刻的，他用历史的眼光看待乌托邦，对乌托邦的历史、传统和内容进行了全景式的阐述。笔者认为，当今社会，人们的追求日益多元化，对崇高理想的追求被当下的现实物质利益所遮蔽，人们还是需要一些"超越性"的乌托邦情结的。但是，在信仰乌托邦的同时，对其随时保持必要的警觉，用社会的现实发展状况来反思、约束它。正如曼海姆所说，"关于应当认为什么是意识形态成分，什么是乌托邦成分的标准。这种标准就是它们的实现状态。那些被后来的事实证明只不过是对某种已经成为过去的，或者对潜在的社会秩序的歪曲反映的观念，都是一些意识形态观念；而那些在后来的社会秩序中得到适当实现的观念则是相对的乌托邦观念。"❶ 这里所谓的"相对的乌托邦"就是具有实现的可能性，或者已经部分实现的状态存在。这一界定是较为新颖的。布洛赫对"乌托邦"的界定截然不同于波普尔等人，"布洛赫把'乌托邦'确定为 20 世纪哲学的基本概念，因为乌托邦是人类改造现实的能动原则，也是人类发展必不可少的精神支柱和希望之源。"❷ 在布洛赫心中，"乌托邦"本身并不可怕，可怕的是人们缺失了"乌托邦"的理想、希望和超越维度。"乌托邦的作用是每一个当下社会憧憬未来的依据。乌托邦是有待实现的希望，而人类恰恰是由希望支撑着的，对未来的希望意识决定未来的发展方向。人类应该对未来抱有希望，没有希望人类就归于灭亡。"❸ 宗教学家蒂里希从其独特的宗教学视角把乌托邦的本质界定为一种在过去中为自己创造基础，既着眼于过去，又关照未来的被想象为未来的理想事物，同时，也被投射为过去的"往昔之

---

❶ ［德］曼海姆著，艾彦译：《意识形态与乌托邦》，华夏出版社 2001 年版，第 242 页。

❷ 金寿铁：《真理与现实——恩斯特·布洛赫哲学研究》，同济大学出版社 2007 年版，第 47 页。

❸ 梦海："布洛赫的希望哲学与马克思主义"，载《哲学动态》2005 年第 12 期。

光"，并把乌托邦分为"向前看的乌托邦"和"向后看的乌托邦"。❶ 在蒂里希看来，乌托邦的原型为基督教意义上的"不死乌托邦"。乌托邦本身并非完全意义上的神秘主义，乌托邦本身的存在之必然性在于人之本性的存在方式。乌托邦本身具有其积极的意义，表现在：乌托邦表现了人的本质，显示了人本质上所是的那种东西；凸显了对事态发展的预见性和可能性的追思，并具有改造已有事物的潜能。尽管蒂里希也看到了乌托邦的消极意义，即忘却了人的有限性、关于人性本身的夸大和虚假性及其无效性和软弱力，但是，他还是对乌托邦本身充满了信心和期待，即提出了保留乌托邦的积极性而消解它的消极性的方法并指出超越乌托邦本身的只有乌托邦的精神。❷ 美国思想史家赫茨勒在其《乌托邦思想史》一书中从历史发展和思想史的角度对乌托邦的发展史、发展阶段和表现形式、乌托邦作用的积极性和消极性等问题给予了较为详细的梳理和阐释。他把乌托邦明确地界定为："各种乌托邦的根本之点在于阐述作者用以实现完美的社会理想的方法。这种渴求理想的精神表现为明确的建议或起推动作用的行动。我们称之为乌托邦思想。"❸

二、形而上学的终极追求和人类情怀

基于以上思想家对"乌托邦"的阐释，本书对"乌托邦"的界定是：把乌托邦视为一种生存样态和精神，把它视为一种调解人们思想的一种指示器，一种精神的养料，它是一种社会批判的模式和方法，一种出于人性的形而上追求从思维层面上对现实生活的认识、憧憬。"乌托邦"在当今社会的名声似乎不是很好，人们一提到它，就感觉是在言说一种无法实现的空想的事情。很多西方学者都把乌托邦和专政、极权主义勾连起来。在对待乌托邦精神上，要有一种宽容精神。毫无原则地贬低或者夸大"乌托邦"精神都是一种意识形态式论说。在这一点上，曼海姆和雅各比为合理

---

❶ ［德］保罗·蒂里希著，徐钧尧译：《政治期望》，四川人民出版社 1989 年版，第172 页。

❷ 同上书，第 200～216 页、第 217～230 页相关内容。

❸ ［美］乔·奥·赫茨勒著，张兆麟等译，南木校：《乌托邦思想史》，商务印书馆 1990 年版，第 258 页。

认识和界定"乌托邦"提供了经典范例。但对乌托邦秉持中立和宽容的同时，要保持必要的警觉性，在这一点上，波普尔的理论值得借鉴。在对"乌托邦"的基本含义界说和评判之后，现在重点阐释在前面提出的问题，即如何理解马克思的"自由人的联合体"思想是一个反乌托邦时代的"乌托邦"，如何全面看待马克思的社会理想与"乌托邦"的关系。

依照曼海姆对乌托邦的界定，任何一门理论或学说如果处于一种对当下现实情景的"超越"状态，即一种尚未实现或有待实现的社会理想或理论诉求，那么，从一般的意义上而言，就把这个社会理想或理论诉求称为"乌托邦"或者"意识形态"。依据曼海姆的这一说法，马克思的"自由人的联合体"思想无疑是一种乌托邦，因为"自由人的联合体"思想本身就内含一种追求理想社会的理论诉求。不仅如此，马克思的"自由人的联合体"思想也体现了一种探求未来理想社会的方法论和理论态度。但问题不仅仅是指出这一点，指出马克思的"自由人的联合体"思想是一个乌托邦并不是问题的全部，问题的实质在于是一种什么样的乌托邦，这个乌托邦与以往空想社会主义的乌托邦有何质的区别，以及马克思的社会理想与乌托邦关系的实质。厘清这几个问题是界定马克思的"自由人联合体"思想本质的几个重要方面。关于马克思"自由人的联合体"与乌托邦的关系，学者们争论不休，主要有两种观点：一种观点认为马克思彻底解构了乌托邦，他的思想就是对乌托邦的反叛和彻底解构。另一种观点是马克思的思想是一个乌托邦，虽然他旗帜鲜明地反对以往的乌托邦式的空想社会主义者。第一种观点有把马克思以"自由人的联合体"思想所表征的社会理想完全科学化的理论倾向，而排除了马克思社会理想的超验和社会批判维度。第二种观点有把马克思的社会理想完全理想化和浪漫化的理论倾向，而排除了马克思社会理想本身所内含的现实历史感。总之，这两种观点都有失片面性，没有抓住马克思"自由人的联合体"思想的理论思想实质和本真意蕴。这里试着提出这样一个观点以区别于以上两种观点：马克思的"自由人的联合体"思想的理论实质是一个反乌托邦时代的"乌托邦"。这个表面看有些悖论的表述其实并不矛盾，但需要有所说明和界定。所谓的反"乌托邦"的时代是针对马克思彻底解构了它那个时代的德国人在社会历史观上固有的唯心主义和观念史观。同时，也是针对马克思彻底解构了传统的英法的空想社会主义思想所具有的理论空想性和臆断性。从这个意义上说，马克思是对他所生活的那个时代和理论思潮——"乌托邦"时代——的反叛。在这里，"乌托邦"一词过多的是一种富有修辞和指代的特点，它指代的是一个时代的理论特征和社会思潮的特点。后一个乌托邦是从广义上对乌托邦含义本身的界定，即乌托邦不仅是一种空想，而且是一种生活方式、社会批判的方法和一种形而上的追求精神。关于这一点，上文关于乌托邦概念的历史阐释过程中有明确论述。马克思彻底解构了传统意义上的乌托邦（纯粹的空想和猜测），而拯救出了乌托邦的本真精神和精髓——批判性、预测性和改造性。马克思以其关于现实的人及其历史发展的科学的唯物主义社会历史观对乌托邦进行了升华和改造，使乌托邦富有历史现实感。马克思反对他那个时代和理论思潮并不意味着反对彻底解构"乌托邦"本身。通过把马克思的"自由人的联合体"思想的实质界定为反"乌托邦"时代的乌托邦可以更为全面地理解马克思本人社会理想的本真精神和实质。

马克思的心中还是有意或无意地存有一丝"乌托邦"❶的情结。乌托邦在马克思的视域中主要是一种考察、研究社会现实的一种态度，一种方法论的自觉，而并非抽象的形而上的理论建构。关于这一点，达伦·韦伯（Darren Webb）的指认切中主题。他认为，"尽管从整体上来看马克思促成了一定程度的乌托邦类型的形成这一事实不可否认，但是我们也要强调这样一个事实，马克思绝不是有意地构建一种关于未来社会的乌托邦"。❷达伦·韦伯把马克思与乌托邦的关系视为一种所谓的偶然的乌托邦主义（Accidental Utopianism）。尽管他认为马克思思想与乌托邦已经彻底决裂，但这并不妨碍他对马克思和乌托邦之间关系的深刻洞察和理解。"简而言之，把马克思对乌托邦主义的态度的实质理解为对乌托邦一味地否定这个观点是不准确的。马克思在其文本的诸多地方，除了对其进行批判以外，

---

❶　从广义上理解它的内涵。

❷　Darren Webb, *Marx, Marxism and Utopia*, Aldershot: Ashgate Pbulishing Ltd, 2009, p. 139.

还对乌托邦社会主义的成就给予赞同和认可。而且，在马克思思想中有一个观念结构，该观念结构致使他对乌托邦采取了不同的看法。马克思对第一代乌托邦社会主义较之他们后来继任者给予了更高的评价，同时马克思对乌托邦主义者著作的批判性维度较之他们的体系建构而言评价相对较高。"❶ 戴维·莱蒂（David Leopold）坚信青年马克思思想中存在乌托邦因素，并认为马克思并没有完全解构乌托邦，同时，他还认为，青年马克思对乌托邦主义者的蓝图构想的否定是不幸的，因为乌托邦主义者的蓝图构想是必要的，是不可否定的。戴维·莱蒂在一定程度上洞察到了马克思对乌托邦的真实态度，但笔者对他的看法有所保留，笔者不认为马克思对乌托邦主义者的蓝图构想的批判是不幸的，恰恰正是这一点使他与传统的乌托邦主义者区分开来。在这一点上，雅各比把乌托邦传统分为"蓝图派"和"反偶像崇拜派"两个传统。关于这两个传统的特点，上文已有所论述，这里不再赘述。需要强调一点的是，虽然雅克比在该书中没有明确提到马克思本人与乌托邦的关系，但是他对"乌托邦"思想传统的深刻认识和划分，为我们理解马克思的"自由人的联合体"思想的理论实质及其这个思想与乌托邦的关系提供了理论借鉴，即应该如何看待马克思"自由人的联合体"思想的理论实质与乌托邦的关系。依照雅各比对"乌托邦"的论述逻辑来看，马克思应该属于"反偶像崇拜的乌托邦思想家"阵营中一分子。这个观点抓住了马克思"自由人联合体"理论思想实质的核心所在。马克思的"自由人联合体"思想的理论实质就是这样一个"乌托邦"，也就是反乌托邦时代的"乌托邦"。以往大多数人都是从狭隘、传统的意义上来阐释马克思的"自由人的联合体"与乌托邦的联系，而没有从广义上来理解马克思的"自由人的联合体"思想与乌托邦的关系。马克思一生都在反对乌托邦的空想，但反对乌托邦的空想并不等于完全否定乌托邦对未来的憧憬和向往，并不等于完全否认乌托邦的这一具有超越性的理论特质。"马克思主义业已提示了到期的历史趋势，按照这一

---

❶ David Leopold, *The Young Karl Marx—German philosophy, modern politics, and Human Flourishing*, Cambridge：Cambridge University Press, 2007, p. 288.

历史趋势中的基本路线，马克思主义远离所有抽象的乌托邦思维；但是，正如马克思本人认为的一样，并非不是乌托邦，而是一开始就不使某物更加陈旧、不合时宜：走向具体的乌托邦。”❶ 具体来看，这个“具体的乌托邦”不是任意一种脱离现实的抽象和空想，而是有其稳固的基础的。“而这种稳固基础在于历史物质，甚至在于自然物质本身的具体的开放性之中。正像客观—现实的可能性用巨大的潜势把现存的现实事物围了起来一样，这种可能性也恰恰献给我们以人的希望——潜能及其类世界潜力的联系。”❷

马克思对以往的乌托邦的看法持一种宽容的、历史的辩证法的态度。在《共产党宣言》中针对以往的空想社会主义和共产主义的学说，马克思指出：“诚然，他们也意识到，他们的计划主要是代表工人阶级这一受苦最深的阶级的利益。在他们心目中，无产阶级只是一个受苦最深的阶级。……这种对未来社会的幻想的描绘，在无产阶级还很不发展、因而对本身的地位的认识还基于幻想的时候，是同无产阶级对社会普遍改造的最初的本能的渴望相适应的。但是，这些社会主义和共产主义的著作也含有批判的成分。这些著作抨击现存社会的全部基础。因此，它们提供了启发工人觉悟的极为宝贵的材料。”❸ 恩格斯《社会主义从空想到科学的发展》中也对以往的空想社会主义者的乌托邦思想给予了具有历史原则高度的评价，即“处处突破幻想的外壳而显露出来的天才的思想萌芽和天才的思想”。❹ 在《法兰西内战》中，针对巴黎公社的工人阶级所实施的一系列措施，马克思指出：“从工人阶级运动成为现实运动的时刻起，各种幻想的乌托邦消逝了——这不是因为工人阶级放弃了这些乌托邦主义者所追求的目的，而是因为他们找到了实现这一目的的现实手段——取代乌托邦的，是对运动的历史条件的真正理解以及工人阶级战斗组织的力量的日益

---

❶❷ ［德］E. 布洛赫著，梦海译：“马克思、直路，具体的乌托邦”，载《现代哲学》2008 年第 1 期。

❸ 《马克思恩格斯选集（第 1 卷）》，人民出版社 1995 年版，第 303～304 页。

❹ 恩格斯：《社会主义从空想到科学的发展》，人民出版社 1997 年版，第 42 页。

积聚。"❶ 可见，马克思对空想社会主义者的乌托邦倾向进行了激烈的批判，他批判的重点在于乌托邦的脱离历史条件的任意空想，马克思在这里所批判的乌托邦是一种他所说的空想的乌托邦，而并非乌托邦本身。"马克思主义与乌托邦主义的区别不在于要不要'乌托邦'，而在于要什么样的乌托邦。……与抽象的乌托邦主义不同，马克思主义立足于现在，盘点过去，指点未来，并动员现实的社会力量去改变旧世界，建设新世界。"❷

此外，对马克思"自由人的联合体"思想，即"反乌托邦时代的'乌托邦'"这一理论实质的理解，还可以从这样一个角度来进一步解释："自由人的联合体"是一个"问题域"。所谓"问题域"就是对这样一些问题的集合：它是对"面向每个人的自由发展的可能性及其条件的问题的思考"。总体来看，马克思的"自由人的联合体"思想都是围绕这一中心问题展开的。具体来说，它融马克思的"政治理论""历史理论""经济理论"和"哲学理论"于一体，其涉及的问题也相应地包括"政治问题"：社会在何种条件下，超越国家，实现一个无阶级的社会；"历史问题"：历史发展到何种程度，资本主义作为一个制度的消除及其未来社会实现的问题；"经济问题"：基于何种社会条件下，社会才能超越私有制、实行社会所有制并在此基础上重建个人所有制；"人学问题"：社会具备什么条件，每个人的自由和全面发展、每个人"自由个性"的解放、"个人"和"共同体"和谐共存才能成为可能。马克思"自由人的联合体"关注的就是如何实现一个符合以上各个条件的可能的社会，也就说是它重点关注的是实然问题，即这个社会如何实现，实现的可能性和现实性的根基。当然，实然问题中必然蕴含着对应然问题的思考维度，即为何要实现这样一个社会。这两种思考问题的方式是不冲突的，它统一于马克思的"自由人的联合体"思想中。马克思关于未来社会的思考，即对未来社会的期许并不是像波普尔说的那样是一种对历史发展的单纯预测，更为合理的说法毋宁说是，马克思试图对未来社会的发展趋向给予一种期许，这种

---

❶ 《马克思恩格斯选集（第3卷）》，人民出版社1995年版，第108页。

❷ 金寿铁：《真理与现实——恩斯特·布洛赫哲学研究》，同济大学出版社2007年版，第56页。

期许是有现实基础和根基的，这种趋向并不等于严格的必然性和计划性。正像波普尔自己所承认的那样，"趋向是存在的。或者更确切地说，对趋向的假设往往是一种很有用的统计学方法"。❶ 马克思晚年对俄国农村公社是否会跨越"卡夫丁大峡谷"的设想，就体现了这一思维取向。资本主义制度在马克思看来必然要消亡，但是具体消亡的时间，马克思并没有明确指出。"这种把趋势当作规律来看待的构想，仅仅被认为是前所未有地体现在马克思的经济学而不是整个'历史科学'里。在这个意义上，我们宁可认为，马克思谈到的趋势与引起事物发展变化的规律性或模式无关。"❷ 马克思对"未来"社会的期待并不是一种像传统乌托邦主义者那样，具体地建构和描述未来社会的景象，而是在对现实社会的研究和批判之基础上而探求未来社会得以实现的条件之可能性，未来社会发展的可能性和条件是马克思"自由人的联合体"思考的重心所在。"新思潮的优点又恰恰在于我们不想教条地预期未来，而只想通过批判旧世界发现新世界。……如果我们的任务不是构想未来并使它适合于任何时候，我们便会更明确地知道，我们现在应该做些什么，我们指的就是要对现存的一切进行无情的批判。"❸ 马克思把他的这一理论方法的精神运用于对"共产主义"的研究上。"共产主义对我们来说不是应当确立的状况，不是现实应当与之相适应的理想。我们所称为共产主义的是那种消灭现存状况的现实的运动。这个运动的条件是由现有的前提产生的。"❹ 在对未来共产主义的认识上："其原因与其说是，共产主义比以往任何时代都美好，倒不如说它是一个有着最大的可能性的社会。"❺ 波普尔对马克思"自由人的联合体"思想的责备的关键在于他误解了马克思的社会历史理论的方法及其马克思的社会理想与"乌托邦"关系的实质。马克思不赞同对"未来"进行详细的规划和设计，但并不等于对未来没有预期和期待。他的历史理

❶ ［英］波普尔著，何林、赵平等译：《历史主义贫困论》，中国社会科学出版社 1998 年版，第 101 页。

❷ 张文喜："论马克思的'未来'概念的现实性基础"，载《江汉论坛》2008 年第 3 期。

❸ 《马克思恩格斯全集（第 47 卷）》，人民出版社 2004 年版，第 64 页。

❹ 《马克思恩格斯选集（第 1 卷）》，人民出版社 1995 年版，第 87 页。

❺ 张文喜："论马克思的'未来'概念的现实性基础"，载《江汉论坛》2008 年第 3 期。

论从其方法论意义上是奠基在现实的历史考证和经济学的实证分析基础之上的，这也体现了马克思"自由人的联合体"思想的"具体性"，而非"抽象性"，这就决定了他的历史理论具有得以实现的"可能性"和"正当性"。马克思的"自由人的联合体"思想从其研究的方法和研究内容而言，他是基于"现实"和"具体"层面的研究，而从其意向和旨趣的角度而言，他是基于"未来"的视域来洞察现实的社会。"马克思在时代史的意义上并且着眼于未来把握当前时代人的意识本身就含有这样的意义：这种把握能够领会到自己已经同那些在现实世界之内向它照面的未来和可能性的存在缚在一起了。这种把握典型地是以对时代的一种批判开始的。"❶

三、社会行动与实现机制的进一步思考

前文虽然指出马克思的"自由人的联合体"思想理论重心不在于对未来社会的单纯预测，而是集中讨论未来社会何以可能这样的问题重心，但可能性并不等于现实性，这里并不是无原则地为马克思"自由人的联合体"思想辩护。通过以上对马克思"自由人的联合体"思想的论述使我们认识到马克思"自由人的联合体"思想的这一理论实质，但这只是理解问题的第一步，而不是问题的全部。接下来，还需要认真反思波普尔所提出的问题。只有做到这两点，认识问题才算全面，才能从本质上反思和理解马克思"自由人的联合体"思想的真真切切的理论实质。

现代西方经济学的社会选择理论及其社会心理学承接波普尔和哈耶克的观点也都探讨了这个问题，即"社会整合、人与人之间团结合作的机制问题"。正是这一理论关注为后来人责备马克思的"自由人的联合体"思想抓住了口实，正因这一点，麦金太尔对马克思的"自由人的联合体"思想中关于自由的个人如何联合的内在机制给予了驳斥。"他所刻画的是'一个自由的个人的共同体'；这些自由的个人全都自由地赞成生产资料的公有制，以及各种各样的生产与分配的准则。这种自由的个人被马克思描述成了社会化了的鲁滨逊；但是，马克思没有告诉我们，他是在什么基

---

❶ 张文喜："论马克思的'未来'概念的现实性基础"，载《江汉论坛》2008 年第 3 期。

础上进入与他人的自由的联系的。马克思主义在这样一个关键问题上留下了一道空白，后来的马克思主义者没有谁充分地填补过它。无怪乎抽象的道德原则与功利事实上就是马克思主义者所诉诸的联合原则。"❶ 马克思在一定意义上对未来社会"自由人的联合体"下采取何种联合机制才能保证每个人的自由发展与一切人自由发展不相冲突及其每个个人之间的和谐关系如何来维系这样的问题思考相对简单化。他看到了一个联合体得以维系的道德情感因素，但他把马克思对未来社会的设想做了"个体主义"和"功利主义"的解读，这一点是偏颇的。马克思恰恰是反对资产阶级经济学家"个体主义"和"功利主义"的研究方法和态度的。但马克思确实是对维系联合体得以可能的道德情感因素没有作为一个单独的影响因素突出出来。在这一点上，探讨的空间仍然很大。哈贝马斯也不满意马克思的这个理论思路，并责备马克思是一个客观主义者，而忽视了文化、人与人之间的交往机制等因素，故哈贝马斯试图用他的交往行为理论来重建马克思"自由人的联合体"思想所致力于解决的问题，他试图开辟一条新的路径来重建资本主义时代的危机，重整人与社会的和谐共生。在最终实现未来社会"自由人的联合体"的理论指向上，哈贝马斯与马克思的理论目标是一致的。他的学生韦尔默也表达了他对马克思"自由人的联合体"思想的质疑。"就社会互动和共同意志的形成而言，与黑格尔形成对照，除了最抽象的表达，马克思并未形成可以让他阐述现代工业社会条件下的个人的自由联合观念的范畴。因此，这种观念是与作为马克思的分析对象的阶级统治体系抽象地对立的。"❷ 韦尔默把马克思的"自由人的联合体"思想视为一种纯粹的理念建构，而不具有任何现实可操作性的组织性和原则性。他认为马克思并没有解决黑格尔所遗留下来的自由的建制化问题。"这种自由联合的观念同时发挥着指定在马克思看来是已经内在于资本主义社会的后资本主义的社会形成类型的'理论'作用，它只能通

---

❶ ［美］麦金太尔著，宋继杰译：《追寻美德——伦理理论研究》，译林出版社 2003 年版，第 332～333 页。

❷ ［德］阿尔布莱希特·韦尔默著，应奇等编译：《后形而上学现代性》，上海译文出版社 2007 年版，第 65 页。

过一种内在的范畴错误被理解，也就是被理解为共产主义社会的组织原则的详尽阐述。但是如果它被理解为一种组织原则，就意味着否认在资本主义已经被废除之后，还有任何自由的建制化的问题。于是，生产者的自由联合的观念最终被证明是对于集体生产过程的乌托邦的观点，这种生产过程的统一性与和谐将从解放了的个人的制度上无中介的互动中自动地出现。然而，不管这种乌托邦的观点有什么样的价值，很明显，马克思从来没有表明这是一种内在于资本主义社会的危机机制和发展趋势的历史的观点，他也不可能表明这一点。"❶ 韦尔默对马克思"自由人的联合体"思想的指责确实看到了这一思想的问题所在，即马克思对"自由人的联合体"思想关于如何处理"个人""群体"和"社会"辩证发展的社会整合方案的具体操作层面考虑不足。但是，以此把马克思对未来的"自由人的联合体"社会的论证看成是抽象的、远离现实的，完全看成是一种乌托邦构想，而否定这一思想所蕴含的社会历史现实感和针对性，这显然是对马克思这一思想理解简单化了。理清这一问题，有必要弄清楚马克思"自由人的联合体"思想的真正理论关切正是要达成"个人""群体"与"社会"最大限度的和谐共生。在这个意义上，马克思还是从唯物史观出发分析了"个人""群体"和"社会"何以能够达成和谐共处的理论机制问题，尽管对这一机制的探讨在今天看来需要进一步说明。

第三节　"个人""群体""社会"和谐共生的本真意蕴

马克思"自由人的联合体"思想的理论旨趣在于实现一个消灭剥削、消除异化、实现"每个人"的自由和发展的未来理想社会。在这个理想社会中，"个人"作为有个性的个人得到彻底解放；"群体"从整体上作为一个阶级从压迫他们的社会中解放出来；"社会"不再作为"个人"和"群体"的对立物，而是作为"个人"和"群体"得以发展的理论平台。

---

❶　[德] 阿尔布莱希特·韦尔默著，应奇等编译：《后形而上学现代性》，上海译文出版社2007年版，第65~66页。

"个人""群体"和"社会"三者关系的和谐共生共同构成"自由人的联合体"思想的深层理论关切。在马克思的思想这一理论关切视域内，关于"个人""群体"和"社会"能够达成和谐共生的内在理论逻辑可以表述为：追求每个人的自由和全面发展是马克思"自由人的联合体"思想最终落脚点，而要实现每个人的自由和全面发展，就要依靠一个群体的解放来实现；这个群体的解放就是无产阶级的解放；无产阶级这个特殊群体的解放，代表着整个人类的解放，因此无产阶级的解放关涉到实现整个社会的和谐进步和发展。

一、"个人""偶然的个人"和"自由个性的个人"

"每个人"的自由和发展是"自由人的联合体"思想的理论出发点和落脚点。"个人"获得充分和自由的发展，即获得"自由个性的人"是马克思"自由人的联合体"思想的深层理论关切。追求"个人"的自由发展和解放滥觞于马克思早年的博士论文，其随后的思想发展都没有离开过这一思想倾向。马克思为什么要把追求个人的自由和发展作为其思想的出发点和落脚点，在笔者看来，是因为"个人"在马克思的思想视域中具有生存论维度意义上的生存本体论意义和价值维度意义上的价值终极关怀双重韵味。

从生存论的维度上理解马克思的"个人"思想，也就是说，马克思和恩格斯是从社会历史的发展的生成论基础和个人生存和生活的物质前提的双重意义上立足主客观的双重视角来对待"个人"这个概念的。个人活动构成历史发展的根本动力。"历史什么事情也没有做……创造这一切、拥有这一切并为这一切而斗争的，不是'历史'，而正是人，现实的、活生生的人。'历史'并不是把人当作达到自己目的的工具来利用的某种特殊的人格。'历史'不过是追求自己目的的人的活动而已。"❶ 在致帕·瓦·安年科夫的信中，马克思针对蒲鲁东的唯心主义历史观指出："生产力是人们应用能力的结果……人们的社会历史始终只是他们的个体

---

❶ 《马克思恩格斯全集（第2卷）》，人民出版社1957年版，第118~119页。

发展的历史。"❶ 在对共产主义的特征及其现实基础的相关论述中，马克思指出："共产主义所造成的存在状况，正是这样一种现实基础，它使一切不依赖于个人而存在的状况不可能发生，因为这种存在状况只不过是各个人之间迄今为止的交往的产物。"❷

个人的生活离不开自然和社会。❸ "人靠自然界生活。这就是说，自然界是人为了不致死亡而必须与之处于持续不断的交互作用过程的、人的身体。所谓人的肉体生活和精神生活同自然界相联系，不外是说自然界同自身相联系，因为人是自然界的一部分。"❹ 个人为了生活必须进行生产活动。"全部人类历史的第一个前提无疑是有生命的个人的存在。因此，第一个需要确认的事实就是这些个人的肉体组织以及由此产生的个人对其他自然的关系。……个人怎样表现自己的生活，他们自己就是怎样。"❺ 关于人的本质问题，马克思有所界定。"人的本质不是单个人所固有的抽象物，在其现实性上，它是一切社会关系的总和。"❻ "个人"并不是离群索居自然存在物，"个体是社会存在物。……人是一个特殊的个体，并且正是他的特殊性使他成为一个个体，成为一个现实的、单个的社会存在物，同样，他也是总体，观念的总体，被思考和被感知的社会的自为的主体存在。"❼ 马克思在《资本论》中对"个人"有时候是采用经济范畴的人格化形式，但是马克思最后的落脚点还是"个人"的发展。这也凸显了马克思对"个人"生存意义上的价值关切。他还针对在商品交换条件下之"个人"的发展被抹杀这一现象指出："个人从属于像命运一样存在

---

❶ 《马克思恩格斯选集（第4卷）》，人民出版社1995年版，第532页。
❷ 《马克思恩格斯选集（第1卷）》，人民出版社1995年版，第122页。
❸ 关于社会的概念下文将会仔细辨析。
❹ 《马克思恩格斯全集（第3卷）》，人民出版社2002年版，第272页。
❺ 《马克思恩格斯选集（第1卷）》，人民出版社1995年版，第67~68页。
❻ 同上书，第56页。如何理解这一命题，有学者提出不同看法，"一切社会关系的总和，仍然是一个抽象的界定，人们在引证它时只是意在强调社会关系的重要性，由此完全可以合法地延伸出结构主义和决定论的观点。'人的本质是一切社会关系的总和'这一命题所要表达的深层含义实际上是将对现实社会的批判矛头由对人性的简单谴责转向社会体制，而并非像那种简单化的理解，把它看作是对人的本质的科学定义。"具体参见：魏小萍：《追寻马克思——时代境遇下马克思人类解放理论逻辑的分析和探讨》，人民出版社2007年版，第4~5页。
❼ 《马克思恩格斯全集（第3卷）》，人民出版社2002年版，第302页。

于他们之外的社会生产；但社会生产并不属于把这种生产当作共同财富来对待的个人。"❶

上述引文集中说明了马克思对人之个体本性的理解，而这个理解是从人类历史的发展过程和人类作为个体的当下生存样态这两个方面给予阐发。但是，马克思对个人的本性理解不仅仅局限于生成论和生存论的视角，除此之外，马克思还从价值规范维度意义上来界定人的个体本性。

马克思在《1844 年经济学哲学手稿》中对"个人的类本性"是这样界定的："一个种的整体特性、种的类特性就在于生命活动的性质，而自由的有意识的活动恰恰就是人的类特性。"❷ 这句话表露出马克思对"个人的类本性"的先验设定的思想倾向，具有强烈的价值规范韵味。个人与生俱来就具有自由自觉的活动特性吗？这在马克思看来是毋庸置疑和无须论证的。"人以一种全面的方式，就是说，作为一个总体的人，占有自己的全面的本质。"❸ 马克思为什么要说人一定要以一种全面的方式来占有自己的全面的本质，因为这对马克思来说是一个具有本体论意义上的命题，其理论逻辑不可推翻。马克思在《德意志意识形态》中对有关"自由个性的个人"的阐述，也凸显了其价值维度意义上的人文关怀。"自由个性的个人"是与"阶级的个人""偶然的个人"相对应，而与这三种个人密切相关的则是其所处的共同体的性质和组织运行方式。"只有在共同体中，个人才能获得全面发展其才能的手段，也就是说，只有在共同体中才可能有个人自由。"❹ 所谓的"阶级的个人"和"偶然的个人"所处的共同体是一种虚假的共同体。"在过去的种种冒充的共同体中，如在国家等等中，个人自由只是对那些在统治阶级范围内发展的个人来说是存在的，他们之所以有个人自由，只是因为他们是这一阶级的个人。……由于这种共同体是一个阶级反对另一个阶级的联合，因此对于被统治的阶级来

❶ 《马克思恩格斯全集（第 30 卷）》，人民出版社 1995 年版，第 108 页。
❷ 《马克思恩格斯全集（第 3 卷）》，人民出版社 2002 年版，第 273 页。
❸ 同上书，第 303 页。
❹ 《马克思恩格斯选集（第 1 卷）》，人民出版社 1995 年版，第 119 页。

说，它不仅是完全虚幻的共同体，而且是新的桎梏。"❶ 对于马克思来说，只有在真正共同体下的个人的自由才是他所说的有"自由个性的个人"。只有"在真正的共同体的条件下，各个人在自己的联合中并通过这种联合获得自己的自由"。❷马克思紧接着具体指出在这样的真正共同体中，作为具有"自由个性的个人"的具体联合方式，即"在控制了自己的生存条件和社会全体成员的生存条件的革命无产者的共同体中，情况就完全不同了。在这个共同体中各个人都是作为个人参加的。它是各个人的这样一种联合，这种联合把个人的自由发展和运动的条件置于他们的控制之下"。❸马克思把处于阶级统治下的"个人"称为"偶然的个人"，即作为共同体的成员不是作为个人参加，而是作为阶级中的一员参加，并且没有把个人自由得以形成和发展所需的条件置于他们每个人的控制之下。"偶然的个人"并不是没有"个性"的个人，在马克思看来，"这不应当理解为，似乎像食利者和资本家等等已不再是有个性的个人了，而应当理解为，他们的个性是由非常明确的阶级关系决定和规定的"。❶ 可以看出，马克思是从历史发生学的视角来看待"个人的自由个性"及其"有个性的个人"与"偶然的个人"之间的差别。"有个性的个人与偶然的个人之间的差别，不是概念上的差别，而是历史事实。在不同的时期，这种差别具有不同的含义。"❺ 尽管马克思总是试图从历史发生学的视角来具体地看待"自由个性的个人"，但其对"有个性的个人"和"自由个性的个人"的阐述蕴含着丰富的价值关怀维度和价值规范意蕴，"自由个性的个人"内含价值规范、批判和引导的功能。

  "个人"在马克思的思想中具有多重规定性，主要体现在其"个人"在马克思的思想视域中具有生存论维度意义上的生存本体论意义和价值维度意义上的价值终极关怀双重韵味。这也是马克思要把追求个人的自由和解放作为其"自由人的联合体"思想乃至整个思想的出发点和理论落脚

---

❶❷ 《马克思恩格斯选集（第1卷）》，人民出版社1995年版，第119页。

❸ 同上书，第121页。

❶ 同上书，第119页。

❺ 同上书，第122页。

点的原因。然而，要达成每个人的自由发展和解放仅仅靠个人的努力便可实现吗？马克思对这一问题是如何看待的呢？关于这一点，下文将对这个问题予以阐释。

二、"群体"与"阶级"*

马克思并不认为个人具有承担每个人的自由和发展的能力和条件，能够承担每个人的自由和发展的必须是一个阶级群体。

"个人隶属于一定阶级这一现象，在那个除了反对统治阶级以外不需要维护任何特殊的阶级利益的阶级形成之前，是不可能消灭的。……但是，在这方面，他们只是做了像每一个挣脱了枷锁的阶级所做的事，此外，他们不是作为一个阶级解放出来的，而是零零散散地解放出来的。"❶所以，马克思对个人自由和解放的追寻期望于以一个阶级群体的解放为中介，只有这个阶级群体彻底解放，个人的自由、发展和解放才能成为可能及其现实。马克思追寻"个人"的自由和解放需要一个主体为其奠基，这个主体可以称为"群体"。"由内在理性支撑起来的个人注定不能普遍地完成自我拯救的重任。马克思在否定了个人主体自我拯救的逻辑之后转向了群体主体的自我拯救之路。"❷"群体"在马克思思想中并不是一个由众多个人简单汇聚在一起的称呼用语，而是一个具有共同追求和意向所组成的"阶级"群体。"阶级"性是"群体"的重要组成特征。所以，澄清马克思的"阶级"概念是理解"群体"的关键，相反，要想澄清马克思的"阶级"概念的内涵必须要借助于某个群体。

总体来看，马克思虽然在其著作中界定过"阶级"这一概念，但没有专门对"阶级"这一问题进行详尽的理论阐释。❸他把"阶级"规定为

---

* 本小节部分内容已发表在《华中科技大学学报（社科版）》2011 年第 3 期。

❶ 《马克思恩格斯选集（第 1 卷）》，人民出版社 1995 年版，第 118 页、第 120 页。

❷ 刘森林：《追寻主体》，社会科学文献出版社 2008 年版，第 238～239 页。

❸ 马克思在 1852 年给魏德迈的信中，对阶级进行了较为明确的界定。"阶级的存在仅仅同生产发展的一定历史阶段相联系；阶级斗争必然导致无产阶级专政；这个专政不过是达到消灭一切阶级和进入无阶级社会的过渡……"见《马克思恩格斯选集（第 4 卷）》，人民出版社 1995 年版，第 547 页。从根本意义上来说，马克思是从"物质生产"的角度界定阶级，把"生产"和"阶级"的生成紧密联系起来。

一个特定的群体,正如埃尔斯特对马克思的"阶级"概念的界定:"阶级必须被定义为潜在的集体行动者。……一个阶级必须是这样一群人,他们借助其占有的东西被迫从事同样的活动。"❶ 埃尔斯特对马克思"阶级"的概念的阐释较为宽泛,但抓住了问题的实质,即把"阶级"理解为一个特定的群体和潜在的集体行动者,这个界定非常准确和到位。马克思眼中的"阶级"❷ 所代表的特定群体,就是这样一个特定的群体:"就在于形成一个被带上彻底的锁链的阶级,一个并非市民社会阶级的市民社会阶级,形成一个表明一切等级解体的等级,形成一个由于自己遭受普遍苦难而具有普遍性质的领域,这个领域不要求享有任何特殊的权利,因为威胁着这个领域的不是特殊的不公正,而是一般的不公正,它不能再求助于历史的权利,而只能求助于人的权利,……最后,在于形成一个若不从其他一切社会领域解放出来从而解放其他一切社会领域就不能解放自己的领域。总之,形成这样一个领域,它表明人的完全丧失,并因而只有通过人的完全回复才能回复自己本身。社会解体的这个结果就是无产阶级❸这个特殊等级。"❶ 马克思随后在《神圣家族》《共产党宣言》和《德意志意

---

❶ [美]乔恩·埃尔斯特著,何怀远等译:《理解马克思》,中国人民大学出版社 2008 年版,第 307 页、第 313 页。

❷ "阶级"在马克思思想中是一个"历史性"概念,凡是具有共同意向和利益冲突所构成的一个群体,从广义上都可以称为阶级。具体详见《马克思恩格斯选集(第 1 卷)》,人民出版社 1995 年版,其中《德意志意识形态》第 90～91 页、第 117 页相关论述和《共产党宣言》第 272 页、第 294 页及《共产主义原理》第 230 页、第 232 页相关论述。

❸ 马克思认为,真正革命的阶级是随着资本主义大工业的发展而产生的与资产阶级对立的阶级,即无产阶级。这里需要强调一点的是,并不像一些西方学者和宗教人士所声称的那样:马克思的无产阶级概念具有基督教末世论的神学情结,无产阶级就是神在人间的代言人。这个观点可见于[英]格鲁内尔著,隗仁莲译:《历史哲学——批判的论文》,广西师范大学出版社 2003 年版,第 105 页相关论述。洛维特也持这种观点。他认为,马克思把无产阶级看做通过一场世界革命实现全部历史的末世论目标的世界历史工具。只有从这种普遍和末世论的视角出发,马克思才能够把无产阶级看成是未来历史的"心脏"。参见[德]卡尔·洛维特著,李秋零译:《世界历史与救赎历史》,上海人民出版社 2006 年版,第 62 页、第 64 页。这是对马克思的无产阶级概念的误解。马克思的无产阶级概念完全是一个"历史生成"的概念,它本身是一个历史学和社会学范畴,而不是神学范畴。关于这一点,他在《神圣家族》中指出:"如果社会主义的著作家们把这种具有世界历史意义的作用归之于无产阶级,那么这决不像批判的批判硬要我们相信的那样是由于把无产者看作神的缘故。"见《马克思恩格斯全集(第 2 卷)》,人民出版社 1957 年版,第 44～45 页。

❹ 《马克思恩格斯全集(第 3 卷)》,人民出版社 2002 年版,第 213 页。

识形态》等著作中，对"无产阶级"及其解放的条件进行了阐述和说明。
"与此同时，还产生了一个阶级，它必须承担社会的一切重负，而不能享
受社会的福利，它被排斥于社会之外，因而不得不同其他一切阶级发生最
激烈的对立；这种阶级形成全体社会成员中的大多数，从这个阶级中产生
出必须实行彻底革命的意识，即共产主义的意识。……完成这个革命的是
这样一个阶级，它在社会上已经不算是一个阶级，它已经不被承认是一个
阶级，它已经成为现今社会的一切阶级、民族等解体的表现。……联合的
行动，至少是各文明国家的联合的行动，是无产阶级获得解放的首要条件
之一。……最强大的一种生产力是革命阶级本身。革命因素之组成为阶
级，是以旧社会的环境中所能产生的全部生产力的存在为前提的。……随
着各城市间的联系的产生，这些共同的条件发展为阶级条件。同样的条
件、同样的对立、同样的利益，一般来说，也应当在一切地方产生同样的
风俗习惯。"❶ 马克思从无产阶级本身的阶级特征、历史使命及其阶级意
识和联合行动等方面指出了无产阶级解放的条件。"共产主义是关于无产
阶级解放的条件的学说"，❷ 而无产阶级解放条件的获得是每个被压迫阶
级获得自由发展和解放的前提。"被压迫阶级的解放必然意味着新社会的
建立。"❸

　　马克思关于人的解放的理论观念逻辑可表述为：自我意识和自由的彰
显——群体（无产阶级的解放）——每个人及其整个人类的解放。当然，
这一理论逻辑是表层的，其内在深层的理论逻辑是：生产力的高度发展，
人与人社会交往关系的扩大等条件。这里需要特别指出的两个问题是：
"阶级"作为一个群体获得行动和解放的可能性；"阶级"❹ 的解放在何种
程度上可以确保在阶级这个群体中所在的每个人乃至整个人类都获得自由
和解放，如何结合当今时代的新问题更为全面和理性看待马克思上述关于

---

❶　《马克思恩格斯选集（第 1 卷）》，人民出版社 1995 年版，第 90～91 页、第 291 页、第
194 页、第 117 页。
❷　同上书，第 230 页。
❸　同上书，第 194 页。
❹　这里主要指无产阶级。

人的解放的理论逻辑。

关于第一个问题，涉及阶级作为一个群体获得解放的内在机制问题。"阶级"作为一个群体获得解放，各种外在因素都会影响阶级中个人的选择和动机，进而决定"阶级"能否作为一个集体而行动。因此，在这个意义上，埃尔斯特断言："马克思并没有更多地想过为集体行动提供微观基础的问题。"❶ 从埃尔斯特以上这段话可以看出，现代西方经济学的公共选择理论，从经济学的角度考虑了这一点，即考虑了个人在追寻共同利益时个人的联合成本及可能发生的囚徒效应问题。❷ "马克思的阶级行动表现出大型潜在集团❸在争取实现集体目标时所具有的特点……就像在任何大型潜在集团中一样，阶级中的每个人会发现如果实现共同目标所必需的成本或牺牲由他人承担，这对他有利。'阶级立法'根据定义只有利于整个阶级，而不是针对阶级中的某一个人，因此它不能激励个体采取有'阶级觉悟'的行动。"❶ 奥尔森主要从个人的偏好、效用及其成本方面考察了具有共同利益的个人在追求其共同利益时所可能出现的一些障碍，并认为马克思低估了阶级作为一个整体共同行动的复杂性。这一驳斥有一定的理论说服力。但是，需要说明的是，马克思并不是全然没有意识到阶级行动的复杂性，马克思在《路易·波拿巴的雾月十八日》等著作中对社会中各个阶级和同一阶级内部各个阶层的深入细致地分析，并由此说明波

---

❶ [美] 乔恩·埃尔斯特著，何怀远等译：《理解马克思》，中国人民大学出版社 2008 年版，第 342 页。

❷ "囚徒效应"问题是现代西方经济学或博弈论及公共选择理论中的一个极有代表性的问题，其涉及个人在一定环境下个人选择倾向的问题，埃尔斯特把马克思的阶级行动理论理解为一种囚徒困境问题。它涉及任何一个试图将其自身组织起来的组织或者群体要面对的一系列问题。参见 [美] 乔恩·埃尔斯特著，何怀远等译：《理解马克思》，中国人民大学出版社 2008 年版，第 336 页。在马克思的理论视域中，这一方面的问题是关于无产阶级作为一个群体得以解放的可能性问题。

❸ 奥尔森认为，由于集团越大，任何个体或集团中的任何小子集能获得的总收益的份额就越小，他们从集体物品中获得收益就越不足以抵消他们提供哪怕是很小数量的集体物品所支出的成本，由此决定大型集团下个人的行动集体产品的成本较之小集团较高，即集团成员数量越大，组织成本就越高，这样在获得任何集体物品前需要跨越的障碍就越大。具体参见 [美] 奥尔森著，陈郁等译：《集体行动的逻辑》，上海人民出版社 1995 年版，第 35～40 页。

❶ [美] 奥尔森著，陈郁等译：《集体行动的逻辑》，上海人民出版社 1995 年版，第 129 页。

拿巴如何在这些阶级相互制约所造成的客观情势下登上历史的舞台。另外，他也看到了工人的自相竞争妨碍了无产者作为一个阶级的形成。他侧重于从资本主义阶级对抗和矛盾冲突不可调和的前提下来看待阶级斗争和阶级解放，并且是从一种宏观的社会历史发展视角来看待阶级斗争和解放。赖特对马克思阶级分析方法的评论较为中肯，他认为马克思虽然没有系统回答什么是阶级的问题，但是他的著作中充满了阶级的分析。针对马克思的阶级分析方法和特点，他指出："这一著作（《资本论》——笔者注）的大部分涉及了两个问题：对阶级关系的抽象结构构图的描述，和对阶级作为行为主体的具体事态构图的分析。其中前一种分析关注的是这样的方法，即生产的社会组织方式决定了一个由阶级关系中的空白位置所组成的结构……第二种分析并不像前者那样关注阶级结构，而是关注阶级结构中的人们组织成为集体来参与斗争的方式。对阶级构成的这种分析主要见之于马克思的政治和历史著作，在这些著作中马克思试图弄清有组织的群体性社会力量之间的相互作用，以解释特定的历史变革。"❶赖特对马克思阶级分析方法特征的概括较为准确和全面，并启发我们如何正确看待马克思的阶级理论。马克思的阶级理论在解释社会冲突方面的历史效力并没有失效，但是需要补充和完善。当今资本主义社会并不像马克思生活的那个年代，明显存在资产阶级和无产阶级简单的二元对立状态，而是阶级构成越来越复杂，中间阶层不断出现，这远非简单可以用资产阶级和无产阶级对立就能说明。"无产阶级只是一种身份，阶级群体只是一种群体。除此之外还有性别、种族等固定身份和各种'××族'等非稳固性身份。"❷奥尔森对马克思阶级理论和方法的责难虽然存在片面性，但其对在新的历史条件下，从多个角度，尤其是从经济角度进一步完善和发展马克思的阶级理论具有警示作用。

关于第二个问题，关系到如何看待阶级解放、个人解放和人类解放的关系问题。具体到马克思的思想视域中来说，就是如何评判马克思关于无

---

❶ ［美］埃里克·欧林·赖特著，刘磊、吕梁山译：《阶级》，高等教育出版社 2006 年版，第 6~7 页。

❷ 刘森林：《追寻主体》，社会科学文献出版社 2008 年版，第 242 页。

产阶级解放和个人或人类解放的关系。这个问题对理解"马克思自由人联合体"思想的理论关切，即"个人"和"群体"何以可能共生，尤为重要和关键。这也涉及对马克思关于人的解放理论能否实现这样一个重大问题。对马克思来说，资产阶级社会存在人与人相对抗、物奴役人的现象。"个人"被束缚在一个特定阶级下而成为"偶然的个人"和"丧失个性"的人。所以，马克思把个人的解放依托于一个大公无私，能够彻底摆脱阶级束缚的阶级群体，这个群体就是无产阶级。在很大程度上，在寻求和对待无产阶级的解放这一点来说，马克思是一个"反讽主义者"。❶

如果结合马克思提出无产阶级解放之当时历史的时代背景和条件，可以看出，马克思并没有彻底把无产阶级绝对化，无产阶级只不过是历史过程中一个特定的阶级群体，以"无产阶级"的解放来求得这个阶级群体内的每个人乃至整个人类的解放这一理论路径，对马克思来说也是在一个具体的社会条件下所寻求的理论路径，因为"无产阶级"本身也是特定历史阶段的产物。这也符合马克思本人对人、历史和社会事件的历史辩证法研究思路。❷ 这也许就是罗蒂所谓的"反讽"的真实韵味，罗蒂在对"反讽主义者"的界定中所体现的理论倾向无疑在很大程度上适合马克思，尤其是强调群体（无产阶级）解放的马克思。所以，理解马克思的阶级解放、个人解放和人类解放的关系，不能将这重关系形而上学化和凝固化。阶级斗争理论只有在阶级冲突较为明显的社会，这个命题才具有明

---

❶ 所谓"反讽"，罗蒂论述得最为充分，他认为，"反讽主义者"必须符合下列三个条件：（1）由于他深受其他语汇——他所邂逅的人或书籍所用的终极语汇——所感动，因此他对自己目前使用的终极语汇，抱持着彻底的、持续不断的质疑。（2）他知道以他现有语汇所构作出来的论证，既无法支持，也无法消解这些质疑。（3）当他对他的处境做哲学思考时，他不认为他的语汇更接近实有，也不认为他的语汇接触到了在他之外的任何力量。……我们称这一类人为"反讽主义者"，因为他们知道任何东西都可以透过再描述而显得是好或是坏，而且他们不再企图把终极语汇间的选择判准罗列出来。由于始终都意识到他们自我描述所使用的词语是可以改变的，也始终意识到他们的终极语汇以及他们的自我是偶然的、纤弱易逝的，所以他们永远无法把自己看得很认真。参见：［美］理查德·罗蒂著，徐文瑞译：《偶然、反讽与团结》，商务印书馆2003年版，第105～106页。

❷ 有学者把马克思的"阶级"（主要是指无产阶级）概念理解为一种具有"中介性"的建构性的理论学说。参见：张盾：《马克思的六个经典问题》，中国社会科学出版社2009年版，第257～269页。

显的理论效力。罗蒂对"反讽主义者"的理论洞见是深刻的。"反讽主义者与形而上学家不同,他拒绝用终极语汇来充当公共生活的凝合剂,而是认为,自觉承认每一个人的'终极词汇'的有限性,乃是一个自由社会的公民的主要品德,同时也是公共生活达成真正统一的前提。"❶ 当然,罗蒂过于强调"偶然因素",而忽视"必然因素",过于强调"实用思维"而忽视"价值思维",这一点也需要认真识别。

另外,需要进一步追问的是,在阶级冲突较为明显的社会,阶级的解放是否必然意味着这个阶级所在群体内的每个人的解放。这涉及经济解放、政治解放和人类❷解放三者之间的关系,尤为重要的是,这涉及对阶级群体中个人的社会心理学的分析。要实现马克思心目中的"自由人的联合体",经济解放、政治解放和人类的解放三者应该是有机统一的,三者共同构成未来"自由人的联合体"得以实现的条件。马克思用一种"历史"和"辩证"的眼光来看待三者之间的辩证统一关系。政治解放是经济解放和人类解放的中间环节,经济解放是基础,政治解放是关键,而人类的解放是终极目标。由于"阶级"作为某一特定的群体,所以理解"群体"的自身的理论特性对理解"阶级"的理论特性必将有所启发。法国社会心理学家勒庞对"群体"特征的心理学分析可谓经典至极。

> 从心理学的角度看,"群体"一词却有着一种十分不同的重要含义。在某些既定的条件下,并且只有在这些条件下,一群人会表现出一些新的特点,它非常不同于组成这一群体的个人所具有的特点。❸

勒庞要表达的意思是,不能把"群体"的特征简单地等同于"群体"中所包含的"个体"的特征,由此决定了"群体"的意愿和解放并不必然是"群体"中的所有"个体"的意愿和解放。勒庞的分析充分考虑了"群体"中"个体"的异质性特性,这个分析是冷静和具有说服力的,可

---

❶ 贺来:《边界意识和人的解放》,上海人民出版社 2007 年版,第 222 页。
❷ 这里重点强调是每个人的解放。
❸ [法] 古斯塔夫·勒庞著,冯克利译:《乌合之众——大众心理研究》,广西师范大学出版社 2007 年版,第 45 页。

以据此来看马克思对"阶级"群体特性的分析。

> 同样的条件，同样的对立、同样的利益，一般说来，也应当在一切地方产生同样的风俗习惯。❶

需要指出的是，马克思在这里过于简单地理解了群体内在的异质性，但并不是说，马克思完全没有意识到群体内在的异质性。马克思在《共产党宣言》中，对形形色色的各种无产阶级及其内部各阶层的分析就是明显的表现。

> 承认马克思和恩格斯仅仅迈出了第一步，他们看到了经济与文化发展的相互关系。马克思低估了人的感情的复杂性，他没有充分认识到人的本性有其自身的需要和规律……由于缺乏令人满意的心理学的洞察力，马克思没有充分认识到人的性格，也没有意识到一个事实，他没有充分看清根植于人的本性和人的生存环境，并且是人的发展的最大推动力的感情和奋斗精神。但是，这些缺陷是片面的局限，就像我们在每一个创造性的科学思想中发现缺陷一样，马克思和恩格斯自己也意识到了这些局限。❷

弗洛姆对马克思思想特征的指认是客观的，马克思并不相信人的情感、性格等因素可以独自决定社会历史发展的进程，他并没有专门对人的情感、性格等因素对历史发展的作用做详细的阐释，他总是侧重于把人的情感等因素放在历史的发展进程中，放到社会经济发展过程中思考，这就是弗洛姆驳斥马克思的缘由。马克思确实对从个人心理学的视角来思考社会历史发展估计不足，具体来说，就是对"阶级"群体中所包含的阶级成员的个体思想体验缺少明确的关注。

> 关于马克思试图证明社会主义目标的不可避免性的说服力和正确性还必须说上几句。……这的确不是对有意识或下意识实际感情的真

---

❶ 《马克思恩格斯选集（第1卷）》，人民出版社1995年版，第117页。

❷ ［美］埃里希·弗洛姆著，蒋重跃等译：《健全的社会》，国际文化出版公司2003年版，第224～225页。

实阐述。我们宁可称它是以社会进化逻辑的真实或虚假的启示来代替实际感情的一种企图。由于他这样做了，由于他把自己的术语 "阶级意识" 很不现实地说成是群众自发的，他无疑歪曲了工人的真实心理（工人心理主要想成为小资产阶级，希望政治力量帮助他达到那个地位）。❶

熊彼特认为，马克思歪曲了工人阶级的心理。他进一步解释说："他也许非常了解群众的特点，他的目光注视社会目标，远远高于群众，超越群众所想所要的境界和目标。他还从不以他自己所定的任何理想教导群众，这样的虚夸作风是他不曾想到的。正如每一个真正的先知都说他自己是上帝的卑微的代言人一样，马克思同样只宣讲历史辩证过程的逻辑。"❷ 马克思忽视了工人具有 "阶级意识"，即想成为小资产阶级这样的阶级意识，正是在这个意义上，熊彼特说马克思歪曲了工人阶级的心理，并把马克思称为 "先知"。❸ 这显然不符合事实，马克思在《德意志意识形态》《共产党宣言》相关部分对 "阶级意识" 对本阶级的形成及其历史作用都有明确阐述。❹ 马克思也对当时的德国流氓无产阶级和小资产阶级根本不屑一顾。虽然我们可以不赞同熊彼特的结论，但是，他对马克思关于工人阶级群众的观点是具有启发性的。"群众并不是觉得被损害和受剥削，但为其制作观点的知识分子一直告诉他们，他们在被损害和剥削，而没有任何精确的东西说明这一点。没有这个用语，马克思即使想做也做不出什么来。他的功绩和成就是，他看出在他之前充当群众思想的老师试图用来说明剥削如何发生，而且今天甚至仍为寻常激进分子提供武器的各种不同论点的弱点。"❺ 熊彼特看到了马克思分析问题的心理学维度的不足，马克

---

❶ [美] 约瑟夫·熊彼特著，吴良健译：《资本主义、社会主义与民主》，商务印书馆 1999 年版，第 47 页。

❷ 同上书，第 48 页。

❸ "先知" 在熊彼特眼中是一个中性词汇，而非贬义或褒义。

❹ 《马克思恩格斯选集（第 1 卷）》，人民出版社 1995 年版，第 90~91 页、第 291 页、第 194 页、第 117 页。

❺ [美] 约瑟夫·熊彼特著，吴良健译：《资本主义、社会主义与民主》，商务印书馆 1999 年版，第 73 页。

思也确实在具体分析问题的时候很少关注心理层面的问题。❶ 熊彼特仅仅发现了问题的表面，而没有找到问题的所在。而弗洛姆更进一步看清了问题的所在，他结合社会经济、心理及其意识形态诸因素之间的相互关系，从社会心理学的维度提出了他的"社会性格与社会发展进程"的理论学说，他在《逃避自由》一书中指出："社会性格是理解社会进程的关键概念之一。从分析心理学的动态意义上讲性格是一种特殊形式，其中人对某一既定社会的特定生存方式的动态适应需求把人的精力塑造成了那种特殊形式。性格反过来又决定着个人的思想、感觉和行动。"❷ 弗洛姆试图从社会心理学的视角来推进马克思的社会进程学说，这个视角是对马克思关于"阶级"群体所包含的对"个人"心理学体验这一维度所关注不足的一种补充。弗洛姆试图为马克思的"阶级"解放和"个人"解放关系的学说乃至其思想的整个价值诉求寻求"心理学"的源泉和基础。"每个这样的概念和每个学说都有一个情感的源泉，这个源泉则根植于个人的性格结构中。……思想都有情感源泉，这是一个重要的事实，因为它是理解一种文化之精神的关键。不同的社会或同一社会中的不同阶级都有特殊的社会性格，不同的思想观念正是在此基础上发展并强大起来的。"❸ 弗洛姆强调一个"阶级"群体的性格特征（包括个人性格特征），具有影响其本"阶级"群体接受乃至实施某些他们所认同思想的广度和深度，进而决定了"阶级"解放和行动在多大程度上能真正达到"阶级"所在群体中的"个人"的解放。弗洛姆结合希特勒上台后，德国劳动工人对德国共产党态度的变化这一历史事实，得出这样一个结论："某些群体，由于他们社会性格的特殊性，会有意识地接受某些思想，但又不会真的受这些思想影响。这些思想仍是他们有意识信念的一部分，但关键时刻，人却没有能根据这些信念行动。"❶ 弗洛姆的这个论断是理性和客观的，这也启迪我们

---

❶ 需要指出和强调的是，马克思主要从经济和历史的分析看待心理问题，并不是完全缺失心理分析的维度。

❷❸ ［美］埃里希·弗洛姆著，刘林海译：《逃避自由》，国际文化出版公司 2000 年版，第 188 页。

❶ 同上书，第 189 页。

反思要使马克思的"阶级"群体的行动和解放与"个人"的行动和解放完全一致所需要考虑的条件，即除了经济利益动因之外，还包括"个人"的情感和性格等心理学因素。❶ 马克思试图借助"阶级"（无产阶级）的解放以此来追寻"阶级"中所在的"每个人"乃至整个人类的解放，这一理论目标的实现需要我们给予多角度和多维度的阐发、补充和说明，但是马克思这一理论的整体逻辑是在当今仍具有时代效应，仍不乏理论的深刻性和规范性意蕴。

三、"社会""共同体"与"人类解放"

马克思以追求"每个人"的解放为起始点，到以某一"群体"❷的解放为理论中介，最后达成人类的解放，❸ 而所有这些目的的实现都离不开在一定的"社会"中实现。"社会"既是"个人""群体"辩证发展及和谐共生的理论生成物，又是"个人"的自由、解放和"群体"的自由、解放的理论平台。因此，理清马克思的"社会"概念对理解"自由人的联合体"思想的理论关切，即"个人""群体"和"社会"的和谐共生关系尤为必要。

马克思对社会的理解并不是采用"实体论"的思维方式，其表现在"'社会'被理解为一种与生物'有机体'相类似的'存在物'。从而，'社会'可以被当作'生物有机体'来进行'解剖'和'分析'……'社会'依然是被当作一个'实体'来进行研究和分析，其中蕴含着的人类'实践'活动和批判内涵也被消解了，'社会'被当作一个排除'价值'判断的'客体'存在物，也被当作一个无须反思批判的'体系结构'，建立在这一理路上的'社会'概念最终演变成为一系列'知识'和'原理'根本无法触动现实人类生活。"❹ 在笔者看来，"社会"在马克思视域中是一个"关系"和"功能性"概念，而非"实体性"概念。"'社

---

❶ 这里弗洛姆运用精神分析的方法，提出他的所谓"权威主义性格"的许多特质，是弗洛姆对纳粹主义形成机制的一个心理学理论创见，具体参见［美］埃里希·弗洛姆著，刘林海译：《逃避自由》，国际文化出版公司 2000 年版，第六章"纳粹主义心理学"。

❷ 下文所提到的"群体"在本段中都狭义地指"无产阶级"。

❸ 这里主要是指每个人的自由和全面发展。

❹ 卞绍斌：《现代性视域中马克思的社会概念》，吉林大学博士学位论文 2008 年。

会'是一个构造性和生成性的概念,而非一个实体概念。它仅仅存在于所建构它的个人之中。"❶ 马克思对"社会"是这样界定的:"生产关系总和起来构成所谓社会关系,构成所谓社会,并且是构成一个处于一定历史发展阶段上的社会,具有独特的特征的社会"。❷"社会"并不是外在于人的特殊存在物,而是"人们交互作用的产物"。❸ 所谓"人们交互作用的产物",要表达的意思是在"社会"这个人与人交互作用的产物中,"个人"的发展是和"社会"的发展并行不悖的。"社会"❹ 并不是天生就与个人相对立的存在物,"人们具有彼此互为作用的职能,正是职能的这种相互关联而不是别的什么,才是我们所称的'社会'"。❺"社会"也不是由一群毫无关联的单个个人所组成,"因此,社会性质是整个运动的普遍性质;正像社会本身生产作为人的人一样,社会也是由人生产的。……首先应当避免重新把'社会'当作抽象的东西同个体对立起来。"❻

可见,马克思一直都把"社会"当作个人发展的非对立面看待,并且想方设法避免使"社会"与"个人"对立起来。当然,这蕴含了马克思的理论价值诉求,如何才能保证"社会"不与"个人"相对立呢?马克思求助于通过一个特定的群体的斗争和解放,即无产阶级的解放,以此来消灭私有制,进而废除资产阶级国家,达成一个"自由人的联合体"。"自由人的联合体"是"社会"发展的最高层次,只有在这样一个层次

---

❶ Carol C. Gould, *Marx's Social Ontology: Individual and Community in Marx's Theory of Social Reality*, Cambridge, Mass: MIT press, 1978, p. 36.

❷ 《马克思恩格斯选集(第1卷)》,人民出版社1995年版,第345页。

❸ 《马克思恩格斯选集(第4卷)》,人民出版社1995年版,第532页。

❹ 埃利亚斯认为,人们之所以先验地把"个人"和"社会"对立起来是由于人们先天的情感和价值判断使然。社会不仅产生类型化和一致化,也产生个体化。"个人"和"社会",即人的"个体性"和"社会性"只不过是互为联系的人的功能的两个不同方面。另外,他还对人们基于意识形态的考虑而把"社会"和"国家"对立起来的理论倾向做了批评。他认为,"社会"和"国家"并不是外在地,而是内在地互为关联。"国家"的概念和"社会"一样,"国家"和"社会"两者都内在地触及个人、触及人类的问题,而不是完全不关心个人,纯粹就事论事。详见:[德]诺贝特·埃利亚斯著,翟三江、陆兴华译:《个体的社会》,译林出版社2008年版,第63页、第213页。

❺ [德]诺贝特·埃利亚斯著,翟三江、陆兴华译:《个体的社会》,译林出版社2008年版,第17页。

❻ 《马克思恩格斯全集(第3卷)》,人民出版社2002年版,第301页。

上,"个人"才不至于和"社会"相对立。可见,马克思也赋予"社会"以"本体论"意义上的价值关切。另外,马克思也把社会看成个人得以发展、人与自然之间、人与人之间相互连接的纽带。"活动和享受,无论就其内容或就其存在方式来说,都是社会的活动和社会的享受。自然界的人的本质只有对社会的人来说才是存在的,因为只有在社会中,自然界对人来说才是人与人联系的纽带,才是他为别人的存在和别人为他的存在。只有在社会中,自然界才是人自己的人的存在的基础,才是人的现实的生活要素。只有在社会中,人的自然的存在对他来说才是自己的人的存在,并且自然界对他来说才成为人。"❶ 在马克思看来,"社会"并不是与生俱来的"和谐共生物","社会"本身并不必然意味着"和谐"。恰恰相反,作为"社会"特定发展阶段的社会组织形式,资产阶级社会内部蕴含着极大的不和谐因素,两大社会阶级的冲突日益明显,人的"异化"状态日益严重,人的发展的不平衡、不自由状态日益加深。马克思想寻求一个"自由人的联合体"来代替充满矛盾和冲突的旧的资产阶级社会。"社会"的和谐状态是一个不断探索、争取和实践的历史过程。❷ "关于'整体',我们一般的是将它想象为某种多少是和谐的东西。但人类的社会群体生存却充满了矛盾、敌对和冲突。……然而,社会却不是具有这样可直观到的形态;它们不具有能让我们直接在空间看到、听到或把握到的结构。作为整体来看,社会向来或多或少是非封闭的:不论人们从何处着手观察它们,它们在时间的视域内,即是说在从过去到未来的向度上,始终是开放的。"❸ 滕尼斯把人类群体生活归结为两种理论类型:"共同体"和"社会"。他进而通过概括出两者的本质的不同而把两者截然分离开来。"关

---

❶ 《马克思恩格斯全集(第3卷)》,人民出版社2002年版,第301页。

❷ 马克思在《1844年经济学哲学手稿》中对"社会"概念的表述,无疑含有先验价值预设的理论倾向,即"'社会'是人同自然界的完成了的本质的统一,是自然界的真正复活,是人的实现了的自然主义和自然界的实现了的人道主义"。可见,马克思此时受费尔巴哈的类哲学的影响,此后,马克思不再过多地从"类哲学"的先验性视角,而更多的是侧重于从社会学和历史学的视角来看待"社会"这个概念。

❸ [德]诺贝特·埃利亚斯著,翟三江、陆兴华译:《个体的社会》,译林出版社2008年版,第13页。

系本身即结合，或者被理解为现实的和有机的生命——这就是共同体的本质，或者被理解为思想的和机械的形态——这就是社会的概念。……人类社会被理解为相互独立的个人的一种纯粹的并存。共同体是持久的和真正的共同生活，社会只不过是一种暂时的和表面的共同生活。因此，共同体本身应该被理解为一种生机勃勃的有机体，而社会应该被理解为一种机械的聚合和人工制品。"❶ 在笔者看来，滕尼斯以"共同体"❷为理论参照，把"社会"理解为一种"目的联合体"及其一种机械的聚合、人工制品和表面的生活这样一种观点，在其理论语境中可能是成立的，但是如果进一步思考，"社会"就不是一种机械的聚合和人工制品了。"社会"是"个人""群体"的和谐共生的理论生成物，"社会"不仅是"个人""群体"两者得以发展的理论平台，也是人们所孜孜以求的人与人、人与群体和谐发展的理想状态。这里关键的问题是"共同体"与"社会"在马克思视野里的联系和区别。其实，"共同体"与"社会"，对马克思来说，两者内涵和外延都大体相当，只不过有时候在不同场合针对不同问题，表述上有所不同，在他看来，真正的共同生活即真正的"共同体"的生活，也就是人与人、人与群体相和谐的"社会"的理想状态的生活。与滕尼斯不同的是，鲍曼并没有像滕尼斯那样一厢情愿地认同"共同体"的完美和正当，而是把"共同体"视为人们理想中所期冀和追求的目标，并对"共同体"得以形成和维持的可能性表示了担忧。"'共同体'意味着的并不是一种我们可以获得和享受的世界，而是一种我们将热切希望栖息、希望重新拥有的世界。……'共同体'成了失去的天堂——但它又是一个我们热切希望重归其中的天堂。"❸鲍曼结合现代社会日益发展的多元化，认识到了共同体得以实现的困难所在，并试图"对提议和尝试的

---

❶ ［德］斐迪南·滕尼斯著，林荣远译：《共同体与社会》，商务印书馆1999年版，第52～54页。

❷ 在滕尼斯看来，共同体是靠血缘来维系，带有一种与生俱来的休戚与共的亲密感，社会则是靠人们的利益来维系，带有一种人工制造的感觉。

❸ ［英］齐格蒙特·鲍曼著，欧阳景根译：《共同体》，江苏人民出版社2007年版，第4页。

解决办法存在的机遇和危险作出评估"。❶

鲍曼对"共同体"得以实现的态度是谨慎的,马克思所理解的"共同体"与鲍曼有所相似,两者都把"共同体"的实现视为人类社会发展的理想和美好状态。鲍曼更看重这一现实的复杂性和长期性,并把其看成一个人类学的概念,而马克思则对其充满信心并相信其一定能够实现,把其看成一个历史学和社会学概念。"共同体"的解放和"社会"的解放就是意味着共同体所包含的所有个体和社会所包含的所有个体的解放,进一步来说,就是"人类"的解放。"人类"的解放不仅是从"量"上来衡量,还要从"质"上来考量,真正做到在这个"共同体"中和"社会"中的所有个体的解放、自由和发展。"社会"是马克思思想中的一个重要"概念",应把对其的理解与马克思的"个人""群体"观点联系和统一起来,"社会"在马克思的思想视域中不是一个孤立和实体化的概念,而是一个既充满历史性,又充满价值关怀,并且是"个人""群体"的和谐共生的理论生成物。"社会"这个概念是理解马克思"自由人的联合体"思想之理论关切的重要方面和维度。

这里需要强调的是,所谓"个人""群体"和"社会"三者关系的和谐共生状态并不是一种可既定达成的社会理想,而是随着历史和人类社会的发展而不断生成的。至于这一理想何时实现,需要实践的检验。我们不能简单以当下社会全然没有实现这一理想状态为依据就简单断言马克思的社会理想是乌托邦,是一个彻底无法实现的美妙幻想。马克思的社会理想——"自由人的联合体"思想在关于"个人""群体"和"社会"的关系问题上重点强调这三者可以达成和谐共生状态的可能性及其条件。当然,这样说并不是全然为马克思做毫无理由的辩护,至于对这种有关可能性的思考本身也是需要反思的,关于这一点,上文的论述已经体现了这一点。关键问题在于,我们不能把马克思本人没有承认的观点硬加在他头

---

❶ 〔英〕齐格蒙特·鲍曼著,欧阳景根译:《共同体》,江苏人民出版社 2007 年版,第 7 页。

上，而以这种本身错误的观点❶为依据而否定和歪曲马克思本人的真实思想。"个人""群体"和"社会"的和谐共生并不意味着在未来共产主义社会下这三者之间不存在任何基于个人选择的个人之间的差别和个性。"当马克思说我们的利益之间的矛盾会在共产主义社会走向终结时，他也肯定了个人之间不会出现来自他们的选择的任何冲突吗？我们看不出有什么理由可以把这种立场归属于他。"❷

小 结

本章重点从理论思想层面阐释了西方思想家，尤其是波普尔和哈耶克对马克思"自由人的联合体"思想的理论误解并对波普尔、哈耶克等的观点进行了辨析。重点阐释了在何种意义上说马克思"自由人的联合体"思想理论实质是一个反乌托邦时代的"乌托邦"。"自由人的联合体"思想的深层理论关切和本真意蕴体现在对"个人""群体"和"社会"三者关系的和谐共生的可能性及其条件的思考。马克思关于"个人""群体"和"社会"三者关系的辩证发展思想是否仍具当代性？如果答案肯定的话，在何种意义上说具有当代性？另外，马克思的"自由人的联合体"思想所体现的追求"个人""群体"和"社会"发展的和谐共生这一理论

---

❶ 这种观点认为：马克思的社会理想是个人与个人、个人与自然、个人与社会之间矛盾的彻底终结和谐共生。从马克思整个的理论倾向上看，这种观点恰恰是他要反对的。人们通常把马克思在《1844年经济学哲学手稿》中这样一段话视为他关于未来社会理想的集中表述："这种共产主义，作为完成了的自然主义＝人道主义，而作为完成了的人道主义＝自然主义，它是人和自然界之间、人和人之间的矛盾的真正解决，是存在和本质、对象化和自我确证、自由和必然、个体和类之间的斗争的真正的解决。"见《马克思恩格斯全集（第3卷）》，人民出版社2002年版，第297页。很多人依据这句话来界定马克思关于未来社会理想的终极状态。这是对马克思关于未来理想社会思想的片面性解读。"共产主义是最近将来的必然的形式和有效的原则。但是，共产主义本身并不是人的发展的目标，并不是人的社会的形式。"见《马克思恩格斯全集（第3卷）》，人民出版社2002年版，第311页。马克思这里显然是反对对社会历史发展持思辨的、脱离历史情境的最终断言，集中体现了马克思关于未来理想社会之历史的、辩证的及其对历史之可能性发展趋势的理解。当然，这并不是在以牺牲他的关于追求未来理想社会的美好理想为代价而作出的断言。这是全然不同的两个层面的问题，不能混淆。

❷ ［加］威尔·金里卡著，应奇、葛水林译：《自由主义、社群与文化》，上海人民出版社2005年版，第114页。

旨趣及其在这一追求过程中所体现出的价值关切对当下中国社会的现实意义何在？理清这些问题必须结合当下中国的社会发展现实，尤其是要在当下中国所实行的"社会主义市场经济体制"条件下来重新审视马克思的"自由人的联合体"思想的当代价值及其现实意义。

第四章 现代社会的理性重建与整合

现代社会日益呈现为一种所谓的社会失范状态。如何整合这一社会失范状态便成为那些以旨在重建和整合这一日益失范的社会为理论目标思想家的理论追求。在某种程度上，马克思的"自由人的联合体"思想就体现了这样一种社会整合的追求和维度。一方面，从思想理论层面上展开马克思与这些思想理论家的理论比较和对话显得尤为必要。在这一点上，本章重点选取哈贝马斯的社会哲学作为这一理论对话的平台。通过这一理论对话，马克思"自由人的联合体"思想的当代效应及其理论的特征更为明显地得以呈现。另一方面，本章结合并参照社会主义市场经济体制的当下中国社会现实，从现实层面上考量和反思马克思的"自由人的联合体"现时代效应。通过理论和现实两个层面的双重对话，对马克思"自由人的联合体"思想的当代效应进行较为全面的阐释和论说。

第一节 公共性视域："自由人的联合体"思想的现代性诠释*

正如哈耶克所言："如果我们要进步，我们就必须为此后的发展所要求的对我们当下的信念及理想进行不断的修正留出空间，因为随着经验的增多，其间所产生的各种偏差现象必然要求我们对这些观念及理想做出不断的修正。"❶

---

* 本小节内容经过修改已发表于《马克思主义与现实》2012 年第 4 期。

❶ ［英］哈耶克著，邓正来译：《自由秩序原理（上册）》，生活·读书·新知三联书店1997 年版，第 21 页。

"自由人的联合体"思想从其尚未实现的意义上也是一种观念和理想。在何种意义上说，马克思"自由人的联合体"思想具有时代效应，这个话题本身具有理论风险和难度。"任何人如果想要描绘与他不同时代的人的思想，都必然会遭到某种困境。如果他保留了原作者在其作品中所使用的术语，那么，他就要冒行文老套的风险，从而与现代毫无关联；而如果他有意识地使自己的术语现代化的话，那么，他又面临着他的分析有不忠于原作者思想的危险。"❶ 吉登斯的提醒同样也适用于对"自由人的联合体"时代效应的认识。本书在主要并最大限度地依循马克思"自由人的联合体"思想的本真精神的前提下❷结合当今社会的理论前沿客观地审视马克思"自由人联合体"思想的时代效应。马克思"自由人联合体"思想的时代效应不仅体现在其思想本身，而且更重要的体现在与现实的"对话"之中。"理论在一个国家实现的程度，总是决定于理论满足这个国家的需要的程度。"❸理论不能故步自封，尤其是对于马克思主义理论来说，更是如此。在以马克思主义作为指导思想的当代中国，不仅要求我们用马克思主义理论分析现实问题，而且还要求我们用当下活生生的现实来反观原有的理论，使"理论"和"现实"之间保持良性的互动，只有这样，这才可以说是真正地坚持了马克思主义的精神。

一、现代社会的失范与"自由人的联合体"思想的社会整合维度

严格来说，社会"失范"现象是近代以来，尤其是近代随着资本主义这一社会形态发展过程中所引发的一些社会问题而出现的，法国著名经典社会理论家涂尔干正是在这个意义上首次明确提出"社会失范"的概念。针对他所处时代的人们之间严格职业伦理❹的缺失状态，他提出"社

---

❶ ［英］吉登斯著，郭忠华译：《资本主义与现代社会理论——对马克思、涂尔干和韦伯著作的分析》，上海译文出版社 2007 年版，第 2 页。

❷ 当然，这是个解释学问题，解释总是有个度的问题。马克思的"自由人的联合体"思想的基本精神体现在对"个人""群体"和"社会"三者得以和谐共生的理想社会的追求，并最终实现每个人的自由个性及其全面发展。

❸ 《马克思恩格斯全集（第3卷）》，人民出版社 2002 年版，第 209 页。

❹ 集中体现为社会各行业人士彼此之间的协作关系。本章对这个概念做适当延伸，对其做较为宽泛的理解，即现代社会在经济、政治、文化等方面所出现的一些不和谐现象都可以称为社会失范。当然，这一概念本身内含着较为浓厚的道德韵味。

会失范"这一术语，即"道德也是那样的含混不清，反复无常，根本形成不了任何纪律。因此，集体生活的整个领域绝大部分都超出了任何规范的调节作用之外。这就是我们所要揭示的失范状态，它造成了经济世界中极端悲惨的景象，各种各样的冲突和混乱频繁产生出来"。❶ 涂尔干这句话强调出了他所言说的话语背景，即针对他所处时代的经济世界，即经济发展背后所呈现出来的一些不和谐、不道德因素。以此，他决定重建一条适合并被全社会所认同和内化的社会规范，而这一社会规范以集体的形式体现出来，并集中在某一社会群体身上，即他所说的职业群体。帕森斯也从社会研究方法论和结构功能主义的角度提出了著名的"霍布斯"问题。❷

　　现代社会发展趋势日益复杂和多元，所呈现出来的问题也极为多样。在现代社会经济高速发展的过程中，背后所隐含的内在冲突和矛盾也有所激化。宗教矛盾、种族矛盾和经济社会发展过程中所凸显的人与自然不和谐发展，国际社会国家之间纠纷以及人与人之间的人际矛盾，尤其是以人际矛盾冲突最为根本。人际矛盾主要体现为人们对经济社会发展过程中出现的人与人之间贫富收入和分配不均、社会地位的不合理等现象的不满情绪及其在此基础上所体现的人们之间的互不信任感。尤其是经过两次世界大战洗礼的世界人民，尤其是西方世界，对未来社会的发展前景忧心忡忡。我们的社会将如何发展，其发展的方向在哪里？针对以上这些问题，社会理论家们，包括社会学家、政治学家及其哲学家都对这些问题发表了自己的看法并主要从思想理论层面上提出了处理以上问题的各自理论思考。结合本书的主题，马克思的"自由人的联合体"思想所追求的那种使"个人""群体"和"社会"和谐共生的理论旨趣和思维路径是否对解决这些问题仍然具有时代效应？这一问题必须得到正面回应。

---

❶ ［法］涂尔干著，渠东译：《社会分工论》，生活·读书·新知三联书店 2000 年版，第14 页。

❷ 所谓霍布斯问题，就是在针对人的本性之理性与感性关系的分析基础上，如何在多元化的条件下，使人们在寻求同一目标的过程中不至于两败俱伤，进而导引出对一个社会良好秩序的重构问题的思考。参见：［美］帕森斯著，张明德等译：《社会行动的结构》，译林出版社 2003 年版，第 100～124 页。

　　有学者从马克思对现代性社会❶的发现、批判和重构为理论视角，揭示出马克思社会理论❷的当代效应，在与启蒙思想及其与马克思社会理论思想渊源最为紧密的德国古典哲学社会观的比较式阐发中，得出了马克思社会观的当代效用及其深刻之处。"马克思同样发现了一个奠基于工商业、科学以及私有制之上，并以市民社会为主要社会组织形式的现代性社会。但他不满于这种给定的'现存社会'，既不满意于黑格尔有关市民社会与国家的抽象二分模式，也不满意于青年黑格尔派仅仅在自由主义传统内把握市民社会及其发展，而是从现代性社会中分离出资本主义社会，在将市民社会把握为物质生活关系并确证市民社会对国家的决定性作用的前提下，通过批判和超越西方启蒙运动及其自由主义传统，通过推进激进民主及社会革命运动，展开对资本主义市民社会的政治与政治经济学批判，进而将社会与世界的矛盾积极地理解为社会主义的生成过程。"❸ 这一对马克思社会观的言说路径较为契合马克思学说的本质特征，即从对资本主义这一特定现代性社会的批判角度来阐释马克思社会观的当代效用和价值。马克思社会观的深刻之处就在于对资本主义社会出现的一些失范现象❹进行了具有原则高度的批判及其诊断，并大体提出了一些在当今时代仍具有影响的社会整合的理念和构想。马克思试图批判和解决的问题在当今仍是社会关注的问题，如"资本"逻辑的全球化、人的平等和个性自由和发展问题等。现代政治哲学领域中兴起的"自由主义"和"社群主义"主义之争，从一定意义上说，其言说主题仍围绕着马克思"自由人

---

　　❶ 所谓现代性社会，这里主要借鉴吉登斯的看法。他认为，现代性是在 17 世纪欧洲新出现的"社会生活和组织模式"，具体包括工业、市场经济、私有制等。具体参见［英］安东尼·吉登斯著，田禾译，黄平校：《现代性的后果》，译林出版社 2000 年版，第 1 页。

　　❷ 主要是指马克思的社会历史观，这一历史观的最终理论旨趣就体现在他对有关未来社会的理论，即"自由人的联合体"思想的思考。从其理论的最终指向及其静态和描述的意义上可称为"自由人的联合体"。这一联合体本身在一定意义上体现了马克思对现代性社会的重构和建构。当然并不能把这个思想静态化和绝对化，而要把这一理论构想看成是基于一定社会历史条件下的理论运思，这一理论构想本身也需要反思和重建，而这恰恰是国内学术界研究相对忽略的地方。

　　❸ 邹诗鹏："马克思对现代性社会的发现、批判和重构"，载《中国社会科学》2009 年第 4 期。

　　❹ 集中体现在其对资本主义社会条件下人的"异化"状态的揭示及其对资本主义社会所进行的商品拜物教、资本拜物教和货币拜物教的三大批判。

的联合体"思想所开启的问题域而展开，即围绕有关"政治国家"和"市民社会"的关系及其如何寻求一个"个人""群体"和"社会"三者和谐共生得以可能的未来的理想社会。马克思的社会理论和社会观，尤其是他的"自由人的联合体"思想中关于整合"个人""群体"和"社会"和谐发展的社会整合理念❶及其所开启的理论问题域在当今社会仍具有时代效应和运思空间，并内在地构成与当今社会现实和现当代西方社会理论家对话的平台。马克思之后的一些伟大社会理论家和思想家都不同程度地受到马克思的启发并极大地吸取了马克思思想的灵感和思想源泉，这从一个重要的学术层面表征了马克思"自由人的联合体"思想的时代效应。

二、"公共性"与"未来社会"：马克思与哈贝马斯

现当代以来，针对出现的一些社会失范问题，很多西方社会理论家和哲学家对此提出了不同的解决方案。这里之所以重点比较马克思与哈贝马斯两个人社会观的思想，主要是因为他们在有关社会整合❷这一理论思考和致思取向上存在较为明显的可比较的理论契合之处。这一方面缘于从事实上看哈贝马斯本人早期受马克思思想影响较为深刻，在这方面可以找到一系列相关文本的理论依据；另一方面缘于笔者对哈贝马斯的文本思想较为熟悉一些。但并不是说，其他思想家在社会整合问题上与马克思就没有可比较之处，关于这一点，下文的阐述也会穿插一些其他思想家与马克思

---

❶ "个人"解放、"群体"（阶级）解放和"人类"解放的辩证关系。

❷ 从社会整合的角度来比较两位思想家的思想，正是契合了两位思想家的思想理念和问题意识。无论是马克思还是哈贝马斯，依笔者看来，两人都追求一种公正和谐的社会形态，即一个理性同一的社会，尽管两人在追求这一理想社会过程中的理论思维路径和最终理论抱负有所不同。在论述社会科学的危机概念的过程中，哈贝马斯提到了社会整合的问题和特点。社会整合涉及的是具有言语和行为能力的主体社会化过程中所处的制度系统，社会系统在这里表现为一个具有符号结构的生活世界。这使社会整合区别于系统整合。所谓系统整合涉及的是一个自我调节的系统所具有的特殊的控制能力。在论述这一问题的过程中，哈贝马斯提出了生活世界和系统这两个范式。前者对应社会整合的讨论主题，后者对应系统整合的讨论主题。就生活世界而言，这里讨论的主题是社会的规范结构，包括价值和制度等领域。这种规范结构是从整合与模式维持这样的模式分析事件和现状。就系统而言，讨论的主题是控制机制问题和偶然性扩张的问题。这种整合分析问题的方式的特点是用因果关系和反应论的方式，即适应与目标达成来分析事件和现状。参见：［德］哈贝马斯著，刘北成、曹卫东译：《合法化危机》，上海人民出版社2009年版，第一部分第一章系统与生活世界相关内容。

关于在社会整合问题上的理论异同方面的论述。

在一定程度上可以说，可以把马克思的"自由人的联合体"思想看做一种有关社会整合的理论之思。针对马克思"自由人的联合体"思想的理论构想及其该思想得以形成的理论前提，从哈贝马斯论述的重点来看，与其说他的理论重点是说明何为一个"自由人的联合体"，不如说他将注意力主要集中于"自由人的联合体"思想得以实现的前提这个层面展开。这一方面集中在哈贝马斯从其政治哲学的角度对马克思有关"自由人的联合体"所蕴含的"公共性"维度的思考；另一方面集中体现在哈贝马斯对马克思历史唯物主义基本原理和概念具有反思性的重建上。哈贝马斯对马克思整个社会哲学理论的阐述的最终理论落脚点就是如何实现一个理性同一的社会。这一理性同一的社会与马克思的"自由人的联合体"思想具有理论功能上的一致性。问题的关键不在于哈贝马斯认为是否应有一个"自由人的联合体"的社会，而在于如何实现这样一个联合体。

"公共性"视域是把马克思与哈贝马斯有关社会整合思想进行比较的一个重要切入点，也是对马克思"自由人的联合体"思想的现代性诠释的一个理论表征。"公共性"视域在哈贝马斯的思想语境中，体现为一种"公共领域"，具体说是一种具有政治功能的"公共领域"，即如何运用"公共性"这一思想理念来评价国家和政治生活的合法性问题。在哈贝马斯的理论背景中，这一"公共性"视域更偏重于一种政治学或政治哲学意义上的理论运思。那些分化了的、自我多元化和解魅化的生活世界，在脱离了神灵权威、摆脱了权威建制的交往行动领域中异议风险不断增长的情况下，如何进行社会整合？❶ 这本身体现了哈贝马斯的社会整合方案的构想和理论抱负。"公共性"视域在马克思的思想语境中呈现为一种潜在的样态，并以对未来理想社会的构想，即实现一个"自由人的联合体"的社会形态体现出来。不论"公共领域"还是"自由人的联合体"都体现为一种"公共性"意蕴。"公共性不是某种人类的共同本性的产物，它

---

❶ ［德］哈贝马斯著，童世骏译：《在事实与规范之间——关于法律和民主法治国的商谈理论》，生活·读书·新知三联书店2003年版，第32页。

的存在依赖于'共同世界以呈现出自身的无数视点和方面的同时在场，而对于这些视点和方面，人们是不可能设计出一套共同的测量方法和评判的标准的。'……公共性存在于不同的视点及其相关关系。"❶ 从中可以看出，"公共性"被看成是由整个人类相互交往中一种尚待实现和生成的文化理念，一种作为"共在"的人的生存和交往的空间。这一理念无形中被在场的所有人所共同遵守。同时，也可以用这一思想来观照马克思"自由人的联合体"思想的"公共性"意蕴。"公共性"维度最为集中地体现并蕴含于马克思的"以每个人的自由发展是一切人的自由发展的条件"的"自由人的联合体"思想之中。马克思的"自由人的联合体"思想蕴含着丰富的"公共性"旨趣。"在自由人的联合体中，个人得到了自由而全面的发展，成为自主交往的人。人的公共性得到了全面的发展和体现，公共领域成为人的自由自觉活动的领域，公共利益成为真正人的人类的普遍利益。这是人类理想共同体中理想的人的发展状态，也是社会公共性发展的理想状态。"❷ 这一思想的最终理论诉求就是寻求一个能使"个人""群体"和"社会"和谐共生的"公共性"理论空间。"主张'每个人的全面而自由的发展'，并将其定名为'共产主义'的公共目标。在这一目标下，人的个人性、群体的公共性、类的公共性统一了。"❸ 马克思虽然没有明确和系统地提出"公共性"一词及其有关系统的理论，但是，有关"公共性"的思想仍然散见于其相关的理论文本中。这不仅体现在马克思在《黑格尔法哲学批判》中对黑格尔有关"市民社会"与"政治国家"关系的批判中，即实现一个旨在超越"市民社会"和"政治国家"相分裂的理想共同体，还体现在马克思在《德意志意识形态》中对"虚假共同体"的批判和"真正共同体"的追寻，更为明显地体现在其《共产党宣言》和《哥达纲领批判》中有关对未来理想社会形态及其社会功能的论述中。有学者从文化的公共性视域视角来谈马克思哲学思想的问题域，还有学者从马克思"自由人的联合体"思想所开启的公共性的问题

---

❶ 汪晖、陈燕谷主编：《文化与公共性》，生活·读书·新知三联书店1998年版，第45页。

❷ 郭湛主编：《社会公共性研究》，人民出版社2009年版，第42页。

❸ 贾英健：《公共性视域——马克思哲学的当代阐释》，人民出版社2009年版，第15页。

域，以此凸显其当代价值。❶马克思"自由人的联合体"思想所蕴含着的"公共性"维度开启了与当代西方政治家对话的理论平台，这一理论视域仍是当代西方政治哲学仍在深入思考的理论问题域。"马克思所产生的影响及其科学工作的根底里的东西是什么？要回答这个问题，很难找到合适的说辞。真要说的话，恐怕是他的政治哲学。马克思对此并未特别精雕细刻，也不是始终明确，但是它产生的冲击力要比那些精心论述的理论产生的影响的总和还要大。"❷"公共性"思想视域的开启与现代西方政治哲学对有关"公正""正义"和"公平"议题的关注有很大关系。罗尔斯的《正义论》这部当代经典政治哲学理论著作本身就是一部对具有丰富"公共性"韵味的作为"公平的正义"这一"公共理性"的追寻。罗尔斯的理论旨趣在于如何组织一个良好秩序的社会，在这个社会当中，每个人都获得最大限度的发展和公正对待。"一个社会，当它不仅被设计的旨在推进它的成员的利益，而且也有效地受着一种公开的正义观管理时，它就是组织良好的社会。……我们可以设想一种公开的正义观，正是它构成了一个组织良好的人类联合体的基本条件。"❸尽管罗尔斯在后期的《政治自由主义》中修正了《正义论》中的一些观点，但是，追寻一种富有"公共性"韵味的作为"公平的正义"这一理论主旨并没有改变。在社会整合的理论旨趣上，罗尔斯和马克思有可比较之处。在这一方面，有学者已经认识到了这一点。"罗尔斯和马克思描述的能力是至关重要的——它们

---

❶ 袁祖社："文化—公共性—理想的复权及其历史性创生——马克思哲学一种新的解读"，载《学术界》2005年第5期；沈湘平："历史性转折与公共性诉求——马克思主义哲学的视域转换"，载《哲学动态》2008年第6期。这些文章都洞察到了马克思哲学思想的"公共性"韵味，并试图从"公共性"视角来开启马克思哲学思想当代性。笔者认为，探讨马克思"自由人的联合体"思想的"公共性"问题，一方面应凸显马克思"自由人联合体"思想的当代性意蕴和价值，即与当代社会现实相契合的一面；另一方面，应把"公共性"看做一个有待实现和生成的概念。马克思"自由人的联合体"思想所蕴含的"公共性"意蕴仍需要得到反思和验证，即这样的公共性得以实现的可能性和可操作性问题。恰恰是后一个层面的问题，学界关注不是很多，本书将通过与哈贝马斯有关公共性问题的阐述从理论层面论述这一问题。

❷ ［美］汉娜·阿伦特著，孙传钊译：《马克思与西方政治思想传统》，江苏人民出版社2007年版，第81~82页。

❸ ［美］约翰·罗尔斯著，何怀宏、何包钢、廖申白译：《正义论》，中国社会科学出版社1988年版，第5页。

允许我们去审查和变革我们生活在其中的社会状况——但我们在其中的利益是来自于我们过一种好生活的最高阶的利益。罗尔斯强调了关于这些行动价值的考虑，马克思强调是按照这些考虑去行动；但把两者割裂开来是没有意义的。事实上两者所关心的都是不要强迫个人把通常的社会角色和期望当作一种有价值的生活的'先定的评判标准'"。❶ 当然，金里卡的这句评语总体来说是合理的。围绕"自由主义"与"社群主义"之争，他也把马克思拉了进来并为他本人的"自由主义"观做辩护，尽管他最终是要批评马克思的。

关于马克思与"自由主义"和"社群主义"关系的理论阐释并不是本章节的理论重点，故在本章不予展开论说。这里问题的关键是要认识到，当今政治哲学的理论前沿所争论的问题，比如围绕罗尔斯《正义论》的争论而引发的"自由主义"和"社群主义"关于是"个人"至上还是"群体"至上这一问题本身及其西方学者对马克思思想之政治哲学维度的重视凸显出马克思的"自由人的联合体"思想关于"个人""群体"和"社会"三者关系的理论效应。

"公共性"的阐释往往是通过对"公共领域"的说明而体现，"公共性"本身就在体现在"公共领域"之中。"公共领域"这一提法，是当代政治学和政治哲学中讨论的时髦用语。对该术语的概念界定，哈贝马斯和阿伦特等人的界定最具有代表性。哈氏认为："所谓'公共领域'，我们首先意指我们的社会生活的一个领域，在这个领域中，像公共意见这样的事物能够形成。公共领域原则上向所有公民开放。公共领域一部分由各种对话构成，在这些对话中，作为私人的人们来到一起，形成公众。……当他们在非强制下处理普遍利益问题时，公民们作为一个群体来行动；因此这种行动具有这样的保障，即他们可以自由地集合和组合，并自由地表达和公开他们的意见。"❷ 阿伦特更是把公共领域视为一种共有的空间，但

---

❶ ［加］威尔·金里卡著，应奇、葛水林译：《自由主义、社群与文化》，上海人民出版社2005年版，第12页。

❷ 汪晖、陈燕谷主编：《文化与公共性》，生活·读书·新知三联书店1998年版，第125页。

这一空间有其与自然空间不同的特性。

其他能够看见我们所看见的东西，听见我们所听见的东西的人的在场向我们保证了世界和我们自己的现实性。共同生活在世界上，这从根本上意味着，事物的世界处于共同拥有这个世界的人之间，就如同一张桌子的四周坐着许多人一样；世界像每一个中间事物一样，都同时将人联系起来和分离开来。❶

哈贝马斯基于"公共领域"这一政治哲学的理论视角展开对马克思的社会哲学思想的阐述。哈贝马斯基于政治哲学的视角在关于政治国家和市民社会两元分立这样的理论框架下对马克思思想的"公共性"的指认和解读从一个理论侧面确证并反思了马克思"自由人的联合体"想所开启的"公共性"视域。有关这一问题的论述最为鲜明地体现在其代表作，《公共领域的结构转型》和《在事实与规范之间——关于法律和民主法治国的商谈理论》（以下简称《在事实与规范之间》）的相关论述上。

哈贝马斯早期思想的一个重要理论关切就是如何重建一个对国家形成权力制衡和在国家与社会之间保持一定张力的"公共领域"，尤其是具有政治功能意义的公共领域。这一理论关切仍然以各种方式贯穿其以后的著作中。他对公共领域的结构转型的描述及由此所表达的忧虑及期望，成为他后来各种理论需要回应的理由。因而，在这个意义上可以将他早期关于公共领域的思想理解为他后来关于人类交往理性及奠基其上的商议性政治的概念与思想的先声。❷ 他认为随着现代西方社会的发展，资产阶级社会早先发展起来的"公共领域"的功能已经意识形态化，即他所谓的"再封建化了"。"大众传媒影响了公共领域的结构，同时又统领了公共领域。于是，公共领域发展成为一个失去了权力的竞技场，其意旨在于通过各种讨论主题和文集既赢得影响，也以尽可能隐秘的策略性意图控制各种交往

---

❶　汪晖、陈燕谷主编：《文化与公共性》，生活·读书·新知三联书店 1998 年版，第 81 页、第 83 页。

❷　曹卫东：《权力的他者》，上海教育出版社 2004 年版，第 37 页。此处的观点受到中山大学黄晓锋博士的启发，特此说明。

渠道。"❶ 同时，他认为，"资产阶级公共领域"是与欧洲中世纪的"市民社会"联系在一起的，是一个特定的历史范畴。

基于此，他本着上述两个理论动机来关注马克思的思想，尤其是马克思对资产阶级社会产生以来所出现的政治国家和市民社会分离这一历史现象的批判，体现在马克思揭示了这一分离的虚伪和非人道性。这一思想正好契合上述哈贝马斯的理论动机，为他进一步认清和批判现代西方社会资产阶级公共领域的意识形态化提供了理论向导。"马克思的批判摧毁了资产阶级公共领域所依靠的一切虚构。他所面对的公共领域有悖于其自身的普遍准入原则——公众再也不能要求和国家彻底认同，市民社会和一般社会也不再是一回事。……因此，具有批判意识的公众对封建社会统治关系的消解并不是对政治统治的消解，相反，是对政治统治的变相继承——资产阶级法治国家以其作为核心组织原则的公共性都不过是一种意识形态。"❷ 马克思的这一理论洞见，从一个侧面促使哈贝马斯认识到资产阶级公共领域的功能已经并正在发生转变。哈贝马斯无疑是希望资产阶级早期产生的资产阶级的公共领域得以恢复，至于如何具体整合和重建这一资产阶级公共领域及其刚产生时的政治功能，他在《公共领域的结构转型》一书中并没有作出明确的说明。"本书集中阐述了资产阶级公共领域中的自由主义因素及其在社会福利国家层面上的转型。"❸ 关于如何重建资产阶级具有政治功能的公共领域，在关于如何整合资产阶级公共领域的意识形态性和虚伪性上，哈贝马斯对马克思的社会整合方案提出了他的看法。"马克思从资产阶级公共领域的内在辩证法中归纳出了其社会主义的对应模式。在社会主义模式的'公共领域'中，公与私的经典关系彻底颠倒了过来。……根据这种新型的公共领域模式，自律的基础不再是私人财产，自律再也无法建立在私人领域当中，它必须建立在公共领域自身当

---

❶ ［德］哈贝马斯著，曹卫东等译：《公共领域的结构转型》，学林出版社 1999 年版，"序言"第 15 页。

❷ 同上书，第 142～143 页。

❸ 同上书，初版"序言"第 3 页。

中。"❶哈贝马斯认为，马克思试图从社会结构，废除私有制，进而超越资产阶级"法权"的政治构架来构想一个新的公共领域。"公共性所调节的不再是资产者的社会与国家之间的关系，相反，它通过有计划地把社会中出现的国家塑造成一个个人自由领域，而保障公众的自律。……一种关系，只有当它彻底摆脱了法律规范，马克思和恩格斯才认为它是一种现实的'私人关系'。"❷哈贝马斯虽然对马克思对资产阶级公共领域的意识形态批判持肯定态度，但是关于马克思试图废除私有制，废除国家，超越资产阶级"法权"这个政治整合方案，他持保留态度。这一态度也贯穿他以后的一些著作中。哈贝马斯认为，马克思相信废除国家后，具有政治特性的国家转变为仅具有管理职能的机构，就可以按照他所设想的那样，每个个人都会获得自由，并使每个人真正作为现实的"私人"。哈氏认为，这个社会整合构想和方案具有自然主义倾向❸。"在起草公社宪法和提前用无产阶级共和制取代资产阶级代议制背后，隐藏着这样一种信念，即失去了政治特性的公共权力机关以及对具体事务的管理和对生产过程的指导就可以按照已经被揭示出来的政治经济学的规律行事，而不会引起广泛的异议。另外还有一点不太为人们所注意，这就是，马克思和重农主义者一样都认为社会主义解放出来的公共舆论是对自然秩序的认识。"❹

哈贝马斯最后作出结论："无论是社会主义模式或者是自由主义模式，都不适合诊断实际上悬浮在这两种模式之间的公共性。……公共性慢慢形成了一个领域，并且还削弱私人领域；从这个意义上讲，公共性，即批判的公共性失去了其原则力量。"❺哈贝马斯担心，马克思废除国家的社会整合构想结果可能会导致公共性过多，而导致每个人失去"私人"的权利。关于具体如何重建资产阶级的具有政治功能的公共领域，并提出超越社会

---

❶　[德] 哈贝马斯著，曹卫东等译：《公共领域的结构转型》，学林出版社 1999 年版，第146 页。

❷　同上书，第146～147 页。

❸　所谓自然主义倾向，即在社会历史观上单线式的进化论倾向。

❹❺　[德] 哈贝马斯著，曹卫东等译：《公共领域的结构转型》，学林出版社 1999 年版，第 157 页。

主义❶和自由主义的社会整合方案，他在《公共领域的结构转型》一书中，并没有做系统的阐述，这一目标在其《在事实与规范之间》一书中得到了较为系统地论述。哈贝马斯指出："从规范的角度来看，这种民主观要求对现代社会用来满足其整合和导向需要的三种资源——货币、权力和团结——的相对重要性进行重新排列。其规范性含义是显而易见的：团结所具有的社会整合力，已经不再可能仅仅来自交往行动的来源，而必须一方面通过极为多样的、多多少少是自主的公共领域，另一方面通过宪法框架中建制化的民主的意见形成和意志形成过程而形成起来，并能够通过法律媒介而顶住另外两种社会整合机制——货币和行政权力——的压力而保持独立。"❷

在《在事实与规范之间》一书中，哈贝马斯在谈到社会科学的系统论和功能主义的思维方法论时，给予马克思社会整合方案以格外的关注和深入的思考。他认为，马克思继承了英国古典政治经济学家和黑格尔有关市民社会❸的观点。"作为政治经济学批判家的马克思，在市民社会的解剖中仅仅看到这样的结构，在这个结构中，资本的自我增值过程在自我异化之个体的头上跨越而过，造成形式越来越激烈的社会不平等。这样市民

---

❶ 主要是指马克思、恩格斯和空想社会主义者的社会解放和整合方案。

❷ ［德］哈贝马斯著，童世骏译：《在事实与规范之间——关于法律和民主法治国的商谈理论》，生活·读书·新知三联书店2003年版，第372页。

❸ 马克思和哈贝马斯对市民社会的理解有很大的不同。"这个词与近代'市民社会'一词不同，它不再包括控制劳动市场、资本市场和商品市场的经济领域。"参见：［德］哈贝马斯著，曹卫东等译：《公共领域的结构转型》，学林出版社1999年版，"序言"第29页。哈贝马斯和马克思都把市民社会作为寻求社会整合的基础和平台。哈贝马斯说："今天，这本书的中心问题被认为是'市民社会'的重新发现。……更为重要的是交往和组织形式。"（同上）哈氏言说市民社会具体是从"政治公共领域"角度来整合社会的。因为政治公共领域从其产生的初始阶段看来源于17～18世纪的市民社会。马克思说："从直接生活的物质生产出发阐述现实的生产过程，把同这种生产方式相联系的、它所产生的交往形式即各个不同阶段的市民社会理解为整个历史的基础。"（《马克思恩格斯选集（第1卷）》，人民出版社1995年版，第92页。）哈贝马斯试图抽空市民社会的经济内容，仅仅把市民社会理解为一种非国家和非经济组织的人们相互之间交流的公共场所。也就说，哈贝马斯把市民社会彻底非政治化和非经济化了，仅仅是一种社会自发形成的团体和场所。马克思把市民社会理解为一定物质生产阶段并与该阶段相适应的交往关系，并从国家的角度来阐释这一交往关系。所以，在马克思那里，市民社会是一种需要从国家角度来关切并基于一定经济基础和生产方式之上的交往关系。"经济""政治"贯穿于"市民社会"之中。

社会的概念经历了一个重大的变化：起先是一切授予自由，使得自由成为可能的条件的总和，在这些条件下众个人有意地结成团体，并将社会过程置于其共同控制之下；后来，它则变成了一个实行匿名统治的系统，这个系统独立于无意识地结成社会的众个人的意向而自成一体，只服从它自己的逻辑，并使整个社会隶属于它那用经济学来解读的自我稳定迫令。"❶在哈贝马斯看来，马克思开创的以政治经济学来探索社会运行机制的方法是一种社会系统功能主义的实证主义方法。基于以上观点，一切从法律的、价值意义关切社会的角度都成为"现象"，成为衍生品。哈贝马斯还是从一定意义上肯定了马克思用其所开创的政治经济学之批判方法所揭露出的资产阶级社会新的社会运行体制。这一认识，与他在《公共领域的结构转型》一书对马克思思想的肯定是相承接的。"关于一种非意向的、在行动者背后起作用的、匿名化的社会化过程的现实主义模式，取代了关于一种由法律共同体成员有意形成和不断维持的联合体的理想主义模式。"❷

总体来看，马克思的这一政治经济学方法包含在哈贝马斯所要批判的系统功能主义的社会理论方法之中。而针对这一批判，主要体现在哈贝马斯对马克思运用这一社会历史方法所提出的"总体"观念的批判。这一"总体"观念以实体的形式体现在社会历史观上，就是其"自由人的联合体"思想。他认为马克思政治经济学批判的社会批判方法，仍然受这个"总体性"观念的影响。哈贝马斯对这一"总体性"的观念持否定态度，将其界定为一个"消极的总体性"概念，并对这个在"总体性"观念统摄下的"自由人的联合体"思想提出了尖锐的批评。"但是，对功能发生分化的复杂社会而言，将它完全视为联合体的假设缺乏说服力，这一假设认为，依靠法律和政治力量，社会对自身施加影响。尤其是，有关社会整体（社会化的个人和广泛组织的成员都属于社会整体）的总体论观念对

---

❶ ［德］哈贝马斯著，童世骏译：《在事实与规范之间——关于法律和民主法治国的商谈理论》，生活·读书·新知三联书店 2003 年版，第 56～57 页。

❷ 同上书，第 57 页。

市场操纵下的经济体制和权力操纵下的管理体制不起任何作用。"❶ 在《事实与规范之间》中，他接着指出："众个人作为部分置于其中的那个社会整体的顶端和中央，仅仅被按照头在上脚在下的顺序而加以置放。用法律来构成的国家秩序的显性统一性，被代之以资本自我增值的全社会过程这种以系统方式来建立的隐性统一性。尤其是，这种统一性，作为消极的总体性，同他的对立面，即一个自觉建立的总体性这个残留着的这种古典观念，仍然在历史哲学上保持着联系……历史可以被设想为这样一种自我指涉的总体性，它只有在历史进程之中才能实现其内在本质：一种自觉的联合。或者说，实现历史之本质的，只能是作为那将物质生活过程置于其共同控制之下的、摆脱了资本拜物教的生产者的未来的联合。"❷ 哈氏认为，虽然马克思的社会研究方法侧重一种历史的分析，但他仍没有脱离从亚里士多德到黑格尔以来所延续下来的"总体性"观念，即"自觉式"的理性联合。马克思的社会观，即"自觉的理性"联合的生成物——"作为那将物质生活过程置于其共同控制之下的、摆脱了资本拜物教的生产者的未来的联合"——这一社会整合观被哈贝马斯断定为一种消极的总体性。也就是说，在哈氏看来，马克思心中所憧憬的"生产者的未来的联合"，也就是马克思自己所提出的"自由人的联合体"内部是一个毫无内在有机联系的单个个人的堆积物。这一联合体内所体现的"公共性"空间是一个"个人""群体"和"社会"三者毫无内在联系、毫无内在契合、毫无内在共同话语的纯粹的物质聚合物。

　　哈贝马斯下此论断，是与他对马克思社会研究方法之实证主义的评价内在联系在一起的。"马克思所娴熟的那种严格地客观化的视角，那种从外部考察社会联系机制的视角，成功地打进了各种不同的理论传统。从这种视角看，任何通过价值、规范和理解过程、包括通过法而进行的社会性

---

❶　[德] 哈贝马斯著，曹卫东等译：《公共领域的结构转型》，学林出版社 1999 年版，"序言"第 21 页。

❷　[德] 哈贝马斯著，童世骏译：《在事实与规范之间——关于法律和民主法治国的商谈理论》，生活·读书·新知三联书店 2003 年版，第 57~58 页。

整合，只不过是一种现象。"❶ 有关马克思的社会科学研究方法是否完全忽视了道德价值等层面的东西，是否真的如哈氏所认为的那样，本小节后半部分对该问题将进行详细的阐述。哈氏作出进一步的结论："一旦马克思主义的功能主义这条线上历史哲学的最后一丝希望也消失殆尽，社会就超越了历史的能动性，在一个自我加速、无所不在的积累过程之专制的重复的强制力量支配之下，变成一个物化的社会关系的世界。……在于执着地指涉一个总体，这个总体现在被理解为否定的东西，一种强制的复合体。一旦走到这一步——对社会分化不断加强、社会复杂性不断增长的这种洞见，甚至连这种对于一个工具理性泛滥之抽象整体的逆向指涉也加以禁止——那么，这种系统理论就成为肯定性理论，失去其批判性锋芒，并放弃对一个单一的、以等价物交换为中心的社会联系机制的哲学关注。"❷ 哈氏认为，马克思提出的社会整合方案——"将物质过程置于其共同控制之下，摆脱资本拜物教的生产者的未来的联合"——"自由人的联合体"是一种"强制的复合体"。具体说，就是在这个联合体中，马克思缺少对这个联合体内部社会复杂性的运行机制和社会分化现象的关注，而仅仅是一种毫无生气的众多各种条件的无序整合。这种现象之所以产生，在一定程度上根源于马克思社会历史研究方法的单一的实证主义的研究倾向。哈贝马斯看到了马克思"自由人的联合体"实现的复杂性和严峻性，但是能否把这归结到马克思的社会学研究方法，笔者觉得可以进一步探讨。就这个问题，本小节后半部分将给予详细阐述。

哈氏对马克思"自由人的联合体"的评价，在一定意义上启发我们进一步反思"自由人的联合体"思想理念得以实现的可能性和其在发展过程可能出现的一些复杂问题。在这一点上，他是一个现实主义者。哈贝马斯固守政治哲学层面的社会整合，即在保持资本主义的基本制度层面展开其社会整合方案的构想，这一点使他不同于马克思。关于这一点，马克思也同样不同于罗尔斯的仅仅在政治哲学层面来寻求一个在当下的理性多

---

❶❷　［德］哈贝马斯著，童世骏译：《在事实与规范之间——关于法律和民主法治国的商谈理论》，生活·读书·新知三联书店 2003 年版，第 58 页。

元论的时代能够得以实现的良性秩序之"政治正义"的社会这一社会整合方案。他对马克思的废除国家后的每个人的"私人"权利能否会得到切实的落实这个问题的思考，启示我们进一步深入思考集中体现马克思思想"公共性"意蕴的"自由人的联合体"的思想得以实现的可能性这一重大问题，因为超越"政治国家"的人类解放的思想之社会整合方案正是马克思"自由人的联合体"思想内涵的题中应有之意。马克思"自由人的联合体"思想所力图实现的"个人""群体"和"社会"在一个公共空间里和谐发展的理论旨趣依赖于国家的废除、私有制的消亡，而这些归根结底依赖于社会生产力的发展。他力图在扬弃市民社会的基础上来达成上述的社会整合，正如他所说，"旧唯物主义的立脚点是市民社会，而唯物主义的立脚点则是人类社会或社会的人类"。[1] 国家废除之后社会的发展状态能否达成一个他所要实现的一个"自由人的联合体"，这样的"自由人的联合体"到底具有怎样的"公共性"，马克思对这些问题的思考并不是很多，他仅指出了要实现这一理想的基本方向和大体条件。在他看来，未来国家将失去政治性而转变为仅具有公共性职能，但是这些公共性职能到底包括哪些，这些公共性职能在多大程度上能够把"个人""群体"和"社会"有机整合起来，这些问题马克思在相关文本中论述的不是很多，并成为马克思思考有关社会整合问题的一个理论薄弱环节。而这个薄弱环节正是需要辨识的。

当然，我们毕竟不能苛刻马克思把这些问题思考得非常全面，提出解决问题的具体操作方案。因为上述对这些问题的深入思考和解决方案只有在社会历史不断发展过程中，人们才能更能进一步深入理解我们的社会并进而提出解决他们所处时代的问题。马克思提出的社会整合方案，即实现一个"自由人的联合体"，要实现这个思想从政治层面上说就是要超越国家，从经济层面上说就是要建设一个生产资料由所有人共同所有的"社会所有制"。超越"政治国家"，实现生产资料公有制以后，这样的社会能达成怎样的公共性，"个人""群体"和"社会"的关系得以维系的基础

---

[1]　《马克思恩格斯选集（第 1 卷）》，人民出版社 1995 年版，第 57 页。

到底是什么呢？高度发展的经济背后，一定能达成社会的和谐发展吗？生产力的发展和道德的发展具有完全的同步性吗？"即使技术上拥有的维持生活和使生活轻松愉快的物质条件和社会条件达到了马克思为共产主义的发展阶段所假设的那样一种规模，18世纪的启蒙思想家和19世纪的青年黑格尔分子所说的那种社会解放，也不一定就会自动地随技术所拥有的物质条件和社会条件而一同出现。因为技术——高度工业化的社会发展似乎可以借助于技术得到控制——不能再按照工具模式来说明。也就是说，似乎技术是为未加讨论而假设的目的或者为在交往中得到了说明的目的而被组织起来的合适手段。"❶ 在这一点上，罗尔斯也看到了道德心理学在维系社会和谐稳定方面的重要作用和功能。"所以，在一定程度上，道德情感对于保证社会基本结构的正义方面的稳定是必要的。"❷

哈贝马斯以现代性的眼光来看待和评价马克思的社会整合方案。但是，哈贝马斯的社会整合方案也不是没有问题的，他迷信于"法律"本身的事实性和规范性的社会整合效力，而极力抵消马克思的社会整合方案之基础的社会生产发展之经济学维度。本小节后半部分将详细说明这一点。他仍在资产阶级政治国家框架上探讨社会的整合，这一点使他完全脱离了马克思思想基本的价值信念，即实现一个取代资本主义的"未来理想"的社会："自由人的联合体"的社会。"随着政治形式的变化，他对工人阶级政党和组织能否承担公共批判的载体这一点越来越没有信心，从此哈贝马斯越来越疏远马克思主义和社会主义，他的政治理论也越来越多地带有自由主义的痕迹。在其晚期著作中，早期著作中曾经有的那种对资本主义的批判激情和对社会主义的朦胧向往渐渐远去，代之而起的是对资产阶级宪法民主传统的崇敬。"❸

---

❶ ［德］哈贝马斯著，李黎、郭官义译：《作为"意识形态"的技术与科学》，学林出版社1999年版，第92~93页。

❷ ［美］约翰·罗尔斯著，何怀宏、何包钢、廖申白译：《正义论》，中国社会科学出版社1988年版，第460页。

❸ 汪行福：《通向话语民主之路——与哈贝马斯对话》，四川人民出版社2002年版，第56页。

三、马克思与哈贝马斯的"公共性"视域之理论基础的比较

马克思和哈贝马斯两人的社会整合方案的不同，很大程度上取决于他们社会哲学理论基础的差异。从总体上说，马克思"自由人的联合体"思想所蕴含的社会整合方案的社会理论基础是他所创立的"历史唯物主义"。哈贝马斯的社会整合方案的社会理论基础在于其所力图建构的"交往行为理论"。这里暂把"历史唯物主义"和"交往行为理论"统称为规范基础。对马克思和哈贝马斯的社会整合方案之规范基础的比较研究，从中一方面可以看出他们的社会整合方案之所以不同的根源所在。另一方面也可以进一步反思马克思"自由人的联合体"的理论基础，加深理解该思想在学理层面的理论效应，进而丰富和发展该思想，开启该思想之理论基础的现代性视域。在讨论马克思与哈贝马斯之间理论基础的关系时，有学者指出："但我们应该注意到，他抛弃的是理论，而不是这种理论的内在意图，也就是说，他坚信这种意图能通过将原有的思想范式转换成自己的思想范式而得到更好的实现。……无论人们是否相信哈贝马斯清楚地阐述了历史唯物主义，他的理论是与他对历史唯物主义的解读分不开的，并且公正地说，他通过其他方法成功地完成了马克思和马克思主义的思想目标。"❶

马克思创立的历史唯物主义的基本思想结构一般可以被大体归结为：生产力和生产关系，经济基础和上层建筑；在某种程度上，可以理解为有关以生产方式为理论核心的有关社会发展的学说。在生产方式中，"生产力"这一维度在生产方式中占据主要地位。因此，"生产力"维度通常被用来表征马克思历史唯物主义的核心概念和内容。这一定论在多大程度上符合马克思思想的本意，它是后来人们构建出来的还是马克思本人的思想旨趣呢？在笔者看来，这其中既有马克思本人过于强调生产力方面的缘由，也有后来人基于他们各自的现实之需而应时建构出来的。而后一方面可能更为主要。马克思确实有过于强调生产力在社会发展中的决定作用，

---

❶　[法] 洛克莫尔著，孟丹译：《历史唯物主义：哈贝马斯的重建》，北京师范大学出版社2009年版，第3页。

这可以从其文本表述中看出来。但这并不是说马克思的思想中缺失人文关怀维度，这是两个截然不同的问题。恰当的表述应该是，马克思主要从社会的物质资料的生产发展层面来关注人的解放、自由和发展及其所体现出来的人文关怀维度。长期以来，我们一直把马克思对唯物史观的经典论述归之于《政治经济学批判序言》那句经典名言："人们在自己生活的社会生产中发生一定的、必然的、不以他们的意志为转移的关系，即同他们的物质生产力的一定发展阶段相适合的生产关系。这些生产关系的总和构成社会的经济结构，即有法律的和政治的上层建筑竖立其上并有一定的社会意识形式与之相适应的现实基础。物质生活的生产方式制约着整个社会生活、政治生活和精神生活的过程。"❶ 学术界长期以来用这句经典名言来所指马克思的唯物史观的理论实质，这也基本符合马克思唯物史观的精神实质。然而，当概括唯物史观理论实质的时候，我们缺少了对"生产方式"这一标识唯物史观之理论实质的深入反思。尤其是传统教科书，更是缺失对"生产方式"这个概念的"反思"维度。"生产方式"的概念已经深入我们固有的思维方式之中，一提到唯物史观，就会想到"生产方式"等概念，用"生产方式"这个概念来解释社会的一切现象，如经济、政治、文化各方面。❷ 结合本书的主题，生产力的发展在整合"个人""群体"和"社会"三者和谐发展的过程中能够起到多大的作用，对这个问题马克思也有所察觉，并看到了生产力的发展与人的发展的不一致性。"机器具有减少人类劳动和使劳动更有成效的神奇力量，然而却引起了饥饿和过度的劳动。财富的新源泉，由于某种奇怪的、不可思议的魔力而变成贫困的源泉。技术的胜利，似乎是以道德的败坏为代价换来的。……现代工业和科学为一方与现代贫困和衰颓为另一方的这种对抗，我们时代的生产力与社会关系之间的这种对抗，是显而易见的、不可避免的和无庸争辩的事实。"❸ 这里需要说明，马克思并不是单纯意义上的"经济决定论"

---

❶ 《马克思恩格斯选集（第2卷）》，人民出版社1995年版，第32页。
❷ 此处的相关内容笔者已经以论文形式发表，参见：薛俊强："'实践'、'反思'与'批判'——马克思的唯物史观研究之省思"，载《理论与现代化》2008年第6期。
❸ 《马克思恩格斯选集（第1卷）》，人民出版社1995年版，第775页。

和"技术决定论"者，马克思当时更为凸显"生产力"的维度，是与当时社会历史条件、无产阶级解放的任务紧密联系的。

　　哈贝马斯在《重建历史唯物主义》一书中，对"生产方式"这个概念进行了深入"反思"，❶ 他对马克思用"生产方式"这一概念进行历史阶段的分期产生怀疑。"生产方式的概念，在准确地表达社会发展水平的普遍性上不够抽象。"❷ 笔者认为，哈贝马斯把马克思的"生产方式"概念仅仅从"生产力"层面来理解，而排除了"生产方式"概念的"生产关系"层面这一做法是片面的。因为马克思在《德意志意识形态》《1857～1858年经济学手稿》等著作中，也从"生产关系""所有制"和"人的自由发展状态"来界定社会发展的阶段。"尤其是马克思在《路易·波拿巴的雾月十八日》一文中，对波拿巴之所以上台这个小人物的背景分析，充满了对历史发展之多维度和视角的深入考察。批判马克思缺失对"现实的个人"关注的萨特也充分肯定了马克思在《路易·波拿巴的雾月十八日》中这一出色的分析。哈氏结合资本主义社会发展的最新形势，试图对"生产方式"概念的内涵进行补充，即"马克思的社会理论的规范基础从一开始就是不明确的。……衡量社会的再生产，不能以再生产率为标准，这就是说，不能以这些社会的成员生活的长久的可能性为标准，而要以保障用规范加以确定的社会的同一性，即以保障能够用文化加以解释的'美好的'生活或者'可以忍受的'生活为标准。马克思并不是按照一个社会的复合性的增加来评价这个社会的发展，而是根据生产力发展水平和社会交往形成的成熟与否来评价社会发展。"❸ 哈氏把"道德""文化"的维度补充于马克思的"生产方式"之中。他把唯物史观理解为一种批判的理论，理解为一种需要不断"实践"和"反思"的社会学说。这一点集中体现在哈贝马斯试图用他所谓的"交往行为理论"来对马克思的社会整合方案之理论基础的历史唯物主义进行"修正"，把"交往行

---

　　❶　哈氏并没有放弃生产方式这一提法。

　　❷　[德] 哈贝马斯著，郭官义译：《重建历史唯物主义》，社会科学文献出版社2000年版，第164页。

　　❸　同上书，第152页。

为理论"作为他思考社会整合的理论规范基础。"交往行为理论不是什么元理论,而是一种试图明确其批判尺度的社会理论的开端。……交往行为理论还是顶住了认知工具理性的短期行为;接着是两个层次的社会概念,它用一种并非只是修辞学的方法,把生活世界和系统这两个范式联系了起来。因此,交往行为理论要尽可能地勾画出现代发生悖论的社会生活关系。"❶ 这句话明确地表达出了"交往行为理论"仅仅是其整个社会批判理论的规范基础和社会功能。"交往行为理论"的思想基础很复杂,有语言学、心理学和社会学等,最基础的可以算是他所建立的"普遍语用学"。"最基础的层次由关于交往的一般理论构成,哈贝马斯称之为普遍的语用学。"❷ 如何理解普遍语用学呢?哈贝马斯解释为:"普遍语用学的任务是确定并重建关于可能理解的普遍条件,在其他场合,也被称之为'交往的一般假设前提',……我们把达到理解为目的的行为看作是最根本的东西。"❸ 从中可以看出,"普遍语用学"作为哈贝马斯社会整合方案之规范基础的"交往行为理论"的理论基础,是一种基于"主体间性"的,基于语言学意义上的互相理解。他进一步指出:"我们认为,这种'重要性',说明了交往理论能够对得到了更新的历史唯物主义作出贡献。这新的社会一体化形式,使现有的生产力使用或新的生产力的产生,以及社会复合性的提高有了可能。"❶ 他批判马克思只看到了"工具理性"意义上的进步,而忽视了价值维度意义的关切,如道德领域的学习机制的进步。这一思想在《交往行为理论》一书中仍延续着。

哈贝马斯受到马克思·韦伯的启发,但他认为韦伯的"合理化"概念仍含糊,仍是一种目的理性主导的概念。依据这个观点,他批评了马克思。"知识和技术,在马克思看来是一种绝对的解放力量,可它们自身却

---

❶ [德]哈贝马斯著,曹卫东译:《交往行为理论(第1卷)》,上海人民出版社2004年版,第3页。

❷ [德]哈贝马斯著,张博树译:《交往与社会进化》,重庆出版社1989年版,英文版序言第11页。

❸ 同上书,正文第1页。

❶ [德]哈贝马斯著,郭官义译:《重建历史唯物主义》,社会科学文献出版社2000年版,第7页、第32页。

成了社会压迫的工具。"❶ 不容否认，马克思非常重视知识和技术的进步，把它看成了人和社会解放的一个基本层面。但马克思仅仅把知识和技术看成人类解放的工具和手段，而非哈贝马斯所说的"绝对"解放力量。与其把"知识"和"技术"作为马克思关于人类解放的绝对力量，不如把人本身作为人类解放的绝对力量。"理论只要说服人，就能掌握群众；而理论只要彻底，就能说服人。所谓彻底，就是抓住事物的根本。但是，人的根本就是人本身。"❷ 马克思的人类解放理论着眼于"整个人类"的解放，落脚点是"个人"的解放。"知识"和"技术"只是马克思人类解放理论得以可能的前提条件之一，但并不是人类解放本身。这一点上，哈贝马斯误解了马克思。马克思也看到了"知识"和"技术"在资本主义这一特定社会形态中的"非人性"的一面。这里的问题关键是，马克思对"知识"和"技术"进行了具有原则高度的"现代性"批判。

哈贝马斯接着批评马克思、韦伯等人把"社会合理化"❸做简单化的理解。"一方面，马克思、韦伯以及霍克海默和阿多诺都认为，所谓社会合理化，就是指行为关系当中工具理性和策略理性的增长；另一方面，他们又都在思考，一种总体性的社会合理性❹究竟意味着一种自由生产者的大联合，还是意味着一种合理的道德生活方式，或是与自然的和谐相处。而合理化的经验过程的相对价值，可以用总体性的社会合理性来加以检

---

❶ ［德］哈贝马斯著，曹卫东译：《交往行为理论（第1卷）》，上海人民出版社2004年版，第142页。

❷ 《马克思恩格斯选集（第1卷）》，人民出版社1995年版，第9页。

❸ 这是哈贝马斯专门的用语，是主要针对韦伯等人的合理性理论（工具理性）所提出的一个概念。具体来说，在哈贝马斯的话语语境中，主要针对的问题是晚期资本主义的危机理论及其合法性问题。针对社会系统的分类（经济系统、政治系统和社会文化系统），哈贝马斯把危机分为经济危机倾向、政治危机倾向和社会文化危机倾向。哈巴马斯把在经济危机和政治危机中出现的失调称为"合理性"的丧失。在经济系统中表现为，危机周期一再使人们对合乎系统的价值分配产生怀疑。在政治系统中表现为行政系统不能成功地协调和履行从经济系统那里获得的控制命令。哈贝马斯把在社会文化危机中表现的失调称为"合法化"的危机，即人们的价值信仰和世界观的丧失。总之，哈贝马斯认为，合理性危机一般出现在政治系统和经济系统中，并会导致社会文化系统的"合法性"危机。如果从广义上看来，社会合理化不仅限于工具和目的理性的合理化，而且包括价值理性和规范的合理化。

❹ 相当于马克思的"自由人的联合体"的理论构想。

验。但是，这样一种总体性的合理性概念，必须和生产力、目的理性行为亚系统以及工具理性的总体承担者处于同一个水平上。可惜，事实并非如此。在我们看来，原因一方面在于行为理论过于狭隘：马克思、韦伯以及霍克海默和阿多诺所确定的行为概念还不够完善，不足以把社会行为中的一切社会合理化内容全部囊括进去。另一方面则在于行为理论和系统理论的基本概念混淆不清：行为取向和生活世界结构的合理化，同行为系统复杂性的增加并不是一回事。"❶ 这句话集中体现了哈贝马斯对马克思等人的社会整合方案的批判，尤其是他对"总体性的社会合理化"构想的批判性省思。在哈贝马斯看来，这个"总体性的社会合理性"的内容不仅是工具理性（知识和技术）、系统（经济和行政）的合理化，还应包括行为取向（人与人之间的社会认同）和生活世界的合理化。❷ "社会进化的过程是社会系统能力提高和社会规范结构不断理性化的过程。……产生这种铁笼社会的现象的不是理性化的过程本身，而是由于理性化的过程最终导致了系统和生活世界的分裂，系统摆脱了生活世界的控制，并使系统控制了生活世界，这才是问题的核心。"❸ 哈贝马斯的这个提法指认了这样一个重要信息：要把社会整合理解为系统和生活世界的有机统一，整合的媒介就是他所谓的"语言"沟通和对话。"社会也是系统，但他们的运动方式并不完全遵循系统自律（权力）的扩张逻辑，相反，社会进化是沿着生活世界的逻辑进行的，其结构是由语言产生的主体间性决定的，并且建立在可以批判检验的有效性要求的基础之上。"❹

---

❶ ［德］哈贝马斯著，曹卫东译：《交往行为理论（第1卷）》，上海人民出版社2004年版，第142～143页。

❷ 哈贝马斯把"生活世界"界定为沟通过程的相关概念。交往行为的主体总是在生活世界的视野内达成共识。它是交往行为的各个主体之间可以达成交往共识的思想场域。这一"生活世界"集中包含了许多观念背景，这些背景明确规定了参与者设定其处境的源泉。交往行为者可以用这些观念背景把各种需要整合的语境与他们自身所处的明确的生活世界协调起来，即"生活世界"的合理化问题。参见：［德］哈贝马斯著，曹卫东译：《交往行为理论（第1卷）》，上海人民出版社2004年版，第69页。

❸ 王晓升：《为个性自由而斗争——法兰克福学派社会历史理论评述》，社会科学文献出版社2009年版，第478页、第484页。

❹ ［德］哈贝马斯著，刘北成、曹卫东译：《合法化危机》，上海人民出版社2009年版，第16页。

　　哈贝马斯的社会整合方案也集中思考这样一个问题：关于复合的社会能否建立一个"理性的同一性"❶的社会。"一个复合的社会，例如，我们这个社会，能否建立一个理性的同一性的问题，说明了我们想使用同一性这个词的意义。……此外，理性同一性的表述，说明这个概念具有的一种规范内容。"❷哈贝马斯在论述复合社会何以能够建立一个"理性的同一性"这个问题时，是把这个问题当成一个规范性的内容来看待和处理的。哈贝马斯对这个问题的思考受到黑格尔哲学思维方法的影响。通过批判地反思黑格尔的哲学思维方法，他提出了在复合的社会的条件下，可以建立一个理性的同一性的社会。他一方面承认："我们把这个同一性的问题看成是黑格尔哲学的真正动力；由于黑格尔具有这种思想动力，因此黑格尔直到今天仍然是我们这个时代的思想家。显然，黑格尔是在同主体和自然的分裂的联系中，即一方面同外界的自然的分裂，另一方面同自身的，即同内在的自然的分裂的联系中看到主体同社会的分裂。"❸在哈氏看来，黑格尔的思维方法的"正""反""合"的思维方法体现了社会生活中的同一性问题。但他对黑格尔把"国家"视为理性同一性的物质载体产生了质疑，他指出："在贯彻资本主义生产方式的进程中，经济摆脱了家庭经济的限制，摆脱了行为规范的一体化。同国家和家庭相区别的'市民社会'领域，是通过市场要求，即通过系统的机制控制的，而不是通过行动着的主体的伦理定向来控制的。所以，在黑格尔看来，这是'伦理的丧失'。当然，黑格尔必定认为，需求系统通过法律与国家一体化，保持着它同伦理生活的联系。然而，在这个时期内，随着社会的复合性的

---

　　❶　所谓"理性的同一"是把"理性的同一"社会的形式纳入其用符号建立和用规范来理解的生活世界中。哈贝马斯把现代社会的"同一性"问题，看成自我同社会分离和统一的问题。哈贝马斯就在复合社会中能否建立一个理性同一的社会这一问题上与马克思的"自由人的联合体"思想所关切的问题具有相通性。在马克思的思想视域中，追求理性同一的社会表现在追求一个"自由人的联合体"的社会，具体来说，就是对"个人""群体"和"社会"之间达成和谐共生境界的理想追求。

　　❷　［德］哈贝马斯著，郭官义译：《重建历史唯物主义》，社会科学文献出版社2000年版，第85页。

　　❸　同上书，第96页。

增大，控制问题跃居首位，因此，国家再也不能通过规范来达到一体化了。"❶ 哈贝马斯认为，黑格尔企图通过国家来整合个人和社会，这种方法已经不适用于当今复合性增加的社会❷。基于此，他提出的社会整合方案是："只有当社会被包括在用符号建立的和用规范来理解的生活世界中，同一性问题方能以一种恰当的方式表现出来"。❸

他集中批判了马克思从经济的角度，即从商品交换的角度批判资本主义的思路。他把马克思的这一批判思路称为"功能主义的批判"。"马克思在《资本论》第 1 卷中进行了这种尝试。他用对商品双重性的天才研究阐述了交换关系，从而也阐述了市场的控制机制——反思关系。这样，他不仅用控制的观点从功能上解释整个资本主义的经济过程，而且同时让人们把这一过程理解为阶级对抗，即理解为伦理总体性的分裂。从研究战略上看，价值论的意义是把系统一体化的问题反映到社会一体化的方面。今天，用系统论的联系去彻底把握主体通性结构类比的尝试几乎是没有希望的。"❹ 从这一段话中，哈贝马斯对马克思关于资本主义社会病症的"诊断"方法和社会整合方案提出了挑战。不过，在哈贝马斯看来，马克思的政治经济学批判的路径对晚期资本主义的诊断仍有一定的作用。由于晚期资本主义的阶级对抗从生活世界的主体间性转移到了生活世界的基础：商品拜物教既是一种世俗化的残余意识形态，又是经济系统中具有实际功能的控制原则。而马克思的政治经济学批判可以对这一系统过程给予客观的考察。马克思虽然有意把资本运作的客观经济过程转化为阶级之间的社会过程。但是，正是这种把经济分析转换到社会学和政治学的内在方

---

❶ ［德］哈贝马斯著，郭官义译：《重建历史唯物主义》，社会科学文献出版社 2000 年版，第 105～106 页。

❷ 在哈贝马斯的话语背景中，"复合性增加的社会"可以理解为晚期资本主义社会危机的表现形式的多样性。复合性社会是指一个社会运行所涉及的经济、政治和文化等领域，在这三个领域中内在地包含着经济系统、政治系统和社会文化系统的内在融合和有机统一。如何达成三者之间的统一以及重整晚期资本主义的社会危机这一问题是哈贝马斯所要力解决的问题。

❸ ［德］哈贝马斯著，郭官义译：《重建历史唯物主义》，社会科学文献出版社 2000 年版，第 105 页。

❹ 同上书，第 111～112 页。

法，在条件发生变化的有组织的资本主义时代遇到了很多困难。❶ 在他看来，由于商品交换不再是晚期资本主义社会中经济系统过程的全面的控制媒介，所以，马克思从商品这一政治经济学批判的角度展开的对资本主义的批判已经不能解释晚期资本主义国家的新的特征。因为适用于马克思展开商品分析的情势发生了变化。"马克思在理论上揭露的公平交换的基本意识形态实际上已经瓦解了。……按照马克思的说法，政治经济学批判，过去只是作为意识形态批判才是资产阶级社会的理论。但是，当公平交换的意识形态瓦解了，人们也就不再用生产关系直接地批判统治制度了。"❷

　　总之，哈贝马斯试图用"交往行为理论"的理论构架，即系统和生活世界的分析框架来"修正"作为马克思社会整合之理论基础的历史唯物主义。他们的理论旨趣都在于追求一个整合"个人""群体"和"社会"三者和谐共生的社会，并实现"每个人的自由和发展"。他们都思索这样的问题："每个人的自由发展得以可能性的条件"；他们都试图为资本主义社会进行"诊断"，从而找出个人的不平等和自由丧失的根源。马克思对这一问题的看法和社会整合方案集中体现在他的社会历史观（历史唯物主义），他主要试图通过把"每个人的自由发展"放到整个社会历史发展的历史洪流中考察，把"个人""群体"和"社会"三者和谐发展的可能性和条件放到一定的社会历史过程和形态中加以考察。具体来说，马克思期望通过提高生产力，并使无产阶级通过革命来占有资本主义已经获得和已有的生产力总和，从而废除私有制和国家，最终实现未来的理想社会，即"自由人的联合体"的社会。在这个"自由人的联合体"中，"个人""群体"和"社会"三者得以最大限度地和谐发展。马克思把资本主义社会下的不平等和受剥削及自由丧失的根源归结为资本主义经济体制运行下的所有制结构❸，也就是说，马克思主要是从"生产关系"的维度和

---

❶ ［德］哈贝马斯著，刘北成、曹卫东译：《合法化危机》，上海人民出版社2009年版，第一部分第四章"系统危机——以自由资本主义危机周期为例"一章相关内容。

❷ ［德］哈贝马斯著，李黎、郭官义译：《作为"意识形态"的技术与科学》，学林出版社1999年版，第58～59页。

❸ "劳动"与"资本"的矛盾，"资本"对劳动者"劳动力"的无偿剥夺。

层面考察资本主义社会下人的平等和自由丧失的问题。同时，马克思在整合"个人""群体"和"社会"三者和谐发展之可能性的过程中，主要凸显了一种"生产力"维度，而相对缺少对人性本身和文化对一个社会凝聚力的详尽分析。他的社会整合方案所要达到的最终社会理想，即实现一个"自由人的联合体"。在这个联合体中，每个人的自由发展是一切人自由发展的条件。这一命题把"每个人"的自由与发展和"一切人"的自由和发展这二者有机地结合起来，并指出"每个人"自由发展作为"一切人"自由发展的条件。但是如何能够保证社会财富的发展、知识的成果切实落实在每个人的身上，切实地实现使每个人的自由发展之间互相和谐共处，仅仅靠生产关系的调整、革命的改造，可能还不够充分，这是马克思社会整合方案思考较为少的方面。现代社会的复杂多样，需要从更为多样化的视角来审视马克思的这个社会整合方案。从整体上看，马克思的"自由人的联合体"思想之社会整合理念仍具有时代效应，其所构思的解放路径也符合马克思当时社会历史条件的发展状况。时代在发展，历史也在不断变化，一些新问题也层出不穷，这就要求我们对其具体的整合路径给予当代性诠释和说明，哈贝马斯的社会整合理念和理论路径值得借鉴和重视。

哈贝马斯试图通过其"交往行为理论"，通过强调"语言""对话"和"沟通"在社会整合中的作用，强调"个人""群体"和"社会"发展的整合不仅依赖于生产力层面的物质生产资料的提高，还要依赖于人与人彼此之间的相互信任等价值层面上的整合。"个人素质和社会整体素质提高等广泛的内容。恰恰是这两方面的素质，在今天的社会发展中更值得我们重视。……哈贝马斯通过对这种新的进化机制的分析，重新研究了人类社会的进化过程，这无疑有助于我们深入考察社会发展的微观机制，而不致使社会历史观的研究仅仅停留在抽象的、概念的分析上。"[1] 另外，哈贝马斯的社会整合思路具有很强的现实感，他所思考和针对的问题也是

---

[1]　王晓升："新进化论还是历史唯物主义——评哈贝马斯对历史唯物主义的重建"，载《天津社会科学》2003年第5期。

现实的。比如他对晚期资本主义社会国家功能和危机性质的分析，用"生活世界"和"系统"这一分析框架分析晚期资本主义中人的自由被剥夺等问题，是很有见地的，他的理论视野是现代性的，分析是深入细致的。但是，哈贝马斯的社会整合理论的规范基础及其整合路径也是值得反思和追问的。"交往行为理论"强调一种人与人之间可以在具有"真实""真诚"和"正当"的环境下进行沟通并通过消除各自的分歧最终达成各方意见的统一。这一理论交往的环境是否在任何情况下都能获得实现，仍悬而未决。他过分夸大了"言语"在调节人与人之间关系的社会整合作用，他的基于交往行为理论之基础的整个社会批判理论从整体上看，还是一种文化批判，一种意识形态的表层上的批判。他过于强调社会发展过程中的文化、价值因素，而对社会历史发展的经济关系和基础思考相对不足。他虽然试图用他所创立的"交往理性"来超越康德意义上"实践理性"在社会整合中的不足，但其"交往理性"本身还存在问题。马克思通过经济的层面，即通过政治经济学批判来揭示资本主义社会的"弊端"这一批判路径，从当前席卷世界的金融危机发生来看，仍具有分析当代资本主义问题的理论价值。"资本的逻辑"仍在很大程度上统治着西方资本主义世界。政治经济学视角的分析这一路径仍是洞察资本主义社会各种问题的重要乃至基本的批判路径。马克思在社会批判的深刻性上，在寻求社会整合的最基本的层面上，即从经济层面分析问题并仍没有失去意义，这一点恰恰是他的理论特色之处。马克思和哈贝马斯都试图对资本主义社会这一现代性社会进行理性地重建和社会整合。通过把马克思与哈贝马斯在社会整合问题上进行比较和阐发，可以帮助我们扩展理论视野，从更为现代性的眼光来批判性地审视马克思"自由人的联合体"思想所体现出的社会整合思路。

　　虽然马克思的"自由人的联合体"思想中所体现的社会整合方案❶存

---

　　❶　其体现在马克思对一个"自由人的联合体"社会的追寻。这一追寻集中体现在马克思人类解放思想之理论路径上。从理论的思想观念逻辑上看，通过实现政治解放（一个阶级，即无产阶级的解放）为前提，最终通过实现社会的解放（废除国家和私有制），达成人类的解放（每个人的自由个性和全面发展）。从其实现的内在的基本层面上看，是基于一定社会生产力的发展，进而导致分工消除及其国家的逐渐废除。人们通过对生产力的占有而实现每个人的自由个性和全面发展。

在对"异质性"社会分析的相对简单化，对实现人类解放的现实可能性和趋势估计的过于乐观，对"人性"的复杂和多样等方面思考相对不足，但是，马克思的"自由人的联合体"思想中蕴含着并所提出的社会整合的理论问题和框架仍然具有时代的意义。马克思"自由人的联合体"思想要达到的实现"个人""群体"和"社会"的和谐共生的社会整合理念并不是完全的理论"空想"和"乌托邦"，而是着眼于其当时的社会历史条件的现实基础，即他所生活的 19 世纪的资本主义的时代。"在严峻的现实面前，文化意义上的承认政治让位于以政治正义为主题的社会政治，社会批判理论研究的最新动向不仅在向第一代法兰克福学派的社会批判传统回复，也在向马克思主义的政治批判传统回复。在充满危机、风险以及断裂的当代资本主义时代，其实是在不断重现马克思当年所厘定的现代性社会的地平，只是情形和局面更加复杂多变，也给当代马克思主义理论研究提出了更为艰巨的任务。"❶

第二节　当代中国社会视域下"自由人的联合体"思想之省思

本节将沿着上一节所谈的问题，进一步从当下中国的现实社会层面来审视马克思"自由人的联合体"思想，尤其是把马克思的"自由人的联合体"思想放在中国当下的语境——社会主义市场经济条件下来加以审视。具体从马克思"自由人的联合体"思想内涵的三个层面并结合中国社会的当下现实对其进行反思。通过对马克思"自由人的联合体"思想的当下审视，引申出以下两个主要问题：（1）如何通过反思马克思的"自由人的联合体"思想之经济学层面来给予当下中国社会主义市场经济体制以历史定位；（2）当今中国实行社会主义市场经济体制的这一经济运行制度是否已经游离出马克思"自由人联合体"所内含的社会整合视域及其价值目标，进而如何从总体上评判马克思"自由人的联合体"思

---

❶　邹诗鹏："马克思对现代性社会的发现、批判和重构"，载《中国社会科学》2009 年第4 期。

想的当代价值。

本书第二章已经从经济学、政治学和哲学三个视角具体阐发了马克思"自由人的联合体"思想的基本内涵和特征。同时，本节将进一步阐发马克思的"自由人的联合体"思想得以提出的原初语境是基于经济学的视角。❶ 也就是说，从经济学层面，即从"所有制"层面阐发"自由人联合体"思想是一个首要和基本的层面。但同时，从政治学层面，即从"国家消亡""革命斗争"的层面来阐发马克思的"自由人的联合体"思想也是一个至关重要的层面。从哲学人类学的视角，即从实现一个"个人""群体"和"社会"的和谐共生的联合体，是阐释马克思"自由人的联合体"思想的最高层面。这三种基于不同视角的阐释彼此互相联系，并共同服务于一个核心主题：实现每个人的自由个性和全面发展。所以，要全面理解和评判马克思的"自由人的联合体"思想就必须从以上这三个层面着手。如果联系当下中国的社会现实并结合这三个层面来阐发和评判马克思的"自由人的联合体"思想。这个最大的社会现实就是当前社会主义市场经济条件下的中国。

一、重新理解"重建个人所有制"

从经济学层面上反思马克思的"自由人的联合体"思想不仅符合马克思的研究路向，也契合当代中国社会发展的现实。在《1844 年经济学哲学手稿》中，马克思对"共产主义"的论述有这样一段话："共产主义是作为否定的否定的肯定，因此，它是人的解放和复原的一个现实的，对下一段历史发展来说是必然的环节。共产主义是最近将来的必然的形式和有效的原则。但是，共产主义本身并不是人的发展的目标，并不是人的社会的形式。"❷ 在《德意志意识形态》中，马克思和恩格斯对"共产主义"是这样评述的："共产主义对我们来说不是应当确立的状况，不是现

---

❶ 从时间前后顺序上看，马克思最初提出涉及和有关"自由人的联合体"思想是在其早年莱茵报时期和《1844 年经济学哲学手稿》及其 1848 年的《共产党宣言》基于政治哲学的视角而提出，而不是在他系统研究经济学的时期，但具体和详尽地提出有关"自由人的联合体"思想是在其《资本论》第一卷第一篇"商品的拜物教性质及其秘密"一节中。

❷ 《马克思恩格斯全集（第 3 卷）》，人民出版社 2002 年版，第 311 页。

实应当与之相适应的理想。我们所称为的共产主义的是那种消灭现存状况的现实的运动。这个运动的条件是由现有的前提产生的。……建立共产主义实质上具有经济的性质，这就是为这种联合创造各种物质条件，把现存的条件变成联合的条件。"❶ 在《哥达纲领批判》一文中，马克思明确提出了"共产主义"社会❷发展的两个阶段。总之，从上面的引述中，可以看出，在马克思的思想视域下，"共产主义"在其思想理念和原则上在很大程度上可以理解为社会发展的条件和环节。要实现马克思心目中的"自由人的联合体"的社会，必须需要一定的前提条件，没有对这些条件的思考和安排，"自由人的联合体"的提法就会是一个毫无历史性和现实性的空想和乌托邦。马克思已经清醒地认识到这一点，正因如此，他极为强调"自由人的联合体"得以现实的条件，对这个实现条件的关注是马克思强调的重点。因此，对这个条件的思考便集中体现在马克思对"共产主义"观点的阐述中，即上文所引述的相关内容，"共产主义"是一种现存的运动，一种创造联合的物质条件和社会形式，即具有一种"经济"的必然性。可见，对马克思"自由人的联合体"思想的反思便离不开对这个联合体所得以实现的条件的估计和评判。所以，从经济学的层面来，即从"自由人的联合体"得以实现的条件的视角阐释和反思马克思的"自由人的联合体"就理所当然地成为思考该思想的最基本的层面，这么说是符合马克思本人的理论研究本意的。从经济学层面，这些条件主要包括社会生产力的提高、生产工具的改进和社会所有制的变迁，前两者毋庸置疑已经成为马克思所强调的题中应有之意，关于前两者国内外学术界都有所讨论，很多论者从社会生产力能否像马克思所期待的那样充分发展和社会财富充分涌现这个角度对马克思的"自由人的联合体"实现产生怀疑。笔者在这里不对这个问题做过多的评论，但要指出的一点是，这些批评并不

---

❶ 《马克思恩格斯选集（第1卷）》，人民出版社1995年版，第87页、第122页。

❷ "共产主义"主要体现为一种思想理念和原则，而"共产主义社会"则是这一思想理念和原则的社会形态化。从一般意义上来说，"自由人的联合体"具体是指"共产主义社会"的高级阶段。关于这一点，第二章对"自由人的联合体"内涵的阐释中已详细交代，这里不另作说明。

是没有道理，但需要认真反思。针对这个问题，笔者在这里不做过多的展开和说明。本节所要重点和强调的是这样一个问题：关键在于如何从经济层面上看待社会所有制是并把对这一问题的思考引申到对当下中国所实行的"股份制"及其"社会主义市场经济体制"的思考这样几个最重大的现实问题的思考。如何从政治层面并结合中国的现实来反观马克思的"自由人的联合体"思想，本节将在后面简要论说。如何从哲学层面上反思马克思的"自由人的联合体"思想，本节后面也会有所交代。如何认识和深刻理解社会主义市场经济体制这一问题，在其现实性层面就是对马克思的"自由人的联合体"之经济学层面，具体来说，就是对"自由人的联合体"得以实现的经济学层面的反思和思考。

马克思在《资本论》第 1 卷第 7 篇"资本的积累过程"中明确提出了"重新建立个人所有制"的观点，即"这种否定不是重新建立私有制，而是在资本主义时代的成就的基础上，也就是说，在协作和对土地及靠劳动本身生产的生产资料的共同占有的基础上，重新建立个人所有制"。❶第二章在阐释马克思"自由人的联合体"内涵时已做简要介绍，下面将对这个问题展开较为详细的阐发。围绕马克思的"重新建立个人所有制"的观点的解读早在改革开放前就已经被学者们广为关注并做了大量的阐述。近期国内学者包括经济学、哲学等领域的学者又对这个问题进行了广泛讨论。❷在笔者看来，在很大程度上，如何合理阐释马克思的"重新建立个人所有制"的构想不仅成为从经济学层面反思马克思"自由人的联合体"思想得以实现条件的重要理论思考点，而且在一定意义上关系到对马克思"自由人的联合体"思想的整体评价。在中国改革开放 30 多年的

---

❶ 《资本论（第 1 卷）》，人民出版社 2004 年版，第 874 页。

❷ 最近关于马克思的"重建个人所有制"问题，国内一些学者针对这一问题展开了讨论。具体可参见：李惠斌："重读《共产党宣言》——对马克思关于'私有制'、'公有制'以及'个人所有制'的重新解读"，载《当代世界与社会主义》2008 年第 3 期；韩立新："关于'个人所有制'解释的几个问题——兼评李惠斌《对马克思关于'私有制'、'公有制'以及'个人所有制'问题的重新解读》一文"，载《马克思主义与现实》2009 年第 2 期；姚颖："马克思所有制理论的文本解读——第十届'马克思学论坛'概述"，载《马克思主义与现实》2009 年第 2 期；许崇正："马克思重建'个人所有制'的本质特征"，载《经济学家》2009 年第 9 期。

今天，结合现实重新认识马克思的"重建个人所有制"的观点，要较为全面地对此进行阐述，有必要围绕以下几个关键问题进行言说：（1）如何理解这句话中"个人"这个词在马克思语境中的含义；（2）在此基础上进一步引申出如何理解和评价"股份制"和"社会主义市场经济体制"，具体来说就是"社会主义"和"市场（经济）"的关系；（3）在合理阐释前两个问题的基础上如何反思马克思"自由人的联合体"思想的整体特质并重新看待和认识"重建个人所有制""社会主义市场经济体制"。这几个问题看起来都是老问题，但是重新思考它们，一方面，对当下社会主义市场经济条件下的当代中国具有很强的现实意义，因为如今中国正在大力推行社会主义市场经济体制并进行全方位的现代化建设。随之而来，人们的生活方式及其思维方式都发生了很大的变化并呈现出社会学家通常所说的"社会转型"的迹象。另一方面，更为重要的是通过这一思考也能对全面反思马克思"自由人的联合体"思想在当代中国的境遇具有很强的现实意义。因为不论是对"重建个人所有制""股份制"的阐释，还是对"社会主义市场经济体制"的重新理解，本身都是对马克思"自由人的联合体"思想本身应有内涵的当代阐释。

笔者现就以上几个问题进行有针对性的阐述。当然，对这三个问题的阐释不是截然分开的，而是彼此内在相关的。

针对第一个问题：对"重建个人所有制"的不同理解和争论，在一定程度上主要在于对"重建个人所有制"中的"个人"的不同理解。这里的"个人"在马克思的语境下，不仅是单指每个个人，尤其不是指每个相互分裂的个人，而且是彼此之间有内在联系的联合起来的个人，即受整体关照的个人所组成的每个相互联系的个人。在这里，"个人"具有很强的整体和社会韵味。"个人所有也可以翻译成'每个个人的所有'，它本身就包含着集合起来的众多个人的所有的含义。而这些个人结合起来，组成'自由人的联合体'，实际上就是一种社会所有"。❶ 马克思也曾多次

---

❶ 韩立新："关于'个人所有制'解释的几个问题——兼评李惠斌《对马克思关于'私有制'、'公有制'以及'个人所有制'问题的重新解读》一文"，载《马克思主义与现实》2009年第2期。

强调未来社会所有制下的"个人"："共产主义和所有过去的运动不同的地方在于：它推翻一切旧的生产关系和交往关系的基础，并且第一次自觉地把一切自发形成的前提看作是前人的创造，消除这些前提的自发性，使它们受联合起来的个人的支配。"❶ 在描述"自然王国"领域里的自由的生活状态时，马克思说："这个领域内的自由只能是：社会化的人，联合起来的生产者，将合理地调节他们和自然之间的物质变换。"❷ 中国的经济体制改革，本质上是对不同个人所在群体利益的调整。改革开放前，个人完全依附于群体，个人的能动性很大程度上被抹杀。正如有学者指出，"经济体制改革本质上是人们之间利益的重新调整。利益关系的调整是一个相当复杂的过程，就阶段而言，大致可以分为两个阶段，第一是利益分化阶段，第二是利益整合阶段。"❸ 改革开放以来，个人的利益在一定程度上已经被承认。尤其在当前市场经济下的中国，个人利益更为凸显出来。"物权法"的出台就是一个很好的证明。"物权法"明确规定了个人对物所具有的法律意义上的正当权利，包括所有权和支配权。这个法律的出台表明个人正当权利已获得法律上的认可，从整体上看，这是历史的进步。但在强调个人利益正当性的同时，出现了一种脱离群体之极端个人主义倾向。这同时也表明当前中国不仅处于利益分化的阶段，而且处于正迈向整合阶段的过程之中。"目前，我们国正处在由第一阶段向第二阶段转折的关头。"❶

之所以说马克思的"重建个人所有制"思想如果放在当下的中国来衡量，多少有一点"超前"的韵味，是因为马克思"重建个人所有制"提出的历史语境和前提是在资本主义时代的成就基础之上，也就是说，在生产力高度发展的基础上的协作和对土地及靠劳动本身生产的生产资料的共同占有的基础上。从这个意义上来说，当下的中国还谈不上"重建个人所有制"，因为重建的前提还不存在，生产力并没有发展到马克思所说的

❶ 《马克思恩格斯选集（第1卷）》，人民出版社1995年版，第122页。
❷ 《资本论（第3卷）》，人民出版社2004年版，第928页。
❸❶ 孙立平：《转型与断裂——改革以来中国社会结构的变迁》，清华大学出版社2004年版，第41页。

"充分涌现"的程度，所以，当下的中国与其说是"重建个人所有制"，不如说是正步入"重新承认和规范个人所有制"的历史阶段。在中国，"真正的个人所有制"才刚刚开始，还谈不到马克思的"重建个人所有制"理论的境界和高度。需要强调的是，这并不是否定当前讨论和研究马克思有关"重建个人所有制"的学术理论研究之必要性和现实性。从经济学层面上来考虑，马克思的"重建个人所有制"也是指中国以后有很长的路要走，至于走多长时间乃至能否走到还需要时间和实践的检验。具体来说，就是如何在发展市场经济以凸显个人价值取向的同时仍保持"个人""群体"和"社会"和谐共生的关系。"马克思提出重建个体所有制，强调的就是对个体利益与共同体利益的辩证整合。"❶ 在对待马克思"重建个人所有制"理论的态度上，必须反对两种理论偏激。一方面，极力凸显"重建个人所有制"社会整合韵味，而缺失了对当下"个人"正当利益的关切，从而走向改革开放前的纯而又纯的"一大二公"的计划经济体制下的全民所有制。这是一种历史的退步，一种违背马克思的"每个人的自由发展是一切人自由发展的条件"的基本精神。这一点无须赘言，每个人都能深刻地体会到。另一方面，极力夸大"个人"概念，而丢失或遮蔽"重建个人所有制"中"个人"所具有的整合性意蕴，最终导致走向"个人私有制"的境地。这一点也违背了马克思的基本理论精神和初衷。在对待以上所提出的问题的认识方面，目前学术界，包括哲学界和经济学界展开了对有关"股份制"问题的讨论。这里就这一问题简单谈一下笔者个人的看法。

二、股份制与"重建个人所有制"

在针对"股份制"是否是表征马克思所提出的"重建个人所有制"的问题上，学者们意见不一。有学者认为，"股份制"并不直接就是马克思所谓的"重建个人所有制"，但只要把"股份制"中所含的劳资关系解除，解决了剥削问题的股份制企业就是劳动者联合体，并基于此提出了社

---

❶ 姚颖："马克思所有制理论的文本解读——第十届'马克思学论坛'概述"，载《马克思主义与现实》2009 年第 2 期。

会主义股份制的说法。❶ 当然，也有学者认为，"股份制"本身就是资本主义的经济运行机制，不可能解除劳资和剥削关系。"股份制"是彻头彻尾的资本主义的东西，不可能存在社会主义股份制。笔者认为，要合理看待"股份制"的问题，有必要考察马克思本人对"股份制"的看法并结合当前中国的社会现实来分析和讨论。马克思在《资本论》第3卷第27章"信用在资本主义生产中的作用"一节中，明确地阐述了其对"股份制"的看法。"在股份公司内，职能已经同资本所有权相分离，因而劳动也已经完全同生产资料的所有权和剩余劳动的所有权相分离。资本主义生产极度发展的这个结果，是资本再转化为生产者的财产所必需的过渡点，不过这种财产不再是各个相互分离的生产者的私有财产，而是联合起来的生产者的财产。"❷ 由此可以看出，马克思是从对生产资料社会化，即为未来社会劳动者共同占有生产资料奠基物质基础这样的视角来看待"股份制"的社会作用的。基于这一点并结合中国当下的社会生产力水平整体不高的现实，从仅仅有利于提高和整合社会资源的角度可以借鉴"股份制"的经营管理方法。这里有意强调了"仅仅"一词，这不是简单的语言游戏，而是具有很强的针对性。不能仅看到马克思对"股份制"的承认就以此认为股份制就是当代中国经济运行和分配的合法性的经典依据，这是一种短视，是一种对马克思思想的片面理解。马克思在承认"股份制"在使社会生产资料和资源社会化，为未来社会劳动者共同占有生产资料和资源提供物质基础和手段的同时，也揭露了其历史暂时性和不合理性，即"在股份制内，已经存在着社会生产资料借以表现为个人财产的旧形式的对立面；但是，这种向股份形式的转化本身，还是局限于资本主义界限之内；因此，这种转化并没有克服财富作为社会财富的性质和作为私人财富的性质之间的对立，而只是在新的形态上发展了这种对立。"❸ 在这一点上，恩格斯的想法与马克思不谋而合。他指出："但是，无论转化为股份

---

❶ 姚颖："马克思所有制理论的文本解读——第十届'马克思学论坛'概述"，载《马克思主义与现实》2009年第2期。

❷ 《资本论（第3卷）》，人民出版社2004年版，第495页。

❸ 同上书，第498~499页。

公司和托拉斯，还是转化为国家财产，都没有消除生产力的资本属性。在股份公司和托拉斯的场合，这一点是十分明显的。"❶从以上两段话中，不难看出，马克思和恩格斯从根本上和原则上是坚决反对"股份制"公司的资本主义的剥削属性和对抗性质。厘清马克思恩格斯对"股份制"的基本看法之后，还要结合当前中国的社会现实。"股份制"从当下中国现实来看，还是很有市场。它促进了当下中国社会生产力的提高和资源的整合配置。从这个意义上讲，它在当下中国具有一定的历史合理性。但是，不容否认的是，当下的"股份制"企业中还存在一些剥削现象，一定要正视这一问题，而不应该回避，回避是解决不了问题的，关键是如何正视这种剥削现象，这才是解决问题的正确思路。"股份制"的实行和对其评价，不仅要看它对社会生产力和资源整合的贡献和力度，还要看它对当下中国的大多数人，尤其是对那些劳工阶级和弱势群体的关注和帮助。所以，在当下中国的经济发展现实，关键在于如何"规范"当前"股份制"企业的经营理念和加强对弱势群体的关注，需要国家出台强有力的措施保障劳工阶级及其弱势群体的人身合法权益和社会地位。如国家出台的劳动合同保障法以保护劳工群体的合法权益，其动机和关注点是好的，符合劳工群体和弱势群体的当前现状。简单地否定和赞成"股份制"的激进言辞，解决不了任何问题。以上只是对当下学界，主要是马克思主义哲学界对"股份制"看法的争论进行简单阐释并提出了个人的一点想法。下面进一步从经济层面上阐释和反思马克思的"自由人的联合体"思想，如前文所说的，还要通过对"股份制"的思考进一步引申出从学理上和现实上两个方面评估"社会主义市场经济体制"这样一个当前中国最为重大的现实问题。

三、社会主义与市场*

如何看待"社会主义市场经济体制"问题，关系到对"社会主义"和"市场"的关系的认识，进而关系到对社会主义性质的合理界定，最

---

❶ 《马克思恩格斯选集（第3卷）》，人民出版社1995年版，第753页。

* 本小节部分内容经过修改曾发表在《武汉大学学报（人文科学版）》2012年第1期。

终关系到对马克思毕生所追求的"自由人的联合体"的当代省思。这也是这里重点谈论"社会主义市场经济体制"的深刻用意和缘由所在。在马克思的理论阐释中,马克思和恩格斯从未提出"社会主义"是"共产主义"第一阶段的提法,而是仅提出了"共产主义"第一阶段和高级阶段。❶ 马克思更没有提出"社会主义市场经济"的提法。这里就存在如何看待马克思、恩格斯对社会主义的论述和与当下中国社会主义市场经济体制的关系。要对这一问题进行辨析,一方面离不开对"社会主义"和"市场"的关系的当代阐释;另一方面也离不开对马克思关于未来社会理想的整体理解和把握。这是一个老话题,但重新探讨这个话题对当下中国的社会主义市场经济的发展来说依然具有现实意义。

自改革开放 30 多年并实行社会主义市场经济以来,经济发展水平和人们生活水平日渐提高,这与实行社会主义市场经济体制和改革开放密不可分。人们尝到了改革开放和实行社会主义市场经济体制的"甜头",但与此同时,中国实行市场经济体制的过程中,也存在一些问题值得人们深思。在市场经济条件下,一些人唯利是图、一切向钱看,人们信仰维度缺失和道德滑坡现象严重,这些问题都是在当下的中国现实地存在并且每个人可以切身感受到的。正如有学者指出:"另一方面,社会主义作为一种关于理想社会的理论,与任何一种社会理论不同,它本身就蕴含着一种鼓舞人们将其实现的力量。这就带来了一个在别的社会发展过程中不曾出现过的问题:理想中的社会主义与现实中的社会主义的差异问题。……社会主义一旦从单纯的理论进入到其实现过程中,就不可避免地会把理想与现实的关系问题凸显出来。"❷ 以上这个问题的提出对当下实行社会主义市

---

　　❶ 有关马克思和恩格斯对"社会主义"和"共产主义"两个名称的使用情况,可参见:王南湜:"社会主义:从理想性到现实性",载《马克思主义与现实》2009 年第 3 期;徐彩莲等:"从经典著作中理解'社会主义'、'共产主义'两个名称",载《中共郑州市委党校学报》2007 年第 2 期。本节采用这样一种用法,即把马克思的"自由人的联合体"思想所表征的社会形态等同于"共产主义的高级阶段",把"社会主义"视为"共产主义"的第一或低级阶段。即把"社会主义"作为"共产主义社会"的一个内在阶段,而不仅仅是一个过渡阶段。这里沿用了马克思晚年在《哥达纲领批判》中对他理想中的关于未来社会理想的界定。

　　❷ 王南湜:"社会主义:从理想性到现实性",载《马克思主义与现实》2009 年第 3 期。

场经济体制的中国来说，尤其值得探讨。对这些问题的思考也必然与马克思的"自由人的联合体"思想在当代中国的理论价值之当代反思密切联系和不可分割。对马克思有关社会主义的看法和对当下中国社会主义市场经济体制的认识都内在于马克思"自由人的联合体"思想的理论内涵之中，是探讨和反思马克思"自由人的联合体"在当代中国语境下意义的题中应有之意。为了突出本书的最终理论意图，也就是在当代中国语境下重新反思马克思的"自由人的联合体"的思想之当代境遇，前文已经对这一点反复强调多次，以下将不再重复。马克思心目中的理想社会，即"自由人的联合体"思想所表征的社会形态，即"共产主义的高级阶段"是这样一幅图景："在共产主义社会的高级阶段，在迫使个人奴隶般地服从分工的情形已经消失，从而脑力劳动和体力劳动的对立也随之消失之后；在劳动已经不仅仅是谋生的手段，而且本身成了生活的第一需要以后；在随着个人的全面发展，他们的生产力也增长起来，而集体财富的一切源泉都充分涌流之后，——只有在那个时候，才能完全超出资产阶级权利的狭隘眼界，社会才能在自己的旗帜上写上：各尽所能，按需分配！"❶但马克思与此同时，还谈到了在达到这一理想社会之前必将经历一个无法越过的"共产主义第一阶段"。"我们这里所说的是这样的共产主义社会，它不是在它自身基础上已经发展了的，恰好相反，是刚刚从资本主义社会中产生出来的，因此它在各方面，在经济、道德和精神方面都还带着它脱胎出来的那个旧社会的痕迹。……这里通行的是调节商品交换的同一原则。……在这里平等的权利按照原则仍然是资产阶级权利。"❷

如何看待马克思关于未来理想社会的两阶段划分，是学术理论研究层面的重要理论思考点，尤其是对当今时代中国社会来说更是如此。马克思讨论这个问题的历史语境是西欧发达资本主义社会，而对亚洲的东方国家的社会形态的过渡和历史发展趋势没有做过多的阐明，当然他本人也反对把他的理论当作一种历史哲学并任意运用到其他国家具体发展道路的指向

---

❶ 马克思：《哥达纲领批判》，人民出版社1997年版，第12~13页。
❷ 同上书，第10~11页。

上。晚年他在答复俄国革命家伊·查苏利奇的书信中曾对俄国农村公社的发展命运及其俄国革命的发展趋势给予一定的历史期望。"我们的回答是：在俄国，由于各种情况的独特结合，至今还在全国范围内存在着的农村公社能够逐渐摆脱其原始特征，并直接作为集体生产的因素在全国范围内发展起来。正因为它和资本主义生产是同时存在的东西，所以它能够不经受资本主义生产的可怕波折而占有它的一切积极的成果。……和控制着世界市场的西方生产同时存在，就使俄国可以不通过资本主义制度的卡夫丁峡谷，而把资本主义制度所创造的一切积极的成果用到公社中来。"❶可惜晚年马克思没有对中国这一东方古老文明古国的社会发展趋势给予像俄国那样的富有启迪式的明确说明。❷

马克思并没有预料到也不可能奢望他准确无疑地预料到 100 多年后的中国实行的社会主义制度在经济体制上是有中国特色的社会主义市场经济体制。关于如何看待马克思本人所提倡的关于未来社会的"理想"（自由人的联合体）与当前中国社会发展"现实"（社会主义市场经济体制）的关系，要有说服力地说明这个问题，一方面需要从学理上给予论证和阐释，另一方面也需要结合现实给予说明。这就涉及对这个问题的说明，在一定意义上关系到对马克思关于未来社会之理论构想的"自由人的联合体"的整体评价，也从中关涉对当前中国所实行的社会主义市场经济体制的合法性问题的探讨。对这个较大问题的看法在很大程度上集中在回答这样一个现实的具体问题：如何看待"社会主义"和"市场（经济）"的关系。合理看待"社会主义"和市场（经济）的关系不仅是评判当前中国所实行的社会主义市场经济体制合法性的问题视角，而且是结合当下中国现实而反思马克思"自由人的联合体"思想的当代境遇的理论视界。

改革开放之前和在计划经济单一的经济体制条件下，人们对"社会主

---

❶　《马克思恩格斯选集（第 3 卷）》，人民出版社 1995 年版，第 762 页、第 765 页。

❷　马克思在 19 世纪中期写的一些时事评论中，对中国偶有提及，并提出"中华民国：自由平等和博爱的口号"。参见：《马克思恩格斯全集（第 10 卷）》，人民出版社 1998 年版，第 275～278 页相关论述。有关这方面的论文最具代表的，可参见：徐长福："马克思与康有为对中国社会进程的预见——为改革开放三十年而作"，载《河北学刊》2008 年第 6 期。

义"和"市场"关系的认识仍局限于马克思当年在特定历史条件下作出的关于未来理想社会的相关论点，并坚持把马克思在《哥达纲领批判》中所界定的共产主义第一阶段的社会所有制认定为公有制，并依然坚持"除了个人的消费资料，没有任何东西可以转为个人的财产"。❶ 马克思提出的"共产主义"第一阶段的思想是建立在资本主义大生产基础之上的，所以当前中国所推行的社会主义经济运行机制，即社会主义市场经济体制远远不是马克思所说的"共产主义第一阶段"，而是低于这个阶段的发展水平。正是基于此，邓小平结合我国当前的经济发展水平，提出了社会主义可以和市场经济结合，并初步提出了社会主义初级阶段理论。邓小平在中国共产党第十三次代表大会召开之前，已经明确提出社会主义初级阶段的言论。"中国社会主义是处在一个什么阶段，就是处在初级阶段，是初级阶段的社会主义。社会主义本身是共产主义的初级阶段，而我们中国又处在社会主义的初级阶段，就是不发达的阶段。"❷ 针对这一言论，接下来党的第十三次代表大会继续发挥这一主题，并把"社会主义初级阶段"的理论上升到党的文献中。"在中国这样落后的东方大国中建设社会主义，是马克思主义发展史上的新课题。我们面对的情况，既不是马克思主义创始人设想的在资本主义高度发展的基础上建设社会主义，也不完全相同于其他社会主义国家。照搬书本不行，照搬外国也不行，必须从国情出发，把马克思主义基本原理同中国实际结合起来，在实践中开辟有中国特色的社会主义道路。"❸

社会主义从一开始就是一种理论和设想，其本身的发展就是一个不断从理想到现实之间不断融合生成的过程。苏联从作为第一个社会主义国家的诞生到其垮台，自新中国从成立以来，期间经历了"大跃进"和"文化大革命"的一段历史曲折，有成功也有失败。尤其是 20 世纪 70 年代末的改革开放路线的实行，改革开放的 30 多年体现了中国在实现社会主义

---

❶ 《马克思恩格斯选集（第 3 卷）》，人民出版社 1995 年版，第 304 页。
❷ 《邓小平文选（第 3 卷）》，人民出版社 1993 年版，第 252 页。
❸ 马洪、王怀超主编：《中国改革全书（1978～1991）》，大连出版社 1992 年版，第 214 页。

道路上所体现的不懈追求和努力探索。马克思和恩格斯生前没有看到现实社会主义国家的诞生，没有看到他们的学说会影响远在东亚的中国。社会主义从其理想和现实本身就是一个不断的历史发展和生成的过程。"尽管马克思主义创始人对于社会主义理论进行了不懈的现实化探索，但由于马克思、恩格斯生活的时代并未经历现实的社会主义，因而他们的理论探索也就不可能预见到现实社会主义的全部问题。"● 的确，现实的社会主义运动和实践与马克思和恩格斯所设想的社会主义有很大的差距。马克思只是初步提出了共产主义的低级阶段和高级阶段。他绝没有想到他的理论会在落后的东方国家中国得以奠基，甚至也不能设想在共产主义的初级阶段还有一个初级阶段，即"社会主义初级阶段"。这不得不迫使我们在马克思对未来社会划分的基础上结合中国的实际情况对现实社会的发展阶段给予更加理性的分析和思考。"社会主义初级阶段"理论的提出的根本意义在于："从根本上说，这个意义就是它最终解决了社会主义运动中理想性和现实性的关系。……正是这一概念的提出，才使得我们摆脱了前述实际上和理论上的尴尬状态。一方面，这一概念将现阶段社会与过渡时期区别开来，使人们认识到社会主义初级阶段是一个有着自身稳定结构的独立的社会发展阶段，从而不再能以一种非常时期的非常规方式去从事政治活动，而是必须按照其所具有的稳定结构来规划一种平常时期的常规方式的经济、政治和文化生活；另一方面，这一概念也将中国现阶段的社会主义与马克思主义创始人所设想的发达国家社会主义胜利后经过一个短暂的过渡时期所建立的共产主义社会第一阶段区别了开来，使人们不必用马克思主义创始人所设定的那些目前难以实现的标准去衡量现实社会，从而诱使人们脱离实际地去追求'一大二公'、'穷过渡'，而是立足于现实条件去发展自身，特别是构建一种能够极大地推进经济发展的社会主义市场经济体制。"❷以上这段话所表述的内容是符合历史实际情况的，是一种发自内心的理论思考。在这一点上，笔者深以为然。另外，从以上这段引文中，还引申出前文提出的这样一个具体问题：在坚持社会主义初级阶段理论之

●❷　王南湜："社会主义：从理想性到现实性"，载《马克思主义与现实》2009 年第 3 期。

基础上如何给当下中国实行的社会主义市场经济体制给予理论定位。这里就涉及如何看待社会主义和市场（经济）的关系问题。而要回答这一问题，就必须一方面弄清楚马克思和恩格斯对"社会主义"和"市场"（经济）的看法是怎样的；另一方面结合当下中国的实际情况来看待马克思和恩格斯有关社会主义和市场（经济）关系的观点。在认识这两个问题的基础之上要进而回答这样一个问题："社会主义市场经济体制"在多大程度上仍内在于马克思的理论问题域。也就是说，如何通过比较马克思关于未来社会——"自由人的联合体"思想来界定当前中国所实行的社会主义市场经济体制及其发展趋势。

四、马克思、恩格斯关于"社会主义与市场"关系的思考

马克思和恩格斯基本上都是从作为现实社会存在在思想中的反映来看待社会主义的。也就是说，他们把"社会主义"主要是作为一种理论和学说来看待，并试图把这一理论和学说与社会历史实践结合起来。针对关于人与自然的关系问题，马克思导引出了他对"社会主义"的看法。他在《1844 年经济学哲学手稿》中写道："社会主义作为社会主义已经不再需要这样的中介；它是从把人和自然界看作本质这种理论上和实践上的感性意识开始的。社会主义是人的不再以宗教的扬弃为中介的积极的自我意识。"❶ 在马克思看来，"社会主义"是一种直接以"人"和"自然"本真的状态来反映"人"和"自然"本身的理论学说。从这句话中可以看出，马克思是从一种理想性和立足于未来的维度看待社会主义的，并把"社会主义"视为一种不断生成的理论状态。这与马克思在《资本论》第1 卷商品章节中关于未来社会的社会存在形式，即对"自由人的联合体"思想的认识是一致的。"在人们面前表现为人与人之间和人与自然之间极明白而合理的关系的时候，现实世界的宗教反映才会消失。"❷ 在《德意志意识形态》中反对"真正社会主义"一节中，马克思针对德国一些社会人士歪曲法国社会主义的学说并用德国的哲学来粉饰法国社会主义学说

---

❶ 《马克思恩格斯全集（第 3 卷）》，人民出版社 2002 年版，第 311 页。
❷ 《资本论（第 1 卷）》，人民出版社 2004 年版，第 97 页。

的错误时指出："即使这些著作是宣传某些体系，它们仍然是以实际的需要为基础的，是以一定国家里的一定阶级的生活条件的总和为基础。"❶在马克思看来，"社会主义"作为一种学说是以理论上的形式表现出来，但是其理论深深扎根于其现实生活之中。恩格斯也是在这个意义上并在《社会主义从空想到科学的发展》一书中明确地界定了"社会主义"。"现代社会主义，就其内容来说，首先是对现代社会中普遍存在的有财产者和无财产者之间、资本家和雇佣工人之间的阶级对立以及生产中普遍存在的无政府状态这两个方面进行考察的结果。但是，就其理论形式上说，它起初表现为18世纪法国伟大的启蒙学者们所提出的各种原则的进一步的、似乎更彻底的发展。同任何新的学说一样，它必须首先从已有的思想材料出发，虽然它的根子深深扎在物质的经济的事实中。"❷

　　在基本澄清马克思和恩格斯本人对"社会主义"的看法后，如何看待他们对市场（经济）的看法呢？也就是说马克思和恩格斯本人到底对"市场"（经济）持什么样的真实态度呢？从一般意义上来说，马克思对"市场"经济的看法与对"社会主义"的看法一样，主要是基于一定的社会历史现实并从一种历史发展辩证的眼光来看待"市场"。因为"市场"（经济）本身的特征之一就是一种"商品"意义上的"交换"，而"商品交换"下的基本特征就是通过"货币"为媒介的一种"交换形式"，所以从一般意义上来说，对马克思关于"市场"（经济）的看法应纳入其对"商品""资本"及其"货币"认识的理论视域。马克思在《资本论》第1卷及《1857～1858年经济学手稿》相关部分针对"商品""商品交换"及其"货币"进行了精彩的阐述，厘清并分析这些阐释的实质对理解马克思和恩格斯对"市场"（经济）的本真看法意义至关重要。厘清马克思和恩格斯对"市场"（经济）的本真看法，对合理定位当前中国所实行的"社会主义市场经济体制"具有重大的现实意义并最终对我们在当今现实意义上从经济学层面上理解马克思的"自由人的联合体"思想的当代价

❶　《马克思恩格斯全集（第3卷）》，人民出版社1960年版，第535页。
❷　恩格斯：《社会主义从空想到科学的发展》，人民出版社1997年版，第36页。

值具有启发性。通过在《资本论》第 1 卷 "商品的拜物教性质及其秘密"一节中对商品拜物教本质的根源性的分析，马克思揭示出了整个资本主义社会的基本矛盾都基于 "商品的拜物教"，而 "货币拜物教" 和 "资本拜物教" 的秘密也可以透过 "商品的拜物教" 的秘密而一览无余。在马克思看来，"市场" 本身是作为在一定历史条件下（生产力发展，产品有剩余，加之人们需要之间的互相补充）的 "交往方式"。"市场" 的这种交往方式主要是通过在资本主义条件下的商品、货币和资本而表现出来，而"市场" 这种交往方式又借助于商品而逐渐为自己开辟道路。"由于开扩了世界市场，使一切国家的生产和消费都成为世界性的了。……它的商品的低廉价格，是它用来摧毁一切万里长城、征服野蛮人最顽强的仇外心理的重炮。它迫使一切民族——如果它们不想灭亡的话——采用资产阶级的生产方式；它迫使它们在自己那里推行所谓的文明，即变成资产者。"❶马克思上述这一段语言优美的文字，深刻地表达了这样一个思想：作为一定历史阶段的 "生产方式和交换方式的一系列变革的产物" 的资产阶级的所谓的 "市场"❷ 文明迫使一切旧民族采用这一所谓的 "文明" 才能生存下去。

在揭露商品所具有的拜物教的秘密时，马克思指出："对商品的分析表明，它却是一种很古怪的东西，充满形而上学的微妙和神学的怪诞。"❸造成商品之所以具有这种神秘性的根源何在呢？马克思接着指出："劳动产品一旦采取商品形式就具有的谜一般的性质究竟是从哪里来的呢？显然是从这种形式本身来的。人类劳动的等同性，取得了劳动产品的等同的价值对象性这种物的形式；用劳动的持续时间来计量的人类劳动力的耗费，取得了劳动产品的价值量的形式；最后，生产者的劳动的那些社会规定借以实现的生产者关系，取得了劳动产品的社会关系的形式。可见，商品形式的奥秘不过在于：商品形式在人们面前把人们本身劳动的社会性质反映

---

❶ 《马克思恩格斯选集（第 1 卷）》，人民出版社 1995 年版，第 276 页。

❷ 这里的 "市场" 特指资产阶级所开辟出来的世界性的交换体系，而非前资本主义社会的简单的交换场所。

❸ 《资本论（第 1 卷）》，人民出版社 2004 年版，第 88 页。

成劳动产品本身的物的性质，反映成这些物的天然的社会属性，从而把生产者同总劳动的社会关系反映成存在于生产者之外的物与物之间的社会关系。"❶ 这句话的意思可以归结为，本来是人自身创造出来的东西却被物的东西所支配；本来是人与人之间的社会关系却被物与物之间的自然关系所取代。归结为一点就是：一定社会历史发展过程所造就的商品本身所具有的"交换"的社会性质造成这一结果。

　　"市场"的"交换"本性所具有的社会性质决定了"商品拜物教秘密"的根源。"因此拜物教是同商品生产分不开的。商品世界的这种拜物教性质，像以上分析已经表明的，是来源于生产商品的劳动所特有的社会性质。"❷ 具体说来，这一交换所体现出来的社会性质怎么样呢？马克思接着指出："使用物品成为商品，只是因为它们是彼此独立进行的私人劳动的产品。这种私人劳动的总和形成社会总劳动。因为生产者只有通过交换他们的劳动产品才发生社会接触，所以，他们的私人劳动的独特的社会性质也只有在这种交换中才表现出来。换句话说，私人劳动在事实上证实为社会总劳动的一部分，只是由于交换使劳动产品之间、从而使生产者之间发生了关系。……劳动产品只是在它们的交换中，才取得一种社会等同的价值对象性，这种对象性是与它们的感觉上各不相同的使用对象性相分离的。劳动产品分裂为有用物和价值物，实际上只是发生在交换已经十分广泛和十分重要的时候，那时有用物是为了交换而生产的，因而物的价值性质还在物本身的生产中就被注意到了。从那时起，生产者的私人劳动真正取得了二重的社会性质。"❸从这段较长的引文，可以看出，在马克思眼中，"交换"所表征出来的社会性质这一体现"资本主义市场"和"商品"特性的一定历史阶段的交往方式是造成"商品拜物教"的根源所在。学界通常认为，马克思对"交换"的看法完全是用历史的和现实的眼光来看待的。但是，在笔者看来，马克思对"交换"的社会性质的看法从理论深层次上看仍然具有"人本主义"批判的哲学味道，不仅仅是着眼

---

❶　《资本论（第1卷）》，人民出版社2004年版，第89页。

❷❸　《资本论（第1卷）》，人民出版社2004年版，第90页。

于纯粹的经济学的实证论研究。可见，马克思对"商品拜物教"的分析在某种程度上依然秉承了他在《1844 年经济学哲学手稿》中"异化劳动"思想的精神，只不过此时的马克思对这一问题的看法更多了一些历史和现实感，少了一些浪漫主义式的道德控斥。关于这一点，也可以在最能体现马克思经济哲学思想的《1857～1858 年经济学手稿》中看到。当然，这并不就是说马克思对商品拜物教的研究仅仅是以一种哲学批判的方式来研究。如果仅仅简单这样理解马克思对资本主义生产方式——市场和交换的批判，那么就不能把马克思和其他空想社会主义者和浪漫主义者区分开来了。

马克思对资本主义生产方式的批判是一种具有原则的高度的批判，既承认其巨大的推动历史前进的作用，也看到了它的负面效果并对这个问题进行了人本主义式的阐释和论证。"理想"与"现实"、"事实"与"价值"的双重内在张力内在地构成了马克思思考"市场"（经济）的两个维度。马克思在《资本论》第 1 卷对商品拜物教的深刻分析所得出的思想也集中反映在其作为《资本论》手稿之一的《1857～1858 年经济学手稿》之中。在《1857～1858 年经济学手稿》中，马克思论证并揭示了货币作为财富代表的历史生成过程及其本质。在这部手稿中，马克思还对货币和交换价值的"交换"属性进行了深入阐述。这对于深入理解马克思对"市场"（经济）批判的本真态度具有重要的启发。

马克思针对货币的产生和本质，提出了著名的社会历史发展的三形态说。"人的依赖关系（起初完全是自然发生的），是最初的社会形式，在这种形式下，人的生产能力只是在狭小的范围内和孤立的地点上发展着。以物的依赖性为基础的人的独立性，是第二大形式，在这种形式下，才形成普遍的社会物质变换、全面的关系、多方面的需要以及全面的能力的体系。建立在个人全面发展和他们共同的、社会的生产能力成为从属于他们的社会财富这一基础上的自由个性，是第三个阶段。第二个阶段为第三个阶段创造条件。因此，家长制的、古代的以及封建的状态随着商业、奢侈、货币、交换价值的发展而没落下去，现代社会则随着这些东西同步发展起来。"❶ 从这段引文的最后一句话，可以推断出马克思充分看到了"商业""交换"对社会历史发展的推动作用。但是这个推动作用马克思仅仅是从它为"每个人的自由个性全面"发展提供物质基础和条件的意义上来承认的。也就是说，在通向马克思所说的"每个人的自由个性和全面发展"的历史发展征途中，资本主义所特有的交换方式，即"市场"及其所内在的交换价值在创造巨大生产力的同时也摧残了人的自由和个性。"不管活动采取怎样的个人表现形式，也不管活动的产品具有怎样的特性，活动和活动的产品都是交换价值，即一切个性，一切特性都已被否定和消灭的一种一般的东西。"❷ 针对部分经济学家尤其是所谓庸俗经济学家对商品的拜物教迷信的程度乃至颠倒了日常生活中的使用价值和价值的关系，马克思指出："直到现在，还没有一个化学家在珍珠或金刚石中发现交换价值。可是那些自以为有深刻的批判力、发现了这种化学物质的经济学家，却发现物的使用价值同它们的物质属性无关，而它们的价值倒是它们作为物所具有的。……物的使用价值对于人来说没有交换就能实现，就是说，在物和人的直接关系中就能实现；相反，物的价值则只能在交换中实现，就是说，只能在一种社会的过程中实现。"❸ 马克思在这里揭示了资本主义的交换方式给古典经济学家造成的迷惑之悖论的现象。在现实社会中，物品的使用价值是直接与物品的属性相联系的，人们之间之所以相互交换产品是因为基于物的不同的使用价值而言的。所以，实现各自的需要必须通过交换来实现。而古典经济学家恰恰相反，他们把人们之间基于不同的物的使用价值而产生的交换之需要理解为基于不同物的价值的需要。其实价值不要交换，它直接内在于每个劳动者劳动活动中。

马克思接着又把货币作为一种交换中介得以掩盖人与人之间现实的社会关系的原因归结为资本。"以交换价值为基础的生产和以这种交换价值的交换为基础的共同体，——尽管像我们在论货币的上一章中所看到的那样，它们会造成一种外观，仿佛财产仅仅是劳动的结果，对自己劳动产品

---

❶ 《马克思恩格斯全集（第30卷）》，人民出版社1995年版，第107～108页。

❷ 同上书，第106～107页。

❸ 《资本论（第1卷）》，人民出版社2004年版，第101～102页。

的私有是劳动的条件，——以及作为财富的一般条件的劳动，都是以劳动与其客观条件相分离为前提的。……这种交换制度是以资本为基础的，而且，如果把它同资本分开来考察，像它在表面上所表现的那样，把它看作独立的制度，那么，这只是一种假象，不过这是必然的假象。"❶ 这样一来，马克思就通过"商品""货币"和"资本"三者的内在关系把资本主义特有的交换方式所体现假象的根源揭露出来了。马克思是用一种历史辩证的眼光来看待资本主义的生产和交往方式——"市场"（经济）及内在所特有的交换特质。而与此同时，马克思在评判资本主义的市场和交换价值的时候，其思想深处隐约透露出其"人本主义"批判的维度。所以，"历史"研究和"价值"批判统一于马克思的历史观中，尤其是统一于他对资本主义生产和交往方式之症候的"市场"和交换价值的认识之中。从这个意义上说，在对待马克思关于"市场"（经济）的真实态度上的合理观点是：一方面，要避免一味强调马克思对"市场"（经济）唱赞歌的实用主义的观点，从而忽视马克思思想中所特有的价值批判和规范的维度；另一方面，要防止一味强调马克思的社会批判和价值规范的维度，从而忽视马克思思想中所特有的历史性维度。当然，在马克思看来，资本主义只是人类历史发展的一个特定的阶段，它必将被一个更好的社会发展阶段所取代，而这个更高的社会发展阶段也是一个不断处在历史的生成过程。马克思针对资本主义生产方式和交往方式的变革所带来的生产和财富时，表示了对取代资本主义社会的未来社会下人的个性将获得充分的发展，与此同时，资本主义的特有的交往方式及现象——交换价值也将随之消亡。"一旦直接形式的劳动不再是财富的巨大源泉，劳动时间就不再是，而且必然不再是财富的尺度，因而交换价值也不再是使用价值的尺度。群众的剩余劳动不再是发展一般财富的条件，同样，少数人的非劳动不再是发展人类头脑的一般能力的条件。于是，以交换价值为基础的生产便会崩溃，直接的物质生产过程本身也就摆脱了贫苦和对抗性的形式。个性得到自由发展，因此，并不是为了获得剩余劳动而缩减必要劳动时间，

---

❶ 《马克思恩格斯全集（第30卷）》，人民出版社1995年版，第504~505页。

而是直接把社会必要劳动缩减到最低限度，那时，与此相适应，由于给所有人腾出了时间和创造了手段，个人会在艺术、科学等方面得到发展。"❶ 从中可以看出，马克思对未来社会中人的生存状态的期许多少带有理想的"超验"韵味。劳动时间不再是财富的尺度，而直接的物质生产过程直接服务于大多数人，并为大多数人提供最可能多的自由时间。每个人都可以在这个自由时间里从事有利于自己发展个性的事务。这里马克思也许忽略了这样一个问题：是什么能保证每个人在这个自由时间里都一定会从事有利于自己个性发展的事务而不从事于其他与自己个性无关的事务呢？是人性本身求善的完美性还是生产力的高度发展呢？这个问题看来仍需进一步说明。当然，我们不能苛求马克思太多，因为他所处的那个年代，生产力的发展程度远没有现时代社会发展得快。正如德波所言，"人们所提及的所有从劳动中解放出来的东西，即日益增长的休闲时间，既不是劳动自身的解放，也不是由这类劳动所塑造的这一世界的解放。"❷

恩格斯在《社会主义从空想到科学的发展》一书中，对资本主义通过交换价值所体现的商品社会进行了直接而深刻描述。"资本主义生产方式渗入了商品生产者即通过自己产品的交换来实现社会联系的个体生产者的社会。但是，每个以商品生产为基础的社会都有一个特点：这里的生产者丧失了对他们自己的社会关系的控制。每个人都用自己偶然拥有的生产资料并为自己的个人的交换需要而各自进行生产。"❸ 恩格斯接着指出："资本主义社会的无计划生产向行将到来的社会主义社会的计划生产投降。……经济的冲突达到了顶点：生产方式起来反对交换方式。"❹ 马克思也指出："只有当社会生活过程即物质生产过程的形态，作为自由联合的人的产物，处于人的有意识有计划的控制之下的时候，它才会把自己的神秘的纱幕揭掉。"❺ 从以上可以看出，马克思、恩格斯也许认为：资本

---

❶ 《马克思恩格斯全集（第46卷下）》，人民出版社1980年版，第218~219页。
❷ [法]德波著，王昭凤译：《景观社会》，南京大学出版社2006年版，第9页。
❸ 恩格斯：《社会主义从空想到科学的发展》，人民出版社1997年版，第63页。
❹ 同上书，第70页、第68页。
❺ 《资本论（第1卷）》，人民出版社2004年版，第97页。

主义社会的生产是无计划的，而取代资本主义社会的未来社会（自由人的联合体）的生产是有计划的。即使是马克思在《哥达纲领批判》中对共产主义社会的第一阶段的看法，他们也认为："在这里平等的权利按照原则仍然是资产阶级权利，虽然原则和实践在这里已不再互相矛盾，而在商品交换中，等价物的交换只是平均来说才存在，不是存在于每个个别场合。"❶ 可以看出，马克思把"商品交换"原则视为资产阶级权利的集中体现，也就是说，"商品交换"是资本主义社会所特有的一种经济交往方式，未来的社会将取代这一"商品交换"的方式。当然，马克思对这个取代过程的认识充满了历史的辩证态度，即"权利决不能超出社会的经济结构以及由经济结构制约的社会的文化发展。……集体财富的一切源泉都充分涌流之后，——只有在那个时候，才能完全超出资产阶级权利的狭隘眼界，社会才能在自己的旗帜上写上：各尽所能，按需分配！"❷ 可见，一方面，马克思是从资产阶级法权的意义上看待"商品交换"的，而"商品交换"又是市场（经济）的基本原则。另一方面，马克思又把超越"商品交换"的原则归结为社会生产力的极大发展，社会产品的极大丰富。而要达到这一点，马克思也承认"商品交换"有促进个人能力发展的一面，即"要使这种个性成为可能，能力的发展就要达到一定的程度和全面性，这正是以建立在交换价值基础上的生产为前提的，这种生产才在产生出个人同自己和同别人相异化的普遍性的同时，也产生出个人关系和个人能力的普遍性和全面性。……因此，家长制的，古代的（以及封建的）状态随着商业、奢侈、货币、交换价值的发展而没落下去，现代社会则随着这些东西同步发展起来。"❸ "历史性"与"价值批判"构成马克思对"市场"（经济）这一资本主义特定的历史交往方式的双重思考维度。

五、国外学界关于"社会主义与市场"关系的评析

在阐释马克思对"市场"（经济）的基本看法过程中，有必要回顾一

❶ 马克思：《哥达纲领批判》，人民出版社1997年版，第14~15页。
❷ 同上书，第15~16页。
❸ 《马克思恩格斯全集（第30卷）》，人民出版社1995年版，第112页、第108页。

下 20 世纪西方社会关于"社会主义"和"市场"（经济）关系的相关论述，这对于深入阐释马克思对"市场"经济的基本看法及其马克思关于"社会主义市场经济体制"在多大程度上仍内在于马克思的理论问题域，乃至如何界定当前中国所实行的社会主义市场经济体制提供了理论和实践上的借鉴。

关于"社会主义"和"市场"如何兼容的问题，早在 20 世纪二三十年代西方经济学界就已经提出，并且 80 年代兴起了所谓"市场社会主义"学派。一种观点认为，社会主义与市场完全不能兼容；另一种观点认为，社会主义条件下可以借鉴市场的规则，即社会主义和市场可以兼容。本书主要选取有代表性的两个人物的观点进行论说，即赞同第一种观点的奥地利经济学家米瑟斯和赞同第二种观点的美国马克思主义经济学家约翰·罗默。奥地利经济学家米瑟斯的《社会主义——经济与社会学的分析》一书从经济学的角度论证了社会主义的不可行性。该书译者谈道："米瑟斯事实上以更明确、更具体的方式提出了使学界和社会主义改革者长期感到困扰的社会主义与市场能否兼容的问题。"● 米瑟斯从社会主义条件下，证明经济核算●的不可能性以此来论证社会主义的不可行性。"证明了社会主义社会里经济核算的不可能，也就是证明了社会主义的不可行。"● 在米瑟斯看来，"市场才成为资本主义社会秩序的关键所在：这是资本主义的实质。这只有在资本主义制度下才是可能的；社会主义社会不可能对它进行'人为的'模仿。……社会主义所能做的，只是把资本的支配权交给国家或作为统治者管理企业的人手里。这意味着市场的取消，而废除市场正是社会主义的目标，因为由市场主导经济行为，意味着生产的组织和产品的分配根据社会每个成员影响市场的支付能力来确定；

●　[奥] 路德维希·冯·米瑟斯著，王建民等译：《社会主义——经济与社会学的分析》，中国社会科学出版社 2008 年版，第 25 页。

●　所谓经济核算，米瑟斯把其理解为一种经济动力学的问题，即生产手段如何有效地生产消费品等问题。可参见：[奥] 路德维希·冯·米瑟斯著，王建民等译：《社会主义——经济与社会学的分析》，中国社会科学出版社 2008 年版，第六章"社会主义的生产组织"。

●　[奥] 路德维希·冯·米瑟斯著，王建民等译：《社会主义——经济与社会学的分析》，中国社会科学出版社 2008 年版，第 102 页。

这就是说，这正是社会主义所要废除的对象。即便是社会主义社会，都可以很容易地确定应当生产的消费品的种类和数量。没有人否认这一点。但是，决定做出之后，现有生产手段如何能够最有效地生产这些消费品的问题仍然悬而未决。……所以说，选择仍然只能是：要么是社会主义，要么是市场经济。"❶ 以上这段引文体现了米瑟斯对"社会主义"和"市场"（经济）的看法，并把两者截然对立起来。从社会主义的终极目的来看，"市场"必定会消失而被"计划"所取代，这一点米瑟斯也看到了，这一点无疑是合理的。但是，米瑟斯的这一看法是以终极"理想"来消解"现实"，并且否认"现实"对"理想"的规约性，总体来看割裂了"理想"和"现实"之间有机联系。他没有理性地认清马克思在"理想"和"现实"之间，即"社会主义"（或未来社会的"自由人的联合体"）和"资本主义"之间的内在联系和理论张力，从而他在看待"社会主义"和"市场"（经济）关系时缺少历史的辩证思维。在这一点上，罗默对"社会主义"和"市场"二者关系的观点颇具有启发性。

罗默否定古典和新古典经济学派对"市场"的理解，并把"计划"和"市场"都当作资本配置的手段，而不是区分"资本主义"和"社会主义"的根本区别。这一点与他对"社会主义"本质的理解分不开的，即"社会主义者需要如下的机会平等：（1）自我实现和福利；（2）政治影响以及（3）社会地位。……社会主义唯一正确的伦理学依据是一种平等主义的论据。……社会主义的目标最好被考虑成一种平等主义，而不是被考虑成一种具体财产关系的实施。换句话说，我们的意思是，社会主义者评价财产关系必须根据这些财产关系提供平等主义的能力。"❷ 基于他以上对"社会主义"本质的理解，他认为，"新古典的观点把市场看作在有才能的个人之间组织竞争的最小机构。与这种'浅薄'观点形成鲜明对照的是，现代的'充实'观点把市场看作复杂的人为机构网络的一个

---

❶ ［奥］路德维希·冯·米瑟斯著，王建民等译：《社会主义——经济与社会学的分析》，中国社会科学出版社 2008 年版，第 106～107 页。

❷ ［美］约翰·罗默著，余文烈等译，张金鉴校：《社会主义的未来》，重庆出版社 1997 年版，第 9 页、第 15 页、第 113～114 页。

组成部分，所有的个人贡献通过这种网络得到净化与提炼。我们认为，这两种市场观具有实质性的区别，后者与前者不同，适合于市场与社会主义的共处。"● 罗默认为，在对企业的理解方面，现代资本主义所实行的委托—代理关系仍是一种启发社会主义未来的经济方式，即"雇佣的代理人也能在社会主义经济中经营企业，在社会主义经济条件下，利润分配得比在资本主义条件下更为均散。实际上，在资本主义条件下形成的使企业所有者能够控制管理的机制，能够移植到社会主义框架中去。……我们这本小册子的任务，是提出和捍卫一种把市场体制的力量和社会主义的力量结合起来的新模式。这种新模式既要考虑效率又要考虑平等。"●

从以上相关论述可以看出，在罗默看来，在社会主义价值立场上，即坚持"平等主义"的伦理原则的基础之上，也要考虑社会主义条件下的资源配置方式和效率问题，而社会主义经济可以借鉴资本主义企业的运行模式来促进效率和生产方式的提高。基于这一点，他提到了中国的乡镇企业是运用其"市场社会主义"经济模式的最好例证。"人们已经看到可能是第一个土生土长而又具有竞争力的社会主义企业（所谓乡镇企业）形式在中国的发展。……那么至 1979 年以来中国经济的大部分变化应该归因于一种被恰当地描述为市场社会主义的新的财产形式。"● 此外，罗默还基于现实的考虑把社会主义的未来实现划分为"短期目标"和"长远目标"，在这一点上他在某种程度上肯定苏联布尔什维克对"短期目标"和"长远目标"的坚持并将这两个目标提上了日程。"长远目标是建立无阶级的社会，而短期计划则是一条经济与社会发展的独特道路——一条不实行生产资料私有制的道路。"● 他对社会主义在未来的实现充满憧憬，并相信社会主义未来实现必须经过"短期目标"而最后达到"长远目标"。"社会主义仍然是一种值得追求的理想，而在现实世界也是可能的。

● [美] 约翰·罗默著，余文烈等译，张金鉴校：《社会主义的未来》，重庆出版社 1997 年版，第 5 页。

● 同上书，第 5 页、第 2 页。

● 同上书，第 116 页。

● 同上书，第 23 页。

我们认为，赞成社会主义经济的优点需要在构成社会主义成分的基本观点方面进行某些修正。毋庸置言，苏联模式的社会主义社会是垮了，但这并不意味着其他的，尚未尝试的社会主义形式也应该为它殉葬。……当前，西方对社会主义的短期目标应该是什么有很多争论，遗憾的是，东方在这方面就不如西方了。我们相信，这个目标就是某种类型的市场社会主义。我们认为，任何复杂的社会都必须利用市场，以便生产和分配人们为自我实现和福利所需要的物品。然而，市场经济与政治影响的机会平等和社会地位的平等是否一致还很不清楚。"❶ 总体看来，罗默是从"价值"和"事实"的双重立场上审视社会主义及其经济运行方式的。一方面，他坚持社会主义的价值特征并将其理解为平等主义；另一方面，他又将社会主义的经济运行效率与市场紧密联系起来。这是一种将"理想"与"现实"有机联系起来的实践的思维方式，即用"理想"来观照"现实"，同时又将"理想"放在"现实"中加以考量，即体现了一种实践的智慧，始终在"理想"与"现实"之间保持一定的理论张力。这对当下中国实行的社会主义市场经济体制的合理审视不无理论和实践的借鉴意义。"市场社会主义在哲学思维层次上提出'手段与目的关系'的新见解，将为社会主义的创新开拓更新的视野和更大的空间。"❷

行文至此，有个问题需要指出：如何看待马克思对"市场"的真实态度呢？从总体来看，马克思对市场（经济）看法是以一种历史辩证的眼光来看待。马克思虽然对"市场"（经济）的看法持历史辩证的态度，但在其中仍多少隐含着马克思对"市场"（经济）人本主义的批判维度，仍然对生产方式之"计划"情有独钟。另外，有必要指出：马克思对"市场"经济的批判总体所持的历史辩证的态度应该成为当代中国社会发展，尤其是经济体制发展的基本指导思想。当然，这里涉及如何看待经典思想家的思想与社会现实之间的关系问题。一方面，中国实行社会主义市场经济主要是基于当前中国自己发展的阶段性特征，即生产力不发达，人

---

❶ ［美］约翰·罗默著，余文烈等译，张金鉴校：《社会主义的未来》，重庆出版社1997年版，第1页、第24页。

❷ 徐觉哉：《社会主义流派史》，上海人民出版社2007年版，第459页。

们生活水平低下。现实的历史发展及其以往的历史经验教训迫使中国走上改革开放和实行社会主义市场经济体制的道路。另一方面，如果只局限于经典作家的原话而把其思想原封照搬到现实社会中来，是一种缺少对思想本身之反思的"教条化"。艾兰·米吉（Allan Megill）的看法对合理看待马克思对市场（经济）的看法不无启示。在他看来，"在对一些关于马克思反市场的观点进行辩解和缓冲的解释者中，存在这样一种为马克思关于反市场观点之无误辩解的冲动。换句话说，在这些解释者的眼中，潜在一种使马克思的理论观点最大化地适应于现实这样一种理论冲动。……从另一方面说，使过去的理论适用于现实在和将来本是合情合理。但是，话又说回来，我们应找出这样一种理论思考路径的缺陷。对作者某一观点的更改或强调就是对该作者其他理论方面的遮蔽。关于过去和现在之间的连续性和普遍性的问题需要不断地论证和说明，而不是仅仅做简单的假设。"❶尽管笔者不赞同艾兰·米吉在该书中简单从马克思早期著作中寻求理论依据，简单把马克思反对市场的缘由仅仅归结为马克思对"市场"的蔑视这个结论，但其所提出的如何看待马克思有关市场的研究视角无疑是合理和睿智的。之所以如此说，是因为它可以启发我们看待这样一个问题：从马克思对"市场"（经济）的看法中可以具体引申出如何科学和理智地认识和看待马克思、恩格斯经典作家的思想在当代的价值及其时代效应。进而从这一点上，也可以启发我们如何理性地认识经典作家所理解的关于社会主义和市场的关系与当下中国所实行的社会主义市场经济体制的关系。进一步说，一定要把理论与现实历史地结合起来。"在保留既有理想性理论的真精神的条件下，根据现实生活情况对既有的理论进行重大修改，使之能与现实达到一种较高程度的符合。具体的方法，乃是对既有理论进行重构，将既有理论中理想性的成分与现实性的成分区分开来，进而寻找或发现其间新的中介环节，以期能将理想性与现实性在新的条件下再度结合起来。"❷

---

❶ Allan Megill, *Karl Marx*：*The Burden of Reason*（*Why Marx Rejected Politics and the Market*），Maryland：Rowman & Littlefield Publisher, Inc, 2002, p. 130.

❷ 王南湜："社会主义：从理想性到现实性"，载《马克思主义与现实》2009 年第 3 期。

当下中国所实行的社会主义市场经济体制从其基本精神上看，是对以往所走过的道路和对以往社会主义经验的历史总结。一方面，社会主义市场经济体制的确立是符合当前中国国情的，也符合马克思经典作家的理论精神，即发展生产力，提高人们的生活水平，进而促进人的发展。另一方面，尊重个体的个性和首创精神。这一体制总体上看是对马克思主义理论精神在当代的一种探索，这一点是基本值得肯定的。这一探索的首创精神体现在基于中国的现实把资本主义和市场经济区分开来，把计划和社会主义区分开来。进一步说，就是把市场经济仅仅作为一种资源配置方式和手段，而非判断社会主义和资本主义的根本政治标准和价值立场。而在马克思和恩格斯本人的有关论述中，他们思想中隐约透露着把"资本主义"和"市场经济"（或者商品交换），"社会主义"和"计划经济"等同起来的理论倾向。马克思和恩格斯有关这一点的相关言论，前文有关部分已经引出原文以作文献上的论证。而社会主义市场经济体制的提法和确立是对马克思和恩格斯有关"社会主义""市场""计划"和"资本主义"关系的重新反思和探索，是一种具有探索性的创新。这一点是必须值得肯定的。社会主义市场经济体制的确立和执行，人民群众生活水平的提高，每个人的自由个性得到张扬，国家的经济实力和综合国力稳步上升，这些都是明显的证明。另外，不容否认的是，社会主义市场经济体制本身也是一种结合当下的中国现实社会的历史性的探索。在社会主义市场经济条件下，贫富差距日益扩大，"公平"和"效率"的关系日益偏向后者，人情关系的"金钱化"等现象，都是需要值得反思的。能否保证未来很长时间，实行社会主义市场经济体制的中国仍能全面发展，经济和地区如何协调发展，人的个性和发展问题等已经得到国内一些学者和执政党的关注。"和谐社会"和"以人为本"的提出，在某种意义上就是对上述现象的一个理论上的反应。"和谐社会"和"以人为本"的提出从其理论出发点和学理上看，在一定意义上是对马克思所提出的关于未来社会的理论构想——"自由人的联合体"基本精神的秉承。当然，"和谐社会"本身是一个动态的发展过程，是一种在历史的不断发展的基础上的"个人""群体"和"社会"的历史的和谐共生的社会状态。

　　针对"和谐社会"和"中国特色社会主义"的提法，西方学者也对此有较为针对性的看法。德里克（Arif Dirlik）教授在"重访后社会主义：反思中国特色社会主义的过去、现在和未来"一文中对中国当前所实行的社会主义市场经济体制，也就是对改革开放以来的中国所采取的经济政策和所走的社会道路之理论定位进行了富有启迪的思考。针对当前中国改革开放所走的道路，他用了"后社会主义"❶一词给予界定。"'后社会主义'中的'后'包含两种意义，指的是历史形势的两可性（ambiguities）：今天的中国社会是后社会主义的，一方面因为中国虽然断言它具有社会主义的前途，但已不再从固有的社会主义思想中汲取动力；另一方面因为社会主义作为一种社会结构，仍然可供中国选择，只有形势需要，中国就可能再回到社会主义。强调资本主义的因素并认为中国必定发展成为一个资本主义社会，这些想法都是错误的。"❷从德里克教授的言辞中，他对中国所实行的中国特色社会主义的道路是持一种基本赞同和欣赏的态度，并从一种动态和惊醒的视角来看待中国开放以来所实行的社会主义市场经济体制。德里克针对此问题指出："中国所实行的特色社会主义并没有丢弃早先的社会主义遗产，比如革命斗争、追求平等的思想，我们不应当从一种不管时空变化而定义都不变的一般社会主义来理解那些遗产，反而应当把它们理解为一种为了适应具体历史环境而需要加以重组的思想。"❸最后，在如何评判中国所走的社会主义市场经济道路和所提出"和谐社会"思想理念的问题上，他认为，自从改革开放一直到最近的"和谐社会"及"科学发展观"理念的提出，都是基于现实对社会主义不断认识和反思的结果。在这一点上，他也驳斥了一种认为中国至改革开放30多年来是一种走向资本主义和全球资本主义的必然趋势的观点。"我们提出了一

---

　　❶　他把后社会主义理解为一种历史发展趋势，并且是一种不同于马克思主义经典作家所理解的一个后于资本主义社会的发展阶段意义上说的，而是在社会主义代表一种对资本主义经验的反应和一种克服资本主义发展缺陷的尝试的意义上说的。具体参见：［美］阿里夫·德里克著，吕增奎译："重访后社会主义：反思中国特色社会主义的过去、现在和未来"，载《马克思主义与现实》2009年第5期。

　　❷❸　［美］阿里夫·德里克著，吕增奎译："重访后社会主义：反思中国特色社会主义的过去、现在和未来"，载《马克思主义与现实》2009年第5期。

种历史分期：20 世纪 80 年代模棱两可的开放；90 年代的全面开放；最近 10 年重新担忧社会主义的未来。这些担忧之所以产生，是因为之前 10 年的快速发展政策造成了生态和社会问题。……与过去相比，对中国社会矛盾的分析目前更为复杂，这是因为中国已经融入全球资本主义。能否解读这些矛盾以及判断哪一种解读会更符合长期抱负的困难也更为复杂。解决这个困难的方法之一是，以走向所渴望的未来的连续的短期目标来取代遥远乌托邦的目的论，同时防止这些解决当前危机的方法会给未来设置障碍。"❶ 这句话集中体现了德里克教授对中国当前社会发展趋势和社会主义市场经济体制的睿智判断，体现了一种实践的智慧，即在"理想"和"现实"之间保持一定的理论张力。这一点也启示我们如何评判当前中国社会主义市场经济体制和对其认识的合理性定位。

　　总之，无论所谓的社会主义市场经济体制还是"和谐社会"都是一种结合当下中国现实并在借鉴以往社会主义经验教训的基础上对马克思关于未来理想社会——"自由人的联合体"思想在经济体制安排层面上的当代反思和探索。这种反思和探索从理论本性上来说，也是一种发展过程中的思想，而不具有历史的终极性，这本身也符合历史的辩证法。

第三节　马克思关于未来社会的思考与现代中国

　　近期，关于马克思《1857～1858 年经济学手稿》的研究专著——孙承叔的《真正的马克思——〈资本论〉三大手稿的当代意义》已经问世，作者在书中提出了一个问题，这个问题深深地切入到马克思对市场经济的看法及其对当代中国发展所具有的现实意义。这个问题本身的提出就具有当代性和时代前沿性，并与本章的主题思想密切相关。当然，对其中一些具体观点及其论证仍需要进一步的探讨。

　　一、马克思未来社会理想观的当代效应

　　孙承叔在该书中指认了这样一个问题和观点："马克思主义必须与时

---

❶　［美］阿里夫·德里克著，吕增奎译："重访后社会主义：反思中国特色社会主义的过去、现在和未来"，载《马克思主义与现实》2009 年第 5 期。

俱进，当世界经济已经走向一体化，当市场经济已经成为我们共同的生活基础，当改革开放已经成为中华民族最基本的生活方式，我们必须寻找一种能引领我们事业的哲学，这个哲学就是马克思的哲学——历史唯物主义。因为我们今天的时代依然是马克思所揭示的市场经济的时代，马克思一生，集40年研究之功力，从某种意义上讲就是研究了一个问题，即市场经济在人类历史上的地位和作用，马克思所揭示的矛盾和规律依然是今天市场经济的主要矛盾和主要规律，资本依然统治着世界经济，资本权力依然不断转化为政治权力和文化权力，社会依然存在严重的两极分化，以每一个人的全面发展为基础的社会依然没有实现。"❶ 以上这句话表达了作者对马克思的精神在当代现实社会的价值和意义的首肯，尤其表示出马克思有关市场经济理论的当代价值。

结合本章的主旨来看，"社会主义市场经济体制"是马克思的"自由人的联合体"思想在当代中国市场经济条件下的经济学层面的制度安排和反思。马克思对"资本"和"市场"的充满历史感的辩证批判精神仍将给当下中国社会发展过程中的一些不良社会现象提供社会批判以思想理念及其价值尺度。从这个意义上说，"社会主义市场经济体制"的基本问题域和思想并没有完全游离于马克思"自由人的联合体"思想的言说视域。"个体的主体能力只能在一些方面得到发展，而与市场要求无关的许多方面实际上得不到应有的发展，这就使人的全面发展问题有了提出的必要。因而可以说，进行经济体制改革，建立社会主义市场经济体制，使中国进入了马克思的问题域。在市场经济条件下，经济得到迅速发展，也使人的发展问题越来越突出。"❷ 马克思"自由人的联合体"思想经济层面的内容，即废除私有制，消除分工和实行重建个人所有制的思想作为一种理想和制度安排仍将导引着当下中国社会主义市场经济体制的发展方向。要实现马克思的上述理想，即把"理想"转变为"现实"仍需要长期的历史发展的检验，总体上看，仍是一个不断从"理想"到"现实"的逐一实

---

❶ 孙承叔：《真正的马克思——〈资本论〉三大手稿的当代意义》，人民出版社2009年版，第8~9页。

❷ 贾孟喜：《每个人的自由发展何以可能》，暨南大学出版社2009年版，第233页。

现和反复调式的过程。

马克思"重建个人所有制"观点及其所引申出来的关于"股份制"问题和"社会主义市场经济体制"的问题从总体上看是基于从经济学层面来考虑并引申出来的，而马克思的"自由人的联合体"思想内涵的一个首要的基本层面，即经济层面就是有关对"重建个人所有制"的思考所引申出来的一系列经济问题。所以，在当下的中国反思和思考"重建个人所有制""股份制"和"社会主义市场经济体制"相关内容就是在现实层面上对马克思的"自由人的联合体"经济层面的反思和思考。马克思有关"重建个人所有制"问题的思考及其"股份制"问题的相关论述，对当下的中国社会主义市场经济体制的改革不无参考价值，但这种参考价值主要体现了一种规范"市场""价值整合"和"批判"的作用。一方面，应该认识到在如何看待当前资本主义福利国家的政策，尤其在解决弱势群体和工人福利待遇问题上，需要重新反思马克思、恩格斯有关"劳资"对立和"资本主义"不能把生产和福利联系起来的看法。另一方面，也要看到在当前的美国经济危机中，马克思有关资本主义经济危机的看法所体现出的历史穿透力。这两点都很重要，要求我们用辩证的眼光来审视马克思有关"自由人联合体"思想的当代价值及其对资本主义批判的当代意义。在市场经济体制改革中，如何真正坚持用马克思主义的眼光看问题，即必须坚持用马克思的关心劳苦大众的无产阶级态度和立场看待一些经济社会问题。当然，马克思的一些对经济问题的具体看法可能有些已经过时，但是马克思关于社会发展趋势和社会结构运行机制的基本观点仍具有关照现实的意义。正因如此，要从马克思"自由人的联合体"思想的整体特质上来看待和评估"重建个人所有制"和"社会主义市场经济体制"的观点，必须要站在更高的理论视角来审视。这个理论视角就是马克思有关"自由人的联合体"思想的政治层面和哲学层面的相关内容，这便引出本章开头已交代过的对后两个层面问题的阐述。从政治层面和哲学层面反思马克思的"自由人的联合体"思想也是基于马克思"自由人的联合体"的基本内涵着手的。下面就这两个层面的内容简要叙述之。

马克思"自由人的联合体"思想有关经济层面的一些观点，如"重建个人所有制"和"股份制"的看法，在马克思的思想视域中，仅具有一种达成全社会乃至整个人类"自由人的联合体"的手段和工具意义。马克思心目中的关于未来社会的最高理想是一个"阶级"和"国家"消亡，全社会乃至世界达成一个"人与人""人与社会""人与自然"和谐共处的社会共同体。在这个社会共同体中，没有纷争，没有剥削，没有竞争，"个人""群体"和"社会"最大限度上达成一种历史的和谐共生的境界和状态。这也是马克思"自由的联合体"思想的本真价值意蕴。"国家"的消亡，"分工"的废除，"私有制"的彻底终结表征着马克思"自由人的联合体"思想的终极理想。然而，如果结合当今社会发展的现实发展状况来看，"国家"作为一个政治经济共同体仍然发挥着巨大的作用，"分工"并没有消亡，反而有一种更为"细化"的趋势。但是，一些非国家性质的国际公共性组织也发展起来。就是说，马克思"自由人的联合体"思想政治层面的内涵在当今时代的效应主要还是作为一种理想的抱负，作为一种理想的期冀而存在。但是，一种逐渐摆脱"国家"强制的一种非国家、非政府性组织的广泛存在也在一定意义上表明马克思关于"国家"消亡理想的现实性表征。尤其是在当今全球化的趋势下，各国的劳动力及其文化资源较以往可以充分流通和交流、人们的交往方式的网络化、人们劳动方式的人性化和自由度的增长等现象也不无表征了马克思关于未来社会的理想在某种程度上已经成为现实。

二、现实的历史挑战及未竟事业

当然，"自由人的联合体"——马克思的这一社会理想的实现仍将是一个长期的并有待实践检验的历史过程。马克思在《1844 年经济学哲学手稿》中的一句被引用频率较高的段落很好地表达出了其关于未来社会的最高理想，也表达出"自由人的联合体"思想的最高层面哲学思想内涵。"共产主义是私有财产即人的自我异化的积极的扬弃，因而是通过人并且为了人而对人的本质的真正占有；因此，它是人向自身、向社会的即合乎人性的人的复归，这种复归是完全的，自觉地和在以往发展的全部财富的范围内生成的。这种共产主义，作为完成了的自然主义＝人道主义，而作为完成了的人道主义＝自然主义，它是人和自然界之间、人和人之间的矛盾的真正解决，是存在与本质、对象化和自我确证、自由和必然、个人和类之间的斗争的真正解决。它是历史之谜的解答，而且知道自己就是这种解答。"❶ 从这句话可以看出，马克思的理想是高远的，志向是伟大的，体现了马克思寻求人类解放的一种"未来"意识，更凸显出马克思在对"自由人的联合体"思想的追寻过程中体现了一种在"过去""现实"和"未来"之间寻求张力的一个无限思考的永恒过程，即在回顾"过去"、立足"现实"和展望"未来"的过程中所体现出来的一个既具有现实性，又具有超越性的"未来视域下"的社会理想。马克思在思考人类解放从"必然王国"到"自由王国"的路径上谈道："事实上，自由王国只是在必要性和外在目的规定要做的劳动终止的地方才开始；因而按照事物的本性来说，它存在于真正物质生产领域的彼岸。……在这个必然王国的彼岸，作为目的本身的人类能力的发挥，真正的自由王国，就开始了。但是，这个自由王国只有建立在必然王国的基础上，才能繁荣起来。"❷ 这一理想也体现了马克思对"人类解放"的本体论承诺。"人类解放是一种关于自身'何以可能'的意向性追求，这种追求反映了理论思维的无穷无尽的至极性，也反映了马克思预示未来的理想性。对人类解放的本体论承诺充分表达了他毕生的思想求索中深藏着的对人类命运的终极关怀。"❸可见，以上马克思"自由人的联合体"思想所体现的这种致思取向和理论精神，这种致思取向和理论精神体现了马克思"自由人的联合体"思想的整体思想特质：哲学内涵。在这一整体思想特质视域下，马克思的"重建个人所有制"的思想就显得更具有"手段"和"工具"的韵味。无论马克思"重建个人所有制"还是一些其他的经济观点都应服从于马克思"自由人的联合体"思想的这一最高理论旨趣，都应该用这一最高理论旨趣来关照"重建个人所有制"等一系列经济观点。"社会主义社会的核心思想，指的是基本原则、命题在其整个社会主义理论体系中的核心地

---

❶ 《马克思恩格斯全集（第3卷）》，人民出版社2002年版，第297页。
❷ 《资本论（第3卷）》，人民出版社2004年版，第928~929页。
❸ 旷三平：《马克思"社会存在论"及其当代价值——一种存在论视阈下的哲学阐释》，江西人民出版社2007年版，第165页。

位，它应具有超越历史阶段性的普遍性和终极价值的品格。"❶

以上对本书所提出的三个问题，即在结合当下中国社会发展的现实对马克思的"自由人的联合体"思想的内涵的三个层面进行了阐述和说明。这一阐释和说明，从根本上说，也就是对马克思的"自由人的联合体"思想之内涵的基本内容在当下中国现实语境下的一种反思和思考。这种反思和思考不是静止不变的，而是要随着时代和社会的发展而不断发展，即是一个永无止境的历史过程。同时，马克思的"自由人的联合体"思想的实现也是一个长期的历史过程，能否实现以及实现的期限仍需要时代和历史的检验。总之，在当下中国社会的现实背景下，马克思"自由人的联合体"思想对当下的中国来说，其当代价值主要体现为一种充当批判当下中国社会发展过程中出现的社会失范现象的价值理念。这一理念并不是一种纯粹的形而上学式的单纯构想，而是基于一定的历史现实并在这一基础上提出的一种内在包含对"个人""群体"和"社会"和谐共生何以可能的条件和趋势不断追求的理论诉求。这一理论诉求在马克思那里具有鲜明的历史性和开放性，其仍不失作为一种整合社会的思想理念资源。而且，这一理论诉求契合当下中国社会发展的现实境遇，即市场经济条件下的一些不和谐社会现象，如人情关系冷漠，人与人之间、群体之间、个人与社会之间的不和谐因素和矛盾。在当今各种主义和理论思潮盛行的时代下，马克思关于未来理想社会之"自由人的联合体"的思想在一定程度上为当下中国社会的发展提供了罗尔斯政治哲学意义上的作为"公平的正义"的正义观。当然这一调节性理念本身也需要不断随着社会现实的发展而不断加以完善和重新思考。

小　结

本章内容是本书的理论落脚点，主要从理论和现实两个层面对马克思"自由人的联合体"思想的当代效应给予较详细的阐发和论述。

---

❶　叶汝贤：《叶汝贤自选集（第2卷）》，社会科学文献出版社2009年版，第22页。

从其理论层面上，本章通过把"公共性"这一阐释马克思"自由人的联合体"思想的当代视域作为理论观照点，从政治哲学层面试着把马克思和哈贝马斯有关社会整合思想的阐释进行比较式的理论阐释，以此通过理论比较和对话的形式凸显马克思"自由人的联合体"思想的时代效应。从其现实层面上，主要通过把马克思的"自由人的联合体"思想放在当下中国的现实语境下，尤其是放在当下中国的社会主义市场经济体制下给予现实的考量。结合当今中国实行社会主义市场经济体制这一现实境况，并结合对马克思"自由人的联合体"内涵三个层面的阐述，以此彰显马克思的"自由人的联合体"思想在何种意义上仍对当下的中国社会发展具有实效性和指导意义。同时，在评判马克思的"自由人的联合体"思想的当代价值过程中，如何理性看待当下中国实行的社会主义市场经济体制并给予其理论定位这样一个问题也得到理论上的说明。最后，在此基础上用现实的眼光来整体评判马克思"自由人的联合体"思想的当代效用和价值。总体来说，马克思的"自由人的联合体"思想是基于现实，而又在某种程度上超越于现实且具有强烈的"未来"韵味之"未来视域"下的社会理想，这一理想的实现是一个不断从"理想"到"现实"的逐步的历史生成过程。对马克思"自由人的联合体"思想的解读和重新理解将是一个随着社会的发展不断完善和思考的过程，这也决定了笔者对马克思"自由人的联合体"思想的解读和理解仍具有"暂时性"而不具有终极性。

结语 "过去""现在"和"未来"
——理想社会的永恒追寻

当前，很少人谈马克思的"未来"视域，由于受限于传统知识的框架，我们过于强调马克思思想的"现实性"，而不知不觉忽略了它的"未来性"。"自由人的联合体"思想是马克思思想的最高理论旨趣，它承载着马克思的社会理想和终极人文关怀。因此，对这个问题的深入理解和把握，正是基于"未来"视域对马克思思想的理论研究和讨论。这有利于从整体上理解马克思思想的理论实质。俄罗斯著名马克思主义学者斯拉文指出："到底是为什么和为了什么样的社会制度而需要改变世界呢？——这个问题则被推到次要的位置。也就是说，鼓舞和推动马克思为改变现存世界而斗争的社会理想问题一直被人们所忽略。"❶ 斯拉文揭示出令人深思的一个事实。在他看来，我们一直以为理解了马克思的社会理想，其实我们并没有完全理解马克思的社会理想。他的这番话契合中国改革开放之前对马克思社会理想的片面理解，即仅仅把马克思的社会理想理解为阶级斗争的学说，而忽视或遮蔽马克思社会理想的人道主义关怀的维度，缺失了对"每个人"的自由个性和全面发展的深切关注。马克思社会理想的终极关怀在于实现"每个人的自由个性和全面发展"，这是马克思学说和理论的最终价值旨趣。马克思的社会理想，即有关未来社会之"自由人的联合体"思想也不是如一些西方学者所说的那样是一种宗教"末世论"

---

❶ ［俄］鲍·斯拉文著，孙凌齐译：《被无知侮辱的思想——马克思社会理想的当代解读》，中央编译出版社 2006 年版，第 1 页。

的历史终结论。恰恰相反，马克思社会理想的特色和独到之处正体现在他对"过去""现在"和"未来"历史发展三个向度的深入洞察和辩证理解。"马克思的社会理想则不是脱离生活或超越生活的理想：这是发展过程中出现的社会生活，是社会生活成熟和完善的形式。它是现实社会的趋势在人或人的群体的意识中的反映。……马克思并没有把实现自己的'在自由的人的社会中'的'自由的个性'这一社会理想同历史的'结束'联系在一起，恰恰相反，是同历史的'开始'联系在一起的。……它所结束的不是人类历史，而是人类历史的某个自发发展阶段，并且开辟了人类社会自觉发展的阶段。"❶ 这一点使马克思思想与其他一切宗教主义、空想主义划清了界限。马克思在探求关于未来社会发展趋势的过程中，尤其是他在思考资本主义发展趋势和未来社会发展前景的时候体现了其对"过去""现在"和"未来"三个历史发展向度之间辩证关系的深刻理解和独到见解。这一分析历史发展趋势的方法也显示出马克思的社会理想观在思维方式上的独特性，即体现了一种历史的辩证思维。

马克思关于未来社会的理论构思主要基于他对其所生活于其中的 19 世纪西欧资本主义的发展现实和状况。但马克思的眼光并没有局限在对当下现实资本主义的思考，而是把思考点延伸到了资本主义发展的起源和未来发展趋势这两个向度上来。也就是说，马克思思考的立足点是现实资本主义社会的发展情境，与此同时，他还立足于这一现实，回溯到这一现实资本主义得以发生的前提，这样通过研究过去而对现实的关照，从而使马克思对现实的理解更合理和科学。在做到这一点的前提下，马克思结合对当下资本主义现实的发展和其产生前提的双重思考，通过对现实资本主义社会矛盾的分析，并通过考察这些矛盾，以此通过这些矛盾的发展趋势而推断当下现实资本主义的未来发展趋势。"马克思的矛盾以如下方式来组织资本主义中（包括人在内）的所有事物的现在状态，即揭示这些关系集合是如何发展的、正在打破它们的现有平衡的压力，以及它们在未来可

---

❶ ［俄］鲍·斯拉文著，孙凌齐译：《被无知侮辱的思想——马克思社会理想的当代解读》，中央编译出版社 2006 年版，第 2 页、第 43 页、第 50 页。

能发生的变化。通过这些矛盾，现在就开始以每个历史阶段都有助于认识其他阶段的方式包含了它真实的过去和可能的未来。……主要就是依靠这种思考，马克思才得以看见社会主义和共产主义。"❶ 最后，在此基础上，马克思通过对当下资本主义社会发展趋势的推断反过来关照当下的现实资本主义，以此通过这一强烈的反差和对比更好地理解他所生活于其中的资本主义社会。可见，"过去""现在"和"未来"三个历史发展的向度都渗透于马克思对当下现实资本主义思考的过程之中。马克思这一思考历史发展趋势的方式是独特的，通过对"现在"的考察来回溯到"现在"得以生成的"过去"；接着通过对"现在"和"过去"的双重理解而延伸出"现在"得以可能会生成的"未来"；最后，又通过"未来"反观当下的"过去"和"现实"。这样，"过去"和"未来"紧紧围绕"现实"而展开，三者之间形成彼此互为关联的思考历史的三个向度。"马克思从探索资本主义现在的主要的，有机的内在联系开始研究未来。然后，他在过去中寻找现在的前提，并且对两者中存在的，此时被抽象为矛盾的主要趋势进行思考，直到并超出它们的解决，由此得到了他所关注的未来的阶段。研究的顺序是现在、过去和未来（这与多数未来学的努力不同，他们试图按照从现在直接到未来的途径来审视未来；也与乌托邦的努力不同，他们完全脱离现在而直接进入了未来）。……以通过这样一系列步骤所获得的认识为基础，马克思重新开始了这一舞蹈——辩证法的舞蹈。因为，在过去中寻找现在的前提，预测其可能的未来，在此时被看成过去的延伸的现在中寻找这种未来的前提，这种重构现在的工作永远都不会真正得到完成。"❷ 正是马克思这一思考历史发展趋势的方式永远不能真正完成的这一特点使他既避免了古典经济学家的"近视"和"短视"，也避免了空想社会主义的"空想"和"玄想"。也就是说，马克思是在对"现在""过去"和"未来"三者之间辩证关系的张力的理解和思考中体现了其关于未来社会发展趋势的独特视野、观点和方法，即形成他的社会理想观——

---

❶ ［美］伯特尔·奥尔曼著，田世锭、何霜梅译：《辩证法的舞蹈——马克思方法的步骤》，高等教育出版社 2006 年版，第 212 页。

❷ 同上书，第 215 页。

实现一个"自由人的联合体"的理想社会。"马克思批判了黑格尔哲学的唯心主义，但从来没有消除哲学的理想主义……用现实的社会理想克服了以往一切哲学理想的抽象性和空洞性。"❶

马克思关于"自由人的联合体"思想的思考，是一种对未来社会发展趋势的思考，即对未来社会得以发生的条件和可能性的思考。马克思根本没有把对未来理想社会的思考定型化和绝对化。"实际上，马克思同教条式的社会主义或空想的社会主义不同，从来都没有'幻想'、更没有'预言'共产主义社会的到来，而是从当代资本主义的现实中、从资本主义全球化发展的一般趋势中推断共产主义的到来。马克思把共产主义看作否定社会所有异化和对抗形式的一个历史过程，根本没有把它同某种绝对的、更加完备的社会发展体制联系在一起。"❷ 基于此，笔者认为，当前有关马克思主义的基本理论研究，更需要一种所谓的"未来"视野。而对马克思的社会理想——"自由人的联合体"思想的研究和探讨正是表征着以一种"未来"的视野研究马克思思想的集中体现。马克思虽然拒绝对未来进行预期的设想，但是，毋庸置疑，在马克思的某些理论论述和对历史事实的描述中，也隐约折射出他对历史及其事件发展趋势的"未来"洞见。"不仅在各种改革中普遍出现混乱，而且他们每一个人都不得不承认他对未来应该怎样则没有正确的看法。然而，新思潮的优点又恰恰在于我们不想教条地预期未来，而只是想通过批判旧世界发现新世界。……并且从现存的现实特有的形式中引申出作为它的应有和它的最终目的的真正现实。"❸ 在这一点上，把马克思的有关对未来社会的理论构想视为一种美妙的幻想和纯粹乌托邦的理论倾向是不符合马克思思想的本意的。问题不在于是否研究未来，关键是以怎样的方法和途径来研究未来。从正本清源和复归马克思社会理想的本真精神的意义上来说，深入研究马克思"自由人的联合体"思想就具有了扎实的理论文本和现实意义。

---

❶ 贺麟："辩证法和哲学的理想性"，载《社会科学战线》1988 年第 1 期。

❷ ［俄］鲍·斯拉文著，孙凌齐译：《被无知侮辱的思想——马克思社会理想的当代解读》，中央编译出版社 2006 年版，第 50 页。

❸ 《马克思恩格斯全集（第 47 卷）》，人民出版社 2004 年版，第 64～65 页。

参考文献

一、马克思主义经典著作

1 马克思恩格斯选集（第1~4卷）．北京：人民出版社，1995

2 马克思恩格斯全集（第1卷）．北京：人民出版社，1995

3 马克思恩格斯全集（第2卷）．北京：人民出版社，1957

4 马克思恩格斯全集（第3卷）．北京：人民出版社，2002

5 马克思恩格斯全集（第3卷）．北京：人民出版社，1960

6 马克思恩格斯全集（第10卷）．北京：人民出版社，1998

7 马克思恩格斯全集（第21卷）．北京：人民出版社，1965

8 马克思恩格斯全集（第23卷）．北京：人民出版社，1972

9 马克思恩格斯全集（第30卷）．北京：人民出版社，1995

10 马克思恩格斯全集（第31卷）．北京：人民出版社，1998

11 马克思恩格斯全集（第39卷）．北京：人民出版社，1960

12 马克思恩格斯全集（第42卷上）．北京：人民出版社，1979

13 马克思恩格斯全集（第46卷下）．北京：人民出版社，1980

14 马克思恩格斯全集（第47卷）．北京：人民出版社，2004

15 马克思：哥达纲领批判（单行本）．北京：人民出版社，1997

16 资本论（第1卷）．北京：人民出版社，2004

17 资本论（第3卷）．北京：人民出版社，2004

18 恩格斯：社会主义从空想到科学的发展（单行本）．北京：人民出版社，1997

19 邓小平文选（第3卷）．北京：人民出版社，1993

20 列宁专题文集（5卷本）．北京：人民出版社，2009

二、学术译著

21 ［古希腊］柏拉图．理想国．郭斌和，张竹明译．北京：商务印书馆，1986

22 ［法］雅克·德里达．马克思的幽灵——债务国家、哀悼活动和新国际．何一译．北京：中国人民大学出版社，1999

23 ［美］伯特尔·奥尔曼．辩证法的舞蹈——马克思方法的步骤．田世锭，何霜梅译．北京：高等教育出版社，2006

24 ［美］大卫·哈维．希望的空间．胡大平译．南京：南京大学出版社，2006

25 ［英］乔纳森·沃尔夫．当今为什么还要研读马克思．段忠桥译．北京：高等教育出版社，2006

26 ［俄］鲍·斯拉文．被无知侮辱的思想——马克思社会理想的当代解读．孙凌齐译．北京：中央编译出版社，2006

27 ［法］奥古斯特·科尔纽．马克思的思想起源．王瑾译．北京：中国人民大学出版社，1987

28 ［英］吉登斯．资本主义与现代社会理论——对马克思、涂尔干和韦伯著作的分析．郭忠华等译．上海：上海译文出版社，2007

29 ［加］查尔斯·泰勒．黑格尔．张国清，朱进东译．南京：译林出版社，2002

30 ［美］赫伯特·马尔库塞．理性与革命——黑格尔和社会理论的兴起．程志民等译．上海：上海人民出版社，2007

31 ［德］黑格尔．法哲学原理．范扬，张企泰译．北京：商务印书馆，1961

32 ［德］亨利希·库诺．马克思的历史、社会和国家学说——马克思的社会学的基本要点．袁志英译．上海：上海译文出版社，2006

33 ［法］奥古斯特·科尔纽．马克思恩格斯传．刘丕坤等译．北京：生活·读书·新知三联书店，1980

34 ［法］卢梭．社会契约论．何兆武译．北京：商务印书馆，2003

35　［意］加尔维诺·德拉－沃尔佩．卢梭和马克思．赵培杰译．重庆：重庆出版社，1993

36　［法］路易·阿尔都塞，艾帝安·巴里巴尔．读《资本论》．李其庆，冯文光译．北京：中央编译出版社，2008

37　［德］施密特．马克思的自然概念．欧力同，吴仲昉译．北京：商务印书馆，1988

38　［英］戴维·麦克莱伦．青年黑格尔派与马克思．夏威仪等译．北京：商务印书馆，1982

39　［德］路德维希·费尔巴哈．费尔巴哈哲学著作选集（上卷）．荣震华，李金山译．北京：商务印书馆，1984

40　［德］麦克斯·施蒂纳．唯一者及其所有物．金海民译．北京：商务印书馆，1997

41　［法］阿尔都塞．保卫马克思．顾良译．北京：商务印书馆，2006

42　［英］戴维·麦克莱伦．马克思思想导论．郑一明，陈喜贵译．北京：中国人民大学出版社，2008

43　［德］康德．历史理性批判文集．何兆武译．北京：商务印书馆，1990

44　［美］埃里希·弗洛姆．逃避自由．刘林海译．北京：国际文化出版公司，2000

45　［匈］卢卡奇．历史与阶级意识．杜章智等译．北京：商务印书馆，1999

46　［英］波普尔．开放社会及其敌人（第1卷）．郑一明等译．北京：中国社会科学出版社，1999

47　［英］波普尔．开放社会及其敌人（第2卷）．郑一明等译．北京：中国社会科学出版社，1999

48　［英］波普尔．历史主义贫困论．何林，赵平等译．北京：中国社会科学出版社，1998

49　［英］哈耶克．自由秩序原理（上册）．邓正来译．北京：生

活·读书·新知三联书店, 1997

50 [英] 托马斯·莫尔. 乌托邦. 戴镏龄译. 北京: 商务印书馆, 1982

51 [德] 曼海姆. 意识形态与乌托邦. 艾彦译. 北京: 华夏出版社, 2001

52 [美] 拉塞尔·雅各比. 不完美的图像——反乌托邦时代的乌托邦思想. 姚建彬译. 北京: 新星出版社, 2007

53 [美] 麦金太尔. 追寻美德——伦理理论研究. 宋继杰译. 南京: 译林出版社, 2003

54 [德] 阿尔布莱希特·韦尔默. 后形而上学现代性. 应奇, 罗亚玲编译. 上海: 上海译文出版社, 2007

55 [美] 乔恩·埃尔斯特. 理解马克思. 何怀远等译. 北京: 中国人民大学出版社, 2008

56 [英] 格鲁内尔. 历史哲学——批判的论文. 隗仁莲译. 桂林: 广西师范大学出版社, 2003

57 [德] 卡尔·洛维特. 世界历史与救赎历史. 李秋零译. 上海: 上海人民出版社, 2006

58 [美] 奥尔森. 集体行动的逻辑. 陈郁等译. 上海: 上海人民出版社, 1995

59 [美] 埃里克·欧林·赖特. 阶级. 刘磊等译. 北京: 高等教育出版社, 2006

60 [美] 理查德·罗蒂. 偶然、反讽与团结. 徐文瑞译. 北京: 商务印书馆, 2003

61 [法] 古斯塔夫·勒庞. 乌合之众——大众心理研究. 冯克利译. 桂林: 广西师范大学出版社, 2007

62 [美] 埃里希·弗洛姆. 健全的社会. 蒋重跃等译. 北京: 国际文化出版公司, 2003

63 [美] 约瑟夫·熊彼特. 资本主义、社会主义与民主. 吴良健译. 北京: 商务印书馆, 1999

64　[德] 诺贝特·埃利亚斯. 个体的社会. 翟三江, 陆兴华译. 南京: 译林出版社, 2008

65　[德] 斐迪南·滕尼斯. 共同体与社会. 林荣远译. 北京: 商务印书馆, 1999

66　[英] 齐格蒙特·鲍曼. 共同体. 欧阳景根译. 南京: 江苏人民出版社, 2007

67　[加] 威尔·金里卡. 自由主义、社群与文化. 应奇, 葛水林译. 上海: 上海人民出版社, 2005

68　[法] 涂尔干. 社会分工论. 渠东译. 北京: 生活·读书·新知三联书店, 2000

69　[美] 汉娜·阿伦特. 马克思与西方政治思想传统. 孙传钊译. 南京: 江苏人民出版社, 2007

70　[美] 约翰·罗尔斯. 正义论. 何怀宏, 何包钢, 廖申白译. 北京: 中国社会科学出版社, 1988

71　[德] 哈贝马斯. 公共领域的结构转型. 曹卫东等译. 上海: 学林出版社, 1999

72　[德] 哈贝马斯. 在事实与规范之间——关于法律和民主法治国的商谈理论. 童世骏译. 北京: 生活·读书·新知三联书店, 2003

73　[德] 哈贝马斯. 作为"意识形态"的技术与科学. 李黎, 郭官义等译. 上海: 学林出版社, 1999

74　[德] 哈贝马斯. 重建历史唯物主义. 郭官义译. 北京: 社会科学文献出版社, 2000

75　[德] 哈贝马斯. 交往行为理论 (第1卷), 曹卫东译. 上海: 上海人民出版社, 2004

76　[德] 哈贝马斯. 交往与社会进化. 张博树译. 重庆: 重庆出版社, 1989

77　[法] 德波. 景观社会. 王昭凤译. 南京: 南京大学出版社, 2006

78　[奥] 路德维希·冯·米瑟斯. 社会主义——经济与社会学的分

析．王建民等译．北京：中国社会科学出版社，2008

79　［美］约翰·罗默．社会主义的未来．余文烈等译．重庆：重庆出版社，1997

80　［英］梅格纳德·德赛．马克思的复仇——资本主义的复苏和苏联集权社会主义的灭亡．汪澄清译，郑一明校，北京：中国人民大学出版社，2008

81　［英］哈耶克．通往奴役之路．王明毅，冯兴元等译．北京：中国社会科学出版社，1997

82　［法］洛克莫尔．历史唯物主义：哈贝马斯的重建．孟丹译．北京：北京师范大学出版社，2009

83　［德］哈贝马斯．合法化危机．刘北成，曹卫东译．上海：上海人民出版社，2009

84　［美］帕森斯．社会行动的结构．张明德等译．南京：译林出版社，2003

85　［英］安东尼·吉登斯．现代性的后果．田禾译，黄平校．南京：译林出版社，2000

三、国内学者著作

86　叶汝贤．叶汝贤自选集（第2卷）．北京：社会科学文献出版社，2009

87　旷三平．马克思"社会存在论"及其当代价值——一种存在论视阈下的哲学阐释．南昌：江西人民出版社，2007

88　刘森林．追寻主体．北京：社会科学文献出版社，2008

89　王晓升．为个性自由而斗争——法兰克福学派社会历史理论评述．北京：社会科学文献出版社，2009

90　徐长福．理论思维与工程思维——两种思维方式的僭越与划界．上海：上海人民出版社，2002

91　任平．当代视野中的马克思．南京：江苏人民出版社，2003

92　郭湛主编．社会公共性研究．北京：人民出版社，2009

93　钟明华，徐俊忠等．历史·价值·人权——重读马克思．广州：

广东高等教育出版社，2000

　　94　俞吾金．问题域的转换——对马克思和黑格尔关系的当代解读．北京：人民出版社，2007

　　95　张文喜．历史唯物主义的政治哲学向度．南京：江苏人民出版社，2008

　　96　唐正东．斯密到马克思：经济哲学方法的历史性诠释．南京：南京大学出版社，2002

　　97　李建立等．经济分析的伦理基础：马克思对古典经济学的道德重塑．昆明：云南大学出版社，2008

　　98　张雄．经济哲学——从历史哲学向经济哲学的跨越．昆明：云南人民出版社，2002

　　99　吴晓明．形而上学的没落——马克思与费尔巴哈关系的当代解读．北京：人民出版社，2006

　　100　冯景源．人类境遇与历史的时空——马克思《人类学笔记》、《历史学笔记》研究．北京：中国人民大学出版社，2004

　　101　何中华．理解马克思——一种哲学观的当代诠释．济南：山东人民出版社，2009

　　102　衣俊卿．现代性焦虑与文化批判．哈尔滨：黑龙江大学出版社，2007

　　103　郁建兴．马克思国家理论与现时代．北京：东方出版中心，2007

　　104　杨楹等．马克思生活哲学引论．北京：人民出版社，2008

　　105　金寿铁．真理与现实——恩斯特·布洛赫哲学研究．上海：同济大学出版社，2007

　　106　张盾．马克思的六个经典问题．北京：中国社会科学出版社，2009

　　107　贺来．边界意识和人的解放．上海：上海人民出版社，2007

　　108　汪晖，陈燕谷主编．文化与公共性．北京：生活·读书·新知三联书店，1998

109　贾英健.公共性视域——马克思哲学的当代阐释.北京:人民出版社,2009

110　汪行福.通向话语民主之路——与哈贝马斯对话.成都:四川人民出版社,2002

111　孙立平.转型与断裂——改革以来中国社会结构的变迁.北京:清华大学出版社,2004

112　徐觉哉.社会主义流派史.上海:上海人民出版社,2007

113　孙承叔.真正的马克思——《资本论》三大手稿的当代意义.北京:人民出版社,2009

114　贾孟喜.每个人的自由发展何以可能.广州:暨南大学出版社,2009

115　谢文郁.自由与生存——西方思想史上的自由观追踪.张秀华等译.上海:上海人民出版社,2007

116　马洪,王怀超主编.中国改革全书(1978～1991).大连:大连出版社,1992

117　魏小萍.追寻马克思——时代境遇下马克思人类解放理论逻辑的分析和探讨.北京:人民出版社,2007

118　李延明.马克思恩格斯的未来世界:科学共产主义原理.合肥:安徽人民出版社,2006

119　胡兵.每个人的全面而自由的发展基本原则论纲.北京:知识产权出版社,2009

120　曹卫东.权力的他者.上海:上海教育出版社,2004

四、学术论文

121　叶汝贤.每个人的自由发展是一切人的自由发展的条件——《共产党宣言》关于未来社会的核心命题.中国社会科学,2006(3)

122　叶汝贤,王晓升.马克思的哲学观与马克思哲学的核心主题.现代哲学,2007(4)

123　王晓升.新进化论还是历史唯物主义——评哈贝马斯对历史唯物主义的重建.天津社会科学,2003(5)

124 徐长福．马克思与康有为对中国社会进程的预见——为改革开放三十年而作．河北学刊，2008（6）

125 邹诗鹏．马克思对现代性社会的发现、批判和重构．中国社会科学，2009（4）

126 袁祖社．文化—公共性—理想的复权及其历史性创生——马克思哲学一种新的解读．学术界，2005（5）

127 沈湘平．历史性转折与公共性诉求——马克思主义哲学的视域转换．哲学动态，2008（6）

128 李惠斌．重读《共产党宣言》——对马克思关于"私有制"、"公有制"和"个人所有制"的重新解读．当代世界社会主义，2008（3）

129 韩立新．关于"个人所有制"解释的几个问题——兼评李惠斌《对马克思关于"私有制"、"公有制"以及"个人所有制"问题的重新解读》一文．马克思主义与现实，2009（2）

130 姚颖．马克思所有制理论的文本解读——第十届"马克思学论坛"概述．马克思主义与现实，2009（2）

131 许崇正．马克思重建"个人所有制"的本质特征．经济学家，2009（9）

132 王南湜．社会主义：从理想性到现实性．马克思主义与现实，2009（3）

133 张文喜．论马克思的"未来"概念的现实性基础．江汉论坛，2008（3）

134 谢维俭．重建"个人所有"之我见．毛泽东邓小平理论研究，2008（12）

135 金寿铁．布洛赫的希望哲学与马克思主义．哲学动态，2005（12）

136 陈海平．从"公民权"与"市民权"的分裂看人的异化——卢梭、马克思现代性批判的契合点．武汉科技大学学报，2008（3）

137 高嵩．试析马克思对个人的认识——一种不同于"经济人"假设的个人观念．经济学家，2008（4）

138 何中华. 自由主义与社群主义之争及其超越——从马克思的观点看. 铜仁学院学报, 2009 (1)

139 于喜繁. 马克思恩格斯"自由人联合体"理论研究. 玉林师范学院学报, 2006 (6)

140 贺麟. 辩证法和哲学的理想性. 社会科学战线, 1988 (1)

141 [美] 阿里夫·德里克. 重访后社会主义: 反思中国特色社会主义的过去、现在和未来. 吕增奎译. 马克思主义与现实, 2009 (5)

142 [德] E. 布洛赫. 马克思、直路, 具体的乌托邦. 梦海译. 现代哲学, 2008 (1)

143 卞绍斌. 现代性视域中马克思的社会概念. 吉林大学博士学位论文, 2008

144 曾宇辉. 自由意蕴及其当代价值——马克思主义自由思想研究. 天津师范大学博士学位论文, 2007

145 张国钧. "乌托邦" 还是 "科学" ——马克思人的解放思想研究. 吉林大学博士学位论文, 2004

146 李海萍. 共产主义在马克思恩格斯思想中的出场. 河南大学硕士学位论文, 2007

五、外文文献

147 Darren Webb, *Marx, Marxism and Utopia*, Aldershot: Ashgate Pbulishing Ltd, 2009

148 David Leopold, *The Young Karl Marx——German philosophy, modern politics, and Human Flourishing*, Cambridge: Cambridge University Press, 2007

149 Carol C. Gould, *Marx's Social Ontology: Individual and Community in Marx's Theory of Social Reality*, Cambridge, Mass: MIT press, 1978

150 Allan Megill, *Karl Marx: the burden of reason (Why Marx Rejected Politics and the Market)*, Maryland: Rowman & Littlefield Publisher, Inc, 2002

151 R. G. Peffer, *Marxism, Morality and SocialJustice*, Princeton, New Jersey: Princeton University press, 1990

152 Adamiak, Richard, *The visions of the future of Karl Marx and*

Friedrich Engels: *Sources and evolution*, *Ph. D*, The University of Chicago, 2001

153　Stanley Moore, *Marx on the Choice between Socialism and Communism*, Cambridge, Mass : Harvard University Press, 1980

154　Ian Forbes, *Marx and the new individu*al, London: the Academic Division of Unwin Hyman Ltd , 1990

155　Anddrzej Walick, *Marxism and the leap to the kingdom of Freedom*: *The Rise and Fall of the Communist Utopia*, Stanford, California: Stanford University Press, 1995

附录　文献综述

一、国内文献综述

有关马克思"自由人的联合体"思想的研究并非全新的话题。20 世纪，关于此问题的研究，国内学术界已有涉及，这方面的研究一般被归结为科学社会主义方面的内容。据笔者目前所收集到的文献，比较早的对有关"自由人联合体"思想的研究文章是李延明的《群体与自由人的联合体》（《中国社会科学》1988 年 6 期），该文重点围绕原始社会和自由人的联合体的比较展开论述。20 世纪 80 年代中期，有关马克思的自由观问题，逐渐进入学者的视野。随后 90 年代初人的问题研究也成为学界讨论的热点，至今经久不衰。❶

对"自由人的联合体"思想较为系统和深入地研究，近年来才得到较为深入地探讨。改革开放之前，由于思想上的"左倾"与禁闭，人们主要把马克思的学说归结为阶级斗争学说，而相对忽略了马克思关于人的问题的研究。改革开放以来，由于思想上的"拨乱反正"，学者们逐渐把理论视线转入马克思有关人的思想并对其展开了广泛而深入的讨论。其具体体现在：人的学说在马克思整个理论学说中的地位如何，马克思的理论学说是否整体上可以被归结为关于人的发展的理论学说，如何理解人的本质，如何理解"每个人的自由发展是一切人的自由发展的条件"这个命题，以及通过这个命题的展开论述所引申出的马克思与自由主义的关系等

---

❶ 中国社会科学院哲学研究所编：《中国哲学年鉴·1988》，中国大百科全书出版社 1988 年版。

问题。这些问题的提出和对其思考本身可以说就是对马克思思想认识的逐步深化的过程。在现实层面上，改革开放以来，个人利益较之以往凸显出来，个人利益从法律上被接纳和尊重，个人的自由个性得到的张扬。但是，在社会主义市场经济体制下的当下中国，由于市场经济体制本身的不完善和市场经济本身的负面效应，社会呈现出一种失范的状态。具体说来就是：个人利益被极大凸显，个人利益泛化为极端化的个人主义；贫富差距的极度扩大；收入不均等现象严重等。基于此，近期国内从事马克思主义理论学说研究的学者们带着对这些现实问题的思考，并结合马克思理论学说展开了理论层面的深入探讨。其中对"重建个人所有制"及其对"社会主义中国"发展道路的深刻思考就是明显的表现。在对以上问题的思考过程中，马克思关于未来理想社会的设想问题——"自由人的联合体"的构想成为学者们论述问题的一个主要视角，其中包括在马克思所憧憬的未来理想社会视域下"个人"与"群体""社会"的关系如何。马克思视域下的未来理想社会的经济、政治运行机制的问题也得到一定程度的讨论。《1844 年经济学哲学手稿》《德意志意识形态》《共产党宣言》《1857～1858 年经济学手稿》《资本论》等理论著作成为学界研究和讨论的主要文本依据。

　　虽然马克思关于"自由人的联合体"的理论构想较早得到学者们的

关注和讨论,但是国内对该思想进行系统、深入和全面地阐述的学术专著❶不是很多(就笔者目前掌握的情况看),而以马克思的"自由人的联合体"为主题,并结合马克思社会理想研究的专著也很少。尽管这方面的研究已经被人们关注,并展开了讨论,但是以下这些问题还有待继续探讨:关于"自由人的联合体"提出的思想史渊源和思维路径应作如何理解、"自由人的联合体"这一未来理想社会的构想之理论实质究竟为何、如何看待马克思的社会理想与"乌托邦"的关系、马克思视域下的"自由人的联合体"的本真意蕴和精神为何、"自由人的联合体"与"共产主义(社会)究竟有何关系、如何看待"自由人的联合体"这一关于未来社会的构想在马克思整个学说中的地位等。这些问题还有待进一步深入研究。本书试图在以往国内学者已有的研究基础之上,试着更进一步深入阐释马克思关于未来理想社会的思考。

国内学术界对马克思关于"自由人的联合体"的设想方面研究的学术论文已有一些,分别从理论文本、现实关怀和未来社会发展的趋势等不同层面展开了论述。现就比较有代表性论文的基本内容进行简要的归纳、梳理和介绍。

---

❶ 有关对马克思关于未来理想社会思考的研究专著,在近期国内文献中以下两本专著较有代表性:胡兵的《每个人的全面而自由的发展基本原则论纲》(知识产权出版社 2009 年版)、贾孟喜的《每个人的自由发展何以可能》(暨南大学出版社 2009 年版)。两本著作都较为详细地阐释了马克思关于"每个人的自由发展是一切人的自由发展的条件"这个命题,都认识到了对该命题的思考对从整体上把握马克思理论学说本真精神的至关重要。不过他们对这一问题的研究视角有所不同。胡兵主要是从政治哲学高度并把该命题解读为经济、政治和文化三个方面的原则:(1)以个人所有和共同占有为核心的经济原则;(2)以个人民主和共同管理为核心的政治原则;(3)以个人自由和共同发展为核心的文化原则。通过围绕这三个原则而探讨了个体实现自由而全面的发展的经济基础、政治机制和文化条件。贾孟喜主要从理论文本的角度对该命题进行了较为细致的文本解读。他通过对"乌托邦"概念的分析这样的视角对该命题的理论实质进行了一定程度的挖掘,这一点值得称道。他的这一理论分析的路径与本书有一定程度的相关性,在对乌托邦本身理解的方面,本书与他的看法有一致性。但是,在对马克思的社会理想与"乌托邦"关系的实质方面,他的分析建构有余而批判不足,并导致他与本书提出的结论不尽相同。他们对马克思这一命题的思想史方面的梳理和思考不是很多。总体看来,以上两本著作的出版对马克思有关未来理想社会构想的思考有很多地方值得借鉴。此外,关于对马克思未来理想社会观的较为集中的理论阐述也可参见李延明:《马克思恩格斯的未来世界:科学共产主义原理》,安徽人民出版社2006 年版。该书对马克思的未来世界观的阐释较为全面,但略显笼统。

在有关对马克思学说的理论特质进行整体把握方面，叶汝贤教授详细解读了《共产党宣言》关于未来社会的核心命题——"自由人的联合体"思想："每个人的自由发展是一切人的自由发展的条件"。他指出："每个人的自由发展是一切人的自由发展的条件，是马克思、恩格斯的理论探索和在实践上为之奋斗终生的主题，也是他们对未来新时代精神的高度概括，并体现了社会主义最高目标和终极价值，这是一个彻底的集体主义的命题，它正确地解读了人类社会始终存在的'每个人与一切人'的关系及其所包含的诸多矛盾。"他在此基础上结合对马克思哲学观的解读并指出："马克思学说的核心主题是'每个人的自由发展'"。❶

针对把马克思的"自由人的联合体"思想解读为"人道主义"和"经济决定论"两种片面的解读路径，郁建兴驳斥了针对"自由人的联合体"思想两种解读模式："个人本位"人道主义模式和拒斥"人的自由"的经济决定论模式。他指出："马克思以建立'自由人的联合体'为社会理想，表明他绝非是拒斥'人的自由'的经济决定论者，但也不因此意味着他是一位'个人'本位的人道主义者。马克思在描述'自由人的联合体'时所说的'每个人的自由发展'，指的是个人重新驾驭由于私有制而转化为物的力量的社会关系，这样，它才构成'一切人的自由发展的条件'，也因此才需要以真正的共同体的建立为前提，从而使他的自由学说与消灭私有制、消灭阶级并最终实现国家消亡的学说联系了起来。"❷

围绕"自由人的联合体"与"共产主义"关系，钟哲明认为："马克思所设想的'自由人的联合体'就是未来的共产主义社会。"❸ 就"自由人的联合体"与"共同体""国家"关系的思考，刘忠全把"自由人的联合体"思想与马克思的国家观、共同体联系起来加以考察，这个角度是较为新颖的。他指出："马克思的'自由人的联合体'思想蕴含着两个维

❶ 叶汝贤："每个人的自由发展是一切人的自由发展的条件——《共产党宣言》关于未来社会的核心命题"，载《中国社会科学》2006 年第 3 期；叶汝贤、王晓升："马克思的哲学观与马克思哲学的核心主题"，载《现代哲学》2007 年第 4 期。
❷ 郁建兴："马克思的'自由人的联合体'思想新译"，载《政治学研究》2000 年第 2 期。
❸ 钟哲明："自由人联合体析"，载《中华魂》2008 年第 2 期。

度，自由的个人与和谐的共同体，它展示了人—社会—国家—共同体这四个因素的内在统一。自由人的联合体的思想不是空穴来风，它是马克思、恩格斯对国家发展问题的价值反思，目标是在个人与整体、权利与善的张力中寻求人类社会的和谐境界。"❶ 于喜繁结合当前的政治现实对"自由人的联合体"思想进行反思并指出："马克思的'自由人的联合体'是社会主义和共产主义的代名词。但是，消灭商品货币关系如何解决供需分配及由此产生的经济动力问题、如何防止公权滥用，是其留下的制度设计难题。"❷ 这个问题的提出值得反思。甘林把"自由人的联合体"思想仅归结为马克思关于未来社会的总体设想中一个有机组成部分，而非全部。这一点是与其他学者是不同的。他具体指出："'自由人的联合体'这个命题，是马克思关于未来社会的总体设想中的一个有机组成部分。我们决不能把'自由人的联合体'这个命题同他们所表述的共产主义基本特征的其他方面割裂开来，对立起来。只有全面地理解和把握马克思主义创始人对未来社会的总体设想，才能更好地了解'自由人的联合体'这个命题。"❸

　　张勤把马克思的"自由人的联合体"思想定位于对未来社会的科学预设，并对"自由人的联合体"进行了伦理学维度的解读。他认为："马克思关于'自由人联合体'的设想是对未来社会的科学预设，它作为一种伦理思想和社会蓝图与马克思主义的形成一样，是一个不断发展和完善的过程。只有用马克思主义的观点去研究和解读马克思'自由人的联合体'的伦理理想纬度及其科学建构，才能更好地理解它的发展性，也才能更好地实现人与人、人与社会、人与自然以及人与自身的和谐。"❹ 围绕马克思的"自由人的联合体"思想与"乌托邦"的关系这一问题，王玉

---

❶　刘忠全："自由的个人与和谐的共同体——'自由人的联合体'思想新绎"，载《探索》2008 年第 2 期。

❷　于喜繁："马克思恩格斯'自由人联合体'理论研究"，载《玉林师范学院学报》2006 年第 6 期。

❸　甘林："怎样理解'自由人联合体'这个命题——历史唯物论—社会发展史讲座之十八"，载《中华魂》2004 年第 7 期。

❹　张勤："马克思'自由人联合体'的伦理解读"，载《齐鲁学刊》2006 年第 6 期。

琼把"自由人的联合体"看作对"乌托邦"的反叛与升华，他指出："《共产党宣言》从理论基础、政治力量、物质条件等方面反叛、超越了传统乌托邦，实现了社会主义从空想到科学的转变，并为人类的未来揭示了新的理想——'自由人的联合体'。社会理想、社会进步必须具有坚实、可靠的物质基础；国家真正回归社会、社会与个人的自觉统一是未来'自由人的联合体'最为本质的特征。"❶ 谢维俭认为："马克思的'自由人的联合体'是未来社会的理论特征，'自由人的联合体'的实质应理解为'消灭分工'，即消灭异化劳动。"❷

另外，个别硕士学位或博士学位论文也涉及马克思的"自由人的联合体"思想，但并非以"自由人的联合体"为研究主题，只是研究其他相关问题时顺便提及。如卞绍斌的博士学位论文《现代性视域中马克思的社会概念》（吉林大学 2008 年）、曾宇辉的博士学位论文《自由意蕴及其当代价值——马克思主义自由思想研究》（天津师范大学 2007 年）、张国钧的博士学位论文《"乌托邦"还是"科学"——马克思人的解放思想研究》（吉林大学 2004 年）、李海萍的硕士学位论文《共产主义在马克思恩格斯思想中的出场》（河南大学 2007 年）。其中张国钧的博士学位论文较为全面地阐释了马克思关于人的解放思想的理论本质，并界定了马克思关于人的解放思想的三个维度：现实维度、历史维度和个体维度。❸ 论文所涉及的问题较为全面，资料引证较为翔实和丰富。论文整体上坚持了马克思关于人的解放思想的科学性，而对马克思关于人的解放思想的超验性维度着墨不是很多。文章涉及马克思与乌托邦关系的讨论，这一点和本书有相契合之处，但是论述的角度和最终得出的结论不尽相同。这是一篇较为全面对马克思的社会理想问题进行阐述的博士学位论文。

---

❶ 王玉琼："'自由人的联合体'：对乌托邦的反叛与升华"，载《科学社会主义》2004 年第 3 期。

❷ 谢维俭："重新认识马克思所说的'自由人的联合体'"，载《毛泽东邓小平理论研究》2006 年第 10 期。

❸ 张国钧：《"乌托邦"还是"科学"——马克思人的解放思想研究》，吉林大学博士学位论文 2007 年。

二、国外文献综述

现就笔者目前（以后将会不断充实）所掌握的资料（外文文献），简要概括一下本书主题的国外研究现状。

最具代表性的论著就是卡尔·波普尔的代表作《开放社会及其敌人》。波普在书中对马克思社会学方法论进行了"直言"的批判，并认为马克思的社会理论必然导致"历史主义"（作为一种社会研究方法论，社会哲学的代名词）。他认为马克思的"历史主义"的社会学方法，势必决定他要对未来社会的发展有所预测。他认为："为何还要攻击马克思呢？我们认为他是一位错误的预言家，他的预言并没有实现……更重要的是，他误导大批有理智的人相信，历史预言是探讨社会问题的主要方式。马克思要对历史主义的思想方法的破坏性负责。"❶ 同时，波普尔还试图把马克思与极权主义及其法西斯主义进行比较和勾连，并试图找出他们之间的"共同之处"。波普尔在"马克思的预言"一章，从"社会主义的来临""社会革命""资本主义及其命运"三个方面批判了马克思的预言，并认为马克思这三个预言都必将失效。尤其是在"社会主义的来临"一章中认为，马克思在《共产党宣言》中有关无阶级社会的来临及其"自由人的联合体"思想完全是幻想。他指出："这真是一个美妙的信仰，然而是一种美学的和乌托邦的信仰；用马克思的话来说，这是一种充满幻想的'乌托邦主义'，但却不是'科学社会主义'。"❷ 此外，他还对马克思的社会革命理论、资本主义及其命运两个论题进行了"证伪式"的批判。总之，他对马克思的社会理想和自由人的联合体思想的批判值得深入反思。

哈耶克也在《通往奴役之路》❸把社会主义和极权主义等同起来，这一点也应引起我们的注意并对其反思。从波普尔和哈耶克的理论写作背景

---

❶ ［英］波普尔著，郑一明等译：《开放社会及其敌人（第2卷）》，中国社会科学出版社1999年版，第142页。

❷ 同上书，第219页注释1。

❸ ［英］哈耶克著，王明毅、冯兴元等译：《通往奴役之路》，中国社会科学出版社1997年版，第二章相关部分。

和时间看，都是 20 世纪 40 年代，正是"二战"期间，这在一定程度上与当时的战争背景相关。

　　查尔斯·泰勒和以赛亚·伯林等人也把马克思的自由观界定为"抽象的"。尤其值得注意的是，现当代的社群主义的捍卫者麦金泰尔和查尔斯等人也对马克思的"自由人的联合体"思想进行了责难。麦金泰尔在《追寻美德——伦理理论研究》一书中指出："他所刻画的是'一个自由的个人的共同体'；这些自由的个人全都自由地赞成生产资料的公有制，以及各种各样的生产与分配的准则。这种自由的个人被马克思描述成了社会化了的鲁滨逊；但是，马克思没有告诉我们，他是在什么基础上进入与他人的自由的联系的。马克思主义在这样一个关键问题上留下了空白，后来的马克思主义者也没有充分地填补过它。无怪乎抽象的道德原则与功利事实上就是马克思主义者所诉诸的联合原则，从而，在其实践中，马克思主义者恰恰显示了在他人中被他们斥之为意识形态的那种道德态度。"❶此外，他还认为马克思主义患上了道德贫困症。在某种程度上，麦金太尔的观点受苏联时期斯大林极权主义专政的影响。他眼中的马克思就是苏联时期的斯大林主义。他试图用古希腊亚里士多德的德行伦理和情感主义来弥补马克思在伦理学思想上的空白。这和波普尔恰恰相反，波普尔认为，马克思的伦理学是彻底的"道德本质主义"。但是，麦金太尔提出的问题是富有挑战性的，马克思确实缺少对"自由人的联合体"的思想进行深入细致的微观考察。但以此就说，这是一种"抽象的道德"和"功利主义"，是值得商榷的。

　　拉塞尔·雅各比在《不完美的图像：反乌托邦时代的乌托邦思想》一书中，试图为我们这个时代的"乌托邦"思想辩护，他认为"乌托邦"思想是时代不可缺少的精神品格，以此驳斥了当前一些思想家和小说家把"乌托邦"思想等同于极权主义的做法。他把"乌托邦"分为两种类型：

---

❶　[美] 麦金太尔著，宋继杰译：《追寻美德——伦理理论研究》，译林出版社 2003 年版，第 333 页。

所谓的"蓝图派的乌托邦主义"和"反偶像崇拜的乌托邦思想家"。❶ 虽然雅克比在书中没有明确提到马克思,但是他对"乌托邦"思想的深刻认识,为我们理解马克思的"自由人的联合体"思想及其社会理想提供了一个引子,即我们应该如何看待马克思社会理想与乌托邦的关系。依照雅各比对"乌托邦"的论述逻辑来看,马克思应该属于"反偶像崇拜的乌托邦思想家"阵营中一分子,所以马克思的社会理想至今仍然具有巨大的生命力,这对于反驳波普尔等人的思想具有理论借鉴意义。

佩弗(R. G. Peffer)试图反驳那些认为马克思思想中没有给道德和正义留下空间的观点。他认为,马克思思想中充满了丰富的道理和正义理论,这是一份宝贵的理论资源,需要认真对待。❷ 这和麦金太尔形成明显的反差。这本文献颇具参考价值,有助于我们从马克思和道德、正义的维度理解马克思的"自由人的联合体"理想及其他的社会思想。

阿达米可(Richard Adamiak)对马克思、恩格斯关于未来社会观点的理论来源、内涵和发展过程等内容进行了充分而细致的阐述。在这篇博士论文的摘要中,他指出:"理解马克思、恩格斯关于未来社会的观点,必须在更为宽广的理论背景中进行考察。马克思主义是这样一种理论:该理论预言了资本主义的灭亡和随之而来的在将来社会中人和社会的根本转变。此刻,这个将来被称之为共产主义社会,尽管本书的研究表明该名称被置于马克思本人的名下是有问题的。"❸ 他认为马克思社会理想中的未来社会不应该被看作共产主义社会,而是有更高的追求目标,这一点是较为深刻的,值得认真揣摩和思考,这个观点也是本书比较赞同的观点,当然,这需要进一步的论证和说明。

斯坦里·莫尔(Stanley Moore)指出了一个值得我们深思的问题,该

---

❶ 他们把未来的生活刻画得非常详细,还设计出种种的奇谈怪论。阿多诺、本雅明和恩斯特·布洛赫等人,他们拒斥对未来社会进行细节的描述,也抗拒现代图像的引诱。具体参见:[美] 拉塞尔·雅各比著,姚建彬译:《不完美的图像——反乌托邦时代的乌托邦思想》,新星出版社 2007 年版,"前沿"部分相关章节。

❷ R. G. Peffer, *Marxism, Morality and Social Justice*, Princeton University press, 1990, p. 10.

❸ Adamiak, Richard, *The visions of the future of Karl Marx and Friedrich Engels: Sources and evolution*, Ph. D, The University of Chicago, 2001, pp. vii – xi.

问题涉及个人利益与社会利益如何统一的问题，并且，对这个问题的思考也涉及和引申到了对"人性"这一问题的看法。他提到："难道每一项旨在引导那些由个人利益滋生的活动朝向可以推动集体利益的结果的条文或制度，不会挫伤某些人的正常需求吗？或者，用一种更为明确的方式提出这同一个问题：对于人类需求而言，是否存在一种旨在使个人动机或利益与公共事物或物品彻底完全相融的这样一种人类需求？假使存在这样一种需求，这一需求的生物学和文化学基础为何？斯坦里·莫尔提出的这一问题促使我们思考马克思的"自由人的联合体"思想是否也存在这一理论疑点，"自由人的联合体"（这一联合体中每个人的发展都互相促进，和谐共进）得以实现的"生物学"和"文化学"的基础为何？也就是说，"自由人的联合体"得以实现的"生物学"和"文化学"根基在哪里？如果存在这些根基，应如何来阐释这一根基？❶依笔者看来，这是在阐述马克思的"自由人的联合体"思想时应该予以关注的重大问题。

佛波（Ian Forbes）通过梳理马克思思想中所蕴含的"个人"维度，并进一步论述了马克思的共产主义思想中的"个人"概念，提出了他自己所理解的马克思的"新个人"思想。❷安德烈·瓦拉卡（Anddrzej Walick）通过对马克思主义（从马克思、恩格斯、考茨基、列宁等人）自由观的系统梳理，得出一个悲观的结论：共产主义是一个历史的悲剧。❸

总之，国外学者围绕关于马克思的社会理想问题展开了对其未来理想社会观的研究。大体上来说，这些论著基本上是围绕马克思与自由，马克思与乌托邦，马克思、社会主义和共产主义的关系，马克思、个人和集体三者关系等方面内容展开的。其中，这些文献不乏一些真知灼见，这需要认真对待和思考。有关国外的研究文献，仍需要进一步的收集和整理。这将是一个长期的工作。

---

❶ Stanley Moore, *Marx on the Choice between Socialism and Communism*, Harvard University Press, 1980, p. 24.

❷ Ian Forbes, *Marx and the new individual*, London: the Academic Division of Unwin Hyman Ltd, 1990, pp. 165 – 206.

❸ Anddrzej Walick, *Marxism and the leap to the kingdom of Freedom: The Rise and Fall of the Communist Utopia*, Stanford University Press, 1995, p. 9.

致　　谢

　　这是一篇我在攻读博士学位期间近三年的一个学术成果的交代，自己虽然不是很满意，但是毕竟付出了上千个日日夜夜，这里面凝结了我的情感和汗水。本应该尽可能完善这篇博士论文，但由于自己的学术功底、理论视野的不足和其他的原因，远没有达到自己满意的程度。在我看来，一篇好的学术论文缘于深厚的学术功底和涵养、丰富的人生阅历和敏锐的感悟和悟道能力。我资历尚浅，还远未达到这几方面的要求。论文中许多不足之处，留待以后逐步完善。

　　自攻读博士学位以来近三年的时间里，尤其是近一年的时间里，我亲历了两次生死离别的痛苦，同门师兄和恩师在这近一年的时间里先后离我们而去，这给我的心灵带来巨大的不可磨灭的伤痛，使我备感珍惜生命和珍爱当下的生活。尤其在我博士论文初稿写成，毕业在即，此时此刻，恩师那亲和、慈祥的音容笑貌总是不断漂浮在我的脑海中，使我倍加思念恩师。从去年恩师发病到离我们而去，那段艰难的日子，至今仍历历在目。一回想起来，心头就格外难受。能够来中山大学攻读博士学位，全赖恩师叶汝贤教授对我的关爱。和恩师相处近两年的时间里，恩师一直把我当成他自己的孩子，在学习、生活和情感中给予了无私的帮助。在学术研究和教学方面，恩师因材施教，学术治学严谨，具有强烈的现实关怀，在学术方面给予我多方面的指导和启发。在博士论文的选题和开题过程中，恩师付出了大量心血；尤其是恩师生病期间，在我向他老人家汇报论文进展的情况时，他还用他那虚弱的身躯为我鼓劲和加油，并告知我不要急，要慢慢来。在平时的生活中，恩师就像照顾自己的孩子一样照顾我，每逢周末或者节假日，他都会带上我们同门的师兄姐弟出去走走和聚聚，使我在异地他乡感受到了家乡般的温暖。在我未来的学术生涯规划方面，恩师总是不断地鼓励我，鼓励我出国深造，在学术方面做一番事业，希望恩师的这些期望，我能在以后的学术工作生涯中逐一做到和实现。虽然这篇论文还远不能算是一篇优秀的论文，但我希望这篇博士论文能给恩师一个交代，希望恩师在九泉之下能够安息，但愿学生不会让恩师失望。一日为师，终身为父。恩师必将会成为我今后工作、学习和生活中的楷模。今生能够结识恩师，是我今生最为宝贵的经历和人生财富，能结识恩师，此生足矣。

在博士论文的写作过程中，旷三平教授给了我悉心的指导和巨大的帮助，可以说没有旷老师的点拨和对论文在写作方面给予的指导，就没有这篇论文的问世。从论文的写作提纲到谋篇布局，旷老师付出了大量的心血。自恩师走后，旷老师成为我读博期间的第二任导师，旷老师学术视野开阔，视角敏锐，为人谦虚和随和，这些都值得我认真学习。旷老师完全把我当成自己的学生，并且除了在学业上的帮助外，旷老师也对我的生活和工作问题给予了关心，这里请允许学生向您道声谢谢。

此外，感谢王晓升教授在繁忙的学术研究和教学过程中给予本论文的点拨。对于我的工作问题，王老师平日也给予关心。王老师学术视野开阔，学术问题意识凸出，为人真诚和善。感谢徐长福教授以其独到的视角和敏锐的问题意识和学术视野给予了论文以详尽的点评。徐老师学术功底扎实，以"学术"为志业的求真精神令我备受鼓舞，对我以后的治学之路影响深远。感谢刘森林教授在行政事务缠身和科研工作量大的前提下对我工作和生活方面所给予的关心。感谢徐俊忠、李尚德教授精彩和富有激情的授课，从他们身上我学到了很多平日在书本上学不到的知识。最后，感谢曾经在我学习和工作中给予我帮助的马哲所其他老师们。谢谢你们！

时间飞逝，不知不觉，我已经在象牙塔里度过了人生最宝贵的十个年华，从大学本科、到硕士研究生，一直到博士研究生，自己连续不断地走过了中国高等教育体制的所有阶段。在这不间断的十个年头中，欢乐、汗水、兴奋、悲伤等人生百态在我求学的这十个年头里几乎都经历过了。这些年的求学使我不仅在学业方面积累了专业知识，而且明白一个道理：要学会感恩和做人，为人要谦虚、宽容。在求学的这十年中，父母为我求学付出的太多了，我感谢他们二老，希望他们过的健康和快乐。希望以后我能够报效他们，做到一个儿子应尽的义务。在论文的写作过程中，好友黄晓锋博士给予了颇多启发，在与他的学术交流和探讨过程中，加深了我对一些问题的认识。希望他今后能在学术和事业方面有个好的前程。师弟陶伟文博士性情开朗、乐观和阳光，在他身上我感受到了人生的活力，感谢他在我求职繁忙中，替我校对初稿。也感谢同门其他的师兄姐弟和同窗其他同学平时对我的鼓励和支持。夫人孙喜香女士一直在我求学过程中给予鼓励和帮助，感谢她这么多年来对我的信任和支持，在论文写作最为困难的时刻，她总是鼓励我，使我从颓废的心境中走出。

"路漫漫其修远兮，吾将上下而求索"！

感谢中山大学！

2010 年 5 月 27 日凌晨 3 时

广州中山大学研究生公寓 364 栋寝室

后　记

　　本书以我的博士论文为基础修改而成。本书保留了博士论文的原貌，仅就内容章节的标题表述做了些调整，内容方面基本没有大幅度修改。转眼间至今已博士毕业六年有余，它见证了我在中山大学攻读博士学位期间所付出的努力和学术心得。攻读博士期间的积累研究为我今后的学术研究奠定了坚实的理论基础，我今后的学术研究在很大程度上都是在博士期间研究成果的基础上加以展开的。从今天的眼光看来，这本书虽有一些内容仍显得不够成熟、不够精练乃至幼稚，在学术积累、学理探讨、研究视野和问题意识等方面都需要进一步提升，但其中的一些观点仍能代表我现在的看法。总之，这本书是我学生时代研读的一个交代和心路历程的明证。虽然它存在各方面的缺陷和不足，但它是促使我不断前行和研究的动力。

　　自 2010 年参加工作以来，我的研究方向仍然在原有博士论文研究方向基础上展开。深受博士期间研究思路的影响，我以"全球化、资本与中国道路——马克思社会理想观的当代境遇及其价值意蕴研究"为题的研究获得了 2012 年国家社科基金青年项目的立项。国家社科项目的立项为我深入思考博士论文中的相关问题提供了契机和研究空间。立项时，原来是考虑在原有博士论文的基础上增补作为结题书稿。但随着自己思考和研究的不断推进，我深感应该对原有博士论文提出的问题进行更深入的探讨和论证，因为有关马克思社会理想观问题的研究现在仍显薄弱，因为这是事关马克思思想研究的元问题和根本前提，没有对马克思未来社会理想观的深入研究，对马克思其他相关思想的研究很难说是全面和深刻的。所以，我感觉这项工作远不能在原有博士论文基础上修改而完成，必须重写，独立书写一本专著来深入探讨博士论文中提出的有关问题（有关情况将在我另一本专著中给予明确的说明和交代，现正在完善和书写）。经过三年的研究，国家社科基金项目顺利结项，书稿初见形态，可以说，我的博士论文和国家课题结项书稿是姐妹篇。我将在研究问题视域和学理探讨方面深入推进博士论文中提出相关问题的思考。

另外，书稿部分内容曾经过修改刊登在《哲学动态》《马克思主义与现实》《南京师范大学学报》《西南大学学报》等刊物上。这里非常感谢这些匿名编审和专家对文章的肯定、认可和提出的宝贵修改意见。本书的出版得到西南大学中央高校基金项目和中国博士后基金项目的共同经费资助。最后，书稿的顺利出版还要感谢知识产权出版社刘江博士付出的辛劳。由于学识和水平所限，真诚欢迎各位专家学者和读者批评指正（电子邮箱：xuejunqiang503@126. com）。

薛俊强

2016 年 10 月 3 日于重庆西南大学